中国文化史研究学科资料系列著作

高校文化素质教育丛书

中国文化人物

语言、文学、艺术家卷

总主编：王立东

岳麓书社·长沙

序 言

“中国文化史研究学科资料系列著作”首批书目正式出版，是学院学科建设工作的一件大事，也是整个著作团队辛勤工作的成果，在此，谨向全体著作者致以衷心的祝贺！

“中国文化史研究学科资料系列著作”是学院团队建设的特定内容。马克思主义学院成立后，从2012年开始，学院学科建设实施了“团队式建设方式”，全院教师按照所承担学科内容大类划分为三个团队：“哲学和文化教育团队”、“马克思主义中国化教育团队”、“大学生思想品德培养和发展教育团队”。“哲学和文化教育团队”下设三个研究方向：(1) 马克思主义文化理论研究；(2) 中国文化发展研究；(3) 社会文化、文明发展研究。团队建设的基本思想是：不作虚设、必求成果。科学研究紧紧围绕所设研究方向开展工作，期望每个方面都有所建树。

“中国文化史研究学科资料系列著作”包括《马克思主义经典作家论文化》、《中国文化人物》（系列）两套著作。两套著作的设计、编写即有两个方面用意：

(1) 作为“哲学和文化教育团队”、“中国文化发展研究室”建设的成果，作为未来发展的积淀；(2) 作为“中国文化史专业”硕士点建设学科资料，支撑硕士点建设。这份成果的出版对于学院学科建设工作的意义是重要的。

“中国文化史研究学科资料系列著作”是经过认真思考、多次修改方案确定下来的，目标即为满足团队建设及研究方向设计的目的：(1)《马克思主义经典作家论文化》是为保证和体现本学院学科性质、学科定位而设计——马克思主义学院成立伊始，学院学科建设思想中即确定，每个团队、每个研究机构的方向设计首先设定“马克思主义相关理论研究”；

"哲学和文化教育团队"、"中国文化发展研究室"的研究方向设计即应必然设置"马克思主义文化理论研究";作为团队建设的成果著作出版,必然先行确定"马克思主义文化理论"著作作为一部。(2)《中国文化人物》是为体现"文化学学科研究"最终落实于"中国文化发展研究"基点上,使我院文化学学科研究最终为中国文化发展服务;同时为本院本科生、研究生学习、研究中国文化发展史提供支持。

"中国文化史研究学科资料系列著作"安排的作者主要是青年教师,意在通过本书写作工作促使他们进一步深入了解中国文化发展的内容、人物,了解每个时段各位文化人物的思想、价值和贡献,从而不仅在原有基础上对中国文化有一个全面、宏观的把握,更有一个具体、详细的了解,为他们未来学术研究铺垫深厚、扎实的学科基础。

《中国文化人物》一书,涉及如何确定具体"人物"对象的问题。由于讨论"入选人物"时大家意见的差异,启发我们在序言中做出特别说明:本系列著作所要著述的"人物"具体是指中国文化发展历史上现实存在、对中国文化发展历史有所作为、有所贡献的真实人物,每一个都是真实的"那一个"。做这样的界定,目的在于与"中国文化作品人物"这一概念相区别。即,虽然文化史上有许多重要的"作品人物"——如"黑脸包公"、"林黛玉"、"金陵十二钗"、"宋江"及"一百单八将"等,在国人心中影响甚大,甚至表达了中国文化的诸多意义、成为中国文化的重要符号,但其本质上是"作品角色",是文化作品、文艺作品创作的角色人物,含有艺术创作的性质在其中,与我们本系列著作设计的初衷不同,至少不在本系列中著述。在此特向读者陈述清楚。

"中国文化史研究学科资料系列著作"是自2009年开始的"大型出版计划"质量提升的首批作品,借助湖湘大地上的岳麓书社这一高档平台,为我院学科建设发展保驾护航。

再次感谢著作团队、我的年轻同事们,感谢大家的辛勤工作!

也深切感谢岳麓书社,感谢书社为我们出版本系列著作所付出的辛苦和智慧!

丛书主编　王立东

2015年9月

目　录

古代篇

近现代篇

古 代 篇

庄子

庄子（约前369—前286），名周。战国中期宋国蒙（今河南商丘东北）人。战国时期著名的思想家、哲学家、文学家，道家学说的主要代表人物之一。

庄子是老子思想的继承和发展者。后世将他与老子并称为“老庄”，他们的哲学思想体系，被思想学术界尊为“老庄哲学”。

庄子逝世的那年，宋国灭亡。《庄子》中有“旧国旧都，望之畅然”，显然宋亡以后才称呼“旧国旧都”。

庄子除做过漆园吏以外，没有做过其他的官。据《杂篇·秋水》记载，楚威王曾派人邀请庄周为楚国宰相。庄子以宁为泥里嬉戏的活乌龟，也不愿意为庙堂用以卜卦之死龟为由，拒绝了楚威王的邀请。他一生淡泊名利，主张修身养性，清静无为，顺应自然，追求精神逍遥无待。一直过着深居简出的隐居生活。

对于庄子的行为，有些人认为这是真正的逍遥，也有人认为是愤世嫉俗的表现，清代胡文英的《庄子独见》持此观点，他说：“人只知三闾之哀怨，而不知漆园之哀怨有甚于三闾也。盖三闾之哀怨在一国，而漆园之哀怨在天下；三闾之哀怨在一时，而漆园之哀怨在万世。”

庄子的代表作品《庄子》，名篇有《逍遥游》《齐物论》等，庄子主张“道法自然”和“清静无为”。全书共33篇，分“内篇”“外篇”和“杂篇”三个部分（“内篇”7篇，“外篇”15篇，“杂篇”11篇）。一般认为“内篇”的文字肯定是庄子所写的，“外篇”一般认为是庄子的弟子们所写，或者说是庄子与他的弟子一起合作写成的，它反映的是庄子真实的思想；“杂篇”的情形就要复杂些，应当是庄子学派或者后来的学者所写，有一些篇幅就认为肯定不是庄子学派所有的思想，如《盗跖》《说剑》等。内篇最集中表现庄子哲学的是《齐物论》《逍遥游》《大宗师》等。

总体来看，庄子的文章结构比较奇特。看起来并不严密，常常突兀而来，行所欲行，止所欲止，汪洋恣肆，变化无端，有时似乎不相关，任意跳荡起落，但思想却能一线贯穿。句式也富于变化，或顺或倒，或长或短，更加之词汇丰富，描写细致，又常常不规则地押韵，显得极富表现力，极有独创性。庄子文字的汪洋恣肆，意象的雄浑飞越，想象的奇特丰富，情致的滋润旷达，给人以超凡脱俗与崇高美妙的感受，在中国的文学史上独树一帜，他的文章体制已脱离语录体形式，标志着先秦散文已经发展到成熟的阶段，可以说，《庄子》代表了先秦散文的最高成就。

庄子的思想包含着朴素辩证法因素，主要思想是“天道无为”，认为一切事物都在变化，他认为“道”是“先天地生”的，从“道未始有封”，庄子主要认为自然的比人为的要好，提倡无用，认为大无用就是有用。就像一棵难看的树被认为无用，有一个木匠要找一棵树做房梁，但这棵树太弯了，没法做房梁；第二个木匠找树做磨的握柄，要弯的，但这棵树太难看了，又没办法；第三个木匠要做车轱辘，但这棵树长得不行，从某方面讲是无用的。但从庄子的角度看，无用就是有用，大无用就是大有作为，所以庄子提倡无用精神（即“道”是无界限差别的），属主观唯心主义体系。

庄子的哲学主要接受并发展了老子的思想。他认为“道”是超越时空的无限本体，它生于天地万物之间，而又无所不包，无所不在，表现在一切事物之中。然而它又是自然无为的，在本质上是虚无的。“道”也是其哲学的基础和最高范畴，即关于世界起源和本质的观念，又是至人认识境界。主张“无为”，放弃一切妄为。又认为一切事物都是相对的，幻想一种“天地与我并生，万物与我为一”（《齐物论》）的主观精神境界，安时处顺，逍遥自得，倒向了相对主义和宿命论。在政治上主张“无为而治”。

在庄子的哲学中，“天”是与“人”相对立的两个概念，“天”代表着自然，而“人”指的就是“人为”的一切，与自然相背离的一切。“人为”两字合起来，就是一个“伪”字。庄子主张顺从天道，而摒弃“人为”，摒弃人性中那些“伪”的杂质。顺从“天道”，从而与天地相通的，就是庄子所提倡的“德”。

后世道教继承道家学说，经魏晋南北朝的演变，老庄学说成为道家思想的核心内容。庄子其人被神化，奉为神灵。唐玄宗天宝元年（724）二月封“南华真人”。所著书《庄子》，诏称《南华真经》。宋徽宗时封“微妙元通真君”。

庄子一生著书十余万言，《庄子》的出现，标志着在战国时代，中国的哲学思想和文学语言，已经发展到非常玄远、高深的水平，是中国古代典籍中的瑰宝。因此，庄子不但是中国哲学史上一位著名的思想家，同时也是中国文学史上一位杰出的文学家。无论在哲学思想方面，还是文学语言方面，他都给予了中国历代思想家和文学家以深刻、巨大的影响，在中国思想史、文学史上有极重要的地位。

屈原

屈原（约前340—约前278），名平，字原，通常称为屈原，又自云名正则，字灵均。战国末期楚国丹阳（今湖北秭归）人。中国伟大的浪漫主义诗人。

屈原的事迹，主要见载于司马迁的《史记》。其一生经历了楚威王、怀王、顷襄王三个时期，而主要活动于楚怀王时期。

屈原生活的时期，正是中国即将实现大一统的前夕，“横则秦帝，纵则楚王”。屈原因出身贵族，又明于治乱，娴于辞令，故而早年深受楚怀王的宠信，位为左徒，朝廷一切政策、文告，皆出于其手。屈原为实现振兴楚国的大业，对内积极辅佐怀王变法图强，对外坚决主张联齐抗秦，使楚国一度出现国富兵强、威震诸侯的局面。但是由于在内政外交上屈原与楚国腐朽贵族集团发生了尖锐的矛盾，由于上官大夫等人的嫉妒，屈原后来遭到群小的诬陷和楚怀王的疏远。屈原被免去左徒之职后，转任三闾大夫，掌管王族昭、屈、景三姓事务，负责宗庙祭祀和贵族子弟的教育。

怀王十五年（前314），张仪由秦至楚，以重金收买靳尚、子兰、郑袖等人充当内奸，同时以“献商於之地六百里”诱骗怀王，致使齐楚断交。怀王受骗后恼羞成怒，两度向秦出兵，均遭惨败。于是屈原奉命出使齐国重修齐楚旧好。此间张仪又一次由秦至楚，进行瓦解“齐楚联盟”的活动，使齐楚联盟未能成功。怀王二十四年（前305），秦楚“黄棘之盟”，楚国彻底投入了秦的怀抱。屈原亦被逐出郢都（今湖北荆州市荆州区西北），到了汉北。怀王三十年（前299），屈原回到郢都。同年，秦约怀王武关相会，屈原力劝不可，然而怀王的小儿子子兰等却力主怀王入秦，怀王亦不听屈原等人劝告，结果会盟之日即被秦扣留，两年后客死异国。

在屈原多年流亡的同时，楚国的形势愈益危急。到顷襄王二十一年（前278），秦将白起攻破楚都郢，预示着楚国前途的危机。次年，秦军又进一步深入。屈原眼看自己一度兴旺的国家已经无望，也曾考虑过出走他国，但最终还是爱恋故土，于悲愤交加之中，自沉于汨罗江，殉了自己的理想。

屈原是伟大诗人，从他开始，中华才有了以文学著名于世的作家。他创立了“楚辞”这种文体（也称“骚体”），被誉为“衣被词人，非一代也”。根据刘向、刘歆父子的校定和王逸的注本，屈原的作品有25篇，即《离骚》1篇，《天问》1篇，《九歌》11篇，《九章》9篇，《远游》《卜居》《渔父》各1篇。据《史记·屈原列传》司马迁语，还有《招魂》1篇。有些学者认为《大招》也是屈原作品，但也有人怀疑《远游》以下诸篇及《九章》中若干篇章非出自屈原手笔。据郭沫若先生考证，屈原作品，共流传下来23篇。其中《九歌》11篇，《九章》9篇，《离骚》《天问》《招魂》各1篇。

《离骚》是屈原以自己的理想、遭遇、痛苦、热情以至整个生命所熔铸而成的宏伟诗篇，其中闪耀着鲜明的个性光辉，是屈原全部创作的重点。《天问》是屈原根据神话、传说材料创作的诗篇，着重表现作者的学术造诣及其历史观和自然观。《九歌》是楚国祀神乐曲，经屈原加工、润色而成，在人物感情的抒发和环境气氛的描述上，充满浓厚的生活气息。然而是代人或代神表述，并非作者自我抒情，它更多地显示了南楚文学传统的痕迹。《离骚》1组，《九歌》1组，构成了屈原作品的基本风格。

屈原的作品是他坚持“美政”理想，与腐朽的楚国贵族集团进行斗争的实录。他的“美政”理想表现在作品中，就是“举贤而授能兮，循绳墨而不颇”（《离骚》）。所谓“举贤授能”，就是不分贵贱，把真正有才能的人选拔上来治理国家，反对世卿世禄，限制旧贵族对权位的垄断。他还以奴隶傅说、屠夫吕望、商贩宁戚的历史事迹为例，说明了不拘身份选拔人才的合理性。所谓“循绳墨而不颇”，就是修明法度，即法不阿贵，限制旧贵族的种种特权。

屈原虽遭谗被疏，甚至被流放，但他始终以祖国的兴亡、人民的疾苦为念，希望楚王幡然悔悟，奋发图强，做个中兴之主。他明知忠贞耿直会招致祸患，却始终“忍而不能舍也”；他明知自己面临着许许多多的危险，在“楚材晋用”的时代完全可以去别国寻求出路，但他却始终不肯离开楚国半步，表现了他对祖国的无限忠诚及其“可与日月争光”的人格与意志。

屈原作品和神话有密切关系，许多虚幻的内容就是承袭神话发展而来的。屈原又是关注现实的诗人，作品里反映了现实社会中的种种矛盾，尤以揭露楚国的黑暗政治最为深刻。

作为一位杰出的政治家和爱国志士，屈原热爱祖国和人民、坚持真理、宁死不屈的精神和他的人格，千百年来感召和哺育着无数中华儿女，尤其是当国家民族处于危难之际，这种精神的感召作用就更加明显。作为一个伟大的诗人，屈原的出现，不仅标志着中国诗歌进入了一个由集体歌唱到个人独创的新时代，而且他所开创的新诗体——楚辞，突破了《诗经》的表现形式，极大地丰富了诗歌的表现力，为中国古代的诗歌创作开辟了一片新天地。后人也因此将《楚辞》与《诗经》并称为“风、骚”。“风、骚”是中国诗歌史上现实主义和浪漫主义两大优良传统的源头。同时，以屈原为代表的楚辞还影响到汉赋的形成。

屈原神深得人民敬仰和崇拜。据《续齐谐记》和《隋书·地理志》载，屈原于农历五月五日投江自尽，因为怕祭屈原之米被鱼虾所窃，因此创造了粽子这种形式。中国民间五月五端午节包粽子、给粽子系上五彩丝线、赛龙舟的习俗就源于人们对屈原的纪念。1953 年，屈原还被列为世界四大文化名人之一，受到世界和平理事会和全世界人民的隆重纪念。中国端午节习俗后来传到了朝鲜、日本、缅甸、越南、马来西亚、印尼等国。

宋玉

宋玉，又名子渊。生卒年不详。战国时鄢（今湖北宜城）人，楚辞赋家。

宋玉生于屈原之后，或曰屈原弟子，其艺术成就很高，为屈原之后最杰出的辞赋家，后世常将两人合称为“屈宋”。

关于宋玉的生平，据《史记·屈原贾生列传》载：“屈原既死之后，楚有宋玉、唐勒、景差之徒者，皆好辞而以赋见称。然皆祖屈原之从容辞令，终莫敢直谏。”记述极为简略。《韩诗外传》有“宋玉因其友而见楚相”之言。刘向《新序》则作“宋玉因其友以见楚襄王”，“事楚襄王而不见察”，同时又有“楚威王（襄王的祖父）问于宋玉”的话。王逸在《楚辞章句》中则说他是屈原的弟子。晋代习凿齿《襄阳耆旧传》又说：“宋玉者，楚之鄢人也，故宜城有宋玉，始事屈原，原既放逐，求事楚友景差。”总之，关于宋玉的生平，众说纷纭，以难分晓。大体上说，宋玉当生在屈原之后，且出身寒微，在仕途上颇不得志。

最早据《汉书·艺文志》载，宋玉作品有16篇。现今相传为他所作的，《九辩》《招魂》两篇，见于王逸《楚辞章句》；《风赋》《高唐赋》《神女赋》《登徒子好色赋》《对楚王问》5篇，见于萧统《文选》；《笛赋》《大言赋》《小言赋》《讽赋》《钓赋》《舞赋》6篇，见于章樵《古文苑》；《高唐对》《微咏赋》《郢中对》3篇，见于明代刘节《广文选》。但这些作品，真伪相杂，可信而无异议的只有《九辩》1篇。《招魂》颇多争议，一般认为是屈原所作。

文人悲秋始于宋玉。宋玉把秋景秋物、秋声秋色与自己的悲惨命运紧密结合在一起，以表现诗人的抑郁哀怨、感伤忧愤。情与景融、思与境偕，从而构成一个和谐的艺术整体。宋玉悲秋是对夏的憧憬，是对楚国兴旺的回忆。“收恢台之孟夏兮，然坎傺而深藏……”夏季树木葱茏，花草繁茂，那种热烈而蒸蒸日上的景象，正如楚国“带甲百万，车千乘，骑万匹，粟支十年”的繁荣强盛之过去。然而好景不长，秋风起，宋玉以无限的怀念之情回顾已逝的日子，缅怀强楚的风采。

宋玉之悲秋，不仅仅是贫士失职而志不平的哀怨，也是代表着万千正直的文人忧国忧民的文化精神和忧患意识；宋玉之悲秋，不只是一曲在往复不已的悲秋旋律中低吟的哀唱，绵绵忧伤中也饱含着他对惨淡人生和衰败国度的怨愤；宋玉之悲秋，不仅是一幅萧瑟的秋景，更是诗人自己沉重的对国家和民众的责任感和历史使命感。

宋玉是楚国继屈原之后的第二大诗人，是中国先秦时期的重要作家，文学史上往往“屈宋”并称。宋玉出身低微，但天资聪颖，善于巧辩，精通音律，师承屈原，才华出众，具有正义感和爱国主义精神。宋玉又是历史上著名的美男子，古代笔记、小说、戏曲、话本中往往以“美如宋玉，貌若潘安”形容男子之俊美。

宋玉的文学创作成就很高，在中国文学史上占有相当显著的地位。《九辩》是他的代表作，是中国文学史上第一篇悲秋文字，以其独特的艺术手法——比对、夸饰、双声、叠韵等影响后世。宋玉辞赋中的“阳春白雪”“曲高和寡”“巫山云雨”等精彩词句已成为历代人们引用的典故。历代诗人、作家对宋玉十分尊崇，将他与屈原同称为“辞赋之祖”。

李斯

李斯（？—前208），字通右。楚国上蔡（今河南上蔡西南）人。秦朝著名的政治家、文学家和书法家。

在诸子百家中，李斯和韩非师从荀子学习帝王之术，后世并称为法家学说代表人物。

李斯早年为郡小吏，后从荀子学帝王之术，学成入秦。初为吕不韦舍人。后劝说秦王政灭诸侯、成帝业，被任为客卿。秦王采纳其计谋，遣谋士持金玉游说关东六国，离间各国君臣，又任其为客卿。秦王政十年（前237）由于韩人间谍郑国入秦，秦王下令驱逐六国客卿。李斯上《谏逐客书》阻止，被秦王采纳，不久官为廷尉。在秦王政灭六国的事业中起了较大作用。秦统一天下后，与王绾、冯劫议定尊秦王政为皇帝，并制定有关的礼仪制度，被任为丞相。他建议拆除郡县城墙，销毁民间的兵器；反对分封制，坚持郡县制；又主张焚烧民间收藏的《诗》《书》等百家语，禁止私学，以加强中央集权的统治。还参与制定了法律，统一车轨、文字、度量衡制度。

李斯散文现传4篇，为《谏逐客书》《论督责书》《言赵高书》《狱中上书》。其中作于秦王政十年（前237）的《谏逐客书》，是传诵千古的名篇。

李斯作品除上述散文外，还有碑铭。秦始皇曾先后5次巡行天下郡县，其中自始皇二十八年（前219）至三十七年（前210）4次巡行中，都命李斯刻石记功，有《邹峄山刻石》《泰山刻石》《碣邪台刻石》《之罘刻石》《东观刻石》《碣石刻石》《会稽刻石》等7通。

李斯在文学上以散文见长。其文上承战国荀卿，下启西汉邹阳、枚乘，不仅布局谋篇构思严密，而且设喻说理纵横驰骋，既重质实，又饶文采，往往文质互生，在寂寥的秦代文坛上一枝独秀。

李斯在中国历史多方面有不可不写入记载的地位，在本系列著作其他分卷中将有详述，此处特别指出，他在中国文字方面的文化贡献更为巨大，主要在于他在秦朝为相、进行文字统一之时，实际负责创作小篆字体，为中国文字字体发展历史的一个重要阶段。

司马迁

司马迁（约前145或前135—？），字子长。西汉夏阳（今陕西韩城，一说山西河津）人。中国古代伟大的文学家、史学家、思想家。

司马迁10岁开始学习古文书传。约在汉武帝元光、元朔年间，向今文家董仲舒学《公羊春秋》，又向古文家孔安国学古文《尚书》。20岁时，从京师长安南下漫游，足迹遍及江淮流域和中原地区，所到之处考察风俗，采集传说。不久仕为郎中，成为汉武帝的侍卫和扈从，多次随驾西巡，曾出使巴蜀。元封三年（前108），司马迁继承其父司马谈之职，任太史令，掌管天文历法及皇家图籍，因而得读史官所藏图书。太初元年

（前 104），与唐都、落下闳等共订《太初历》，以代替由秦沿袭下来的《颛顼历》，新历适应了当时社会的需要。此后，司马迁开始撰写《史记》。后因替投降匈奴的李陵辩护，获罪下狱，受腐刑。出狱后任中书令（掌管皇家机要文件），发愤著书，前 91 年完成《史记》。

《史记》原本乃各国史书的通称，司马迁的著述也正是参考战国时期各国史记所作。但后来因为《太史公书》的影响，大约在东汉时期，就已经成为此书专名。司马迁完成《史记》后，知道该书不被当世所容，故预先将副本存之名山，流传后世。

以《史记》为标志性成就，司马迁在中国文学历史上成为一大名家。该书不仅记载了从上古传说中的黄帝时期到汉武帝元狩元年长达 3000 多年的历史，更以丰富、翔实的笔触，成为千古文章佳作。被鲁迅誉为“史家之绝唱，无韵之离骚”。

司马迁的著作，除《史记》外，《汉书·艺文志》还著录赋 8 篇，今仅存《悲士不遇赋》1 篇和有名的《报任安书》。《报任安书》表白了他为了完成自己的著述而决心忍辱含垢的痛苦心情，是研究司马迁生平思想的重要资料，也是一篇饱含感情的杰出散文。《悲士不遇赋》也是晚年的作品，抒发了作者受腐刑后不甘于“没世无闻”的愤激情绪。

《史记》全书 130 篇，526500 余字，包括十二本纪（记历代帝王政绩）、三十世家（记诸侯国和汉代诸侯、勋贵兴亡）、七十列传（记重要人物的言行事迹，主要叙人臣，其中最后一篇为自序）、十表（大事年表）、八书（记各种典章制度及礼、乐、音律、历法、天文、封禅、水利、财用），对后世的影响极为巨大，被称为“实录、信史”，列为前“四史”之首，与《资治通鉴》并称为史学“双璧”。因此司马迁被后世尊称为史迁、史圣。与司马光并称“史界两司马”，与司马相如合称“文章西汉两司马”。

班固

班固（32—92），字孟坚。扶风安陵（今陕西咸阳东北）人。东汉著名史学家、文学家。

班固自幼聪慧，9岁能诵读诗赋，13岁时得到当时学者王充的赏识，建武二十三年（47）前后入洛阳太学，博览群书，穷究九流百家之言。建武三十年（54），其父班彪卒，自太学返回乡里。居忧时，在班彪续补《史记》之作《后传》基础上开始编写《汉书》，至汉章帝建初中基本完成。汉和帝永元元年（89），大将军窦宪奉旨远征匈奴，班固被任为中护军随行，参与谋议。窦宪大败北单于，登上燕然山（今蒙古国境内的杭爱山），命班固撰写了著名的《燕然山铭文》，刻石记功而还。班固与窦宪本有世交之谊，入窦宪幕府后，主持笔墨之事，关系更为亲密。永元四年（92），窦宪在政争中失败自杀，洛阳令对班固积有宿怨，借机罗织罪名，捕班固入狱。同年班固死于狱中，年61岁。此时所著书，八“表”及“天文志”均未完成。

继司马迁撰写《史记》之后，班固撰写了《汉书》；班固父亲班彪曾作《后传》65篇来续补《史记》；《汉书》就是在《后传》的基础上完成的。《汉书》包括本纪12篇，表8篇，志10篇，列传70篇，共100篇，后人划分为120卷。它的记事始于汉高帝刘邦元年（前206），终于王莽地皇四年（23）。《汉书》的体例与《史记》相比，已经发生了变化。《史记》是一部通史，《汉书》则是一部断代史。《汉书》把《史记》的“本纪”省称“纪”，“列传”省称“传”，“书”改曰“志”，取消了“世家”，汉代勋臣世家一律编入传。这些变化，被后来的一些史书沿袭下来。

除此之外，班固还是东汉前期最著名的辞赋家，著有《两都赋》《答宾戏》《幽通赋》等。班固在《汉书》和《两都赋·序》中表达了自己对辞赋的看法。他认为汉赋源于古诗，是“雅颂之亚”，“炳焉与三代同风”。他不仅肯定汉赋“抒下情而通讽谕”的一面，而且肯定它“宣上德而尽忠孝”的一面，实际上也肯定了汉赋歌功颂德的内容。

班固与司马相如、扬雄以及张衡并称汉代四大赋家，《两都赋》所开创的京都大赋体制，也直接影响了张衡《二京赋》以及西晋左思《三都赋》的创作，不仅蜚声文坛，而且被萧统《文选》列为第一篇，刘勰也称其明绚以雅赡。《两都赋》在艺术上取得了相当的成就，历来为士大夫所重。

班昭

班昭（约49—约120），一名姬，字惠班。扶风安陵（今陕西咸阳东北）人。中国第一个女历史学家。

班昭家学渊源，父亲班彪是当代的大文豪，班昭本人常被召入皇宫，教授皇后及诸贵人诵读经史，宫中尊之为师。班昭14岁嫁给同郡曹世叔为妻，所以人们又把班昭叫作“曹大家”。以个性而论，曹世叔活泼外向，班昭则温柔细腻，夫妻两人颇能相互迁就，生活得十分幸福美满。

班昭的父亲班彪和哥哥班固都是著名的学者，另一个哥哥班超“投笔从戎”，为东汉王朝出使西域建立了很大的功业。父亲班彪很有文采，从青年时代起就收集了前朝的逸闻异事，立志做《汉书》以承续司马迁的《史记》，但未完成就去世了。班昭的哥哥班固继承父亲的遗志，积思20余年续写《汉书》，可也没完成就被一件冤案牵连下狱而死。皇帝看到班昭博学多才，就下诏让她续写。班昭凭着她的才华和对父兄的深情及理解，夙兴夜寐，经过数年的努力，终将《汉书》完成。

《汉书》出版以后，获得了极高的评价，学者争相传诵，《汉书》中最棘手的是第七表《百官公卿表》，第六志《天文志》，这两部分都是班昭在班固死后独立完成的，但班昭都谦逊地冠上班固的名字。

班昭以她的文采，完成了哥哥班固的《汉书》并打动汉和帝的心，使哥哥班超回归洛阳。班昭的文采还表现在她写的《女诫》7篇上。《女诫》包括卑弱、夫妇、敬慎、妇行、专心、曲从和叔妹7章。本是用来教导班家女儿的私家课本，不料京城世家却争相传抄，不久之后便风行全国各地。

班昭所作的《东征赋》，被昭明太子萧统编入《文选》，保存了下来。李善注引《大家集》说：“子谷，为陈留长，大家随至宫，作《东征赋》。”又引《流别论》说：“发洛至陈留，述所经历也。”《东征赋》是班昭随同儿子到陈留赴任时，描述自身经历的作品。又曾为班固《幽通赋》作注，今存《文选》李善注中。

班昭作品思想成就还集中于她的《女诫》7章中，该书论述了女子在“夫家”需要处理好的三大“关系”，即对丈夫的敬顺、对舅姑的曲从和对叔妹的和顺。比如在《卑弱》篇中，班昭引用《诗经·小雅》中的说法：“生男曰弄璋，生女曰弄瓦。”以为女性生来就不能与男性相提并论，必须“晚寝早作，勿惮夙夜；执务和事，不辞剧易”才能恪尽本分。在《夫妇》篇中，认为丈夫比天还大，须敬谨服侍，“妇不贤则无以事夫，妇不事夫则义理坠废”，若要维持义理之不坠，必须使女性明晰义理。《专心》篇中，强调“贞女不嫁二夫”，丈夫可以再娶，妻子却绝对不可以再嫁，在她的心目中，下堂求去简直是不可思议的悖理行为，事夫要“专心正色，耳无淫声，目不斜视”。

除整理、续写《汉书》外，班昭在传播和普及《汉书》方面，也颇有贡献。《汉书》问世以后，读者多不通晓，她还教授大儒马融等诵读。班昭的德才深得汉和帝的器重，和帝多次召她进宫，让皇后和诸嫔妃拜她为师，向她学习儒家经典、天文、数学，从而使班昭名声大震。班昭丈夫姓曹，人们便尊她为“曹大家”（当时人们把学识高、品德好的妇女尊称为“大家”，“家”在此读“姑”）。后邓太后临朝称制，班昭曾以师傅之尊，参与政事。

班昭除在史学方面编撰《汉书》卓有成就外，她还是一位杰出的文学家，著有赋、颂、铭、诔、书、论等文章16篇，辑成《大家集》3卷，但可惜大都失传，现只留下《东征赋》和《女诫》7篇。清代女作家赵傅在《后汉列女颂（并序）》中赞她“东观续史，赋颂并娴”。作为第一位女史学家和文学家，班昭名留青史，光照人间。

许慎

许慎（约58—约147），字叔重。东汉汝南召陵（今河南漯河市召陵区）人。东汉时期著名经学家、文字学家、语言学家，中国文字学的开拓者。

许慎因著《说文解字》闻名于世，故研究《说文解字》者皆称许慎为“许君”，称《说文》为“许书”，称传其学为“许学”。

许慎师事东汉经学大师贾逵，曾任太尉南阁祭酒等职。他性情淳笃，博学经籍，马融常推敬之，有“五经无双许叔重”之誉。他精文字训诂，著成《说文解字》15 卷，收字 9353 个，重文 1163 个，均按 540 个部首排列，是我国第一部说解文字原始形体结构及考究字源的文字学专著。他推究“六经”之义，分部类丛，至为精密。

许慎于东汉和帝永元十二年（100）开始编著《说文解字》（简称《说文》，是中国首部字典），历经 21 年著成，归纳出了汉字 540 个部首。另著有《五经异义》《淮南鸿烈解诂》等书，已失传。

《说文解字》的内容十分丰富，包罗万象，它的价值不仅限于解说汉字，研究汉字本身，可以说《说文解字》是东汉末以前的百科全书。

《说文解字》不仅在体例上和过去的启蒙识字的字书不同，在所收字数上，也比这些字书都多，如汉初把《仓颉》《爰历》《博学》三书合编为《仓颉篇》，共 3300 字。西汉末，扬雄的《训纂篇》共 5340 字，东汉贾鲂的《滂喜篇》共 7380 字。《说文解字》里面共收 9353 字，重文 1163 字，共 10516 字，比《滂喜篇》还多了 3136 字。不论《尔雅》对于汉字的训诂，《方言》对于汉语方言的研究，或《释名》的音训，《切韵》《广韵》的声韵，都无一不在《说文解字》的范围之内。

许慎生活的东汉中期，今文经学已经逐渐变弱，而古文经学逐渐兴盛，且出现了今、古文经学合流的趋势。在这种背景下，许慎开始他的学术活动，他的经学成就与思想不仅体现了今古合流的趋势，而且推动了今古经学融合的进一步发展。在《五经异义》一书中，许慎在评价各家经说时，或是古非今，或是今非古，或调和今古异说，使今古经异说并存，体现了他摒弃门户之见、博采众说的经学观念。

许慎编撰的《说文解字》吸取前辈的研究成果，成为一部研究汉民族语言文字的系统的专著，不但对于后人研究语言文字学、文献学是重要的经典著作，就是整理文化遗产也都是不可缺的。

《说文解字》是我国第一部以“六书”理论系统分析字形、解释字义的字典，它保存了大部分先秦字体以及汉代和以前的不少文字训诂，反映了上古汉语词汇的面貌，比较系统地提出分析文字的理论，是我国语文学史上第一部分析字形、解说字义、辨识声读的字典，也是1800年来唯一研究汉字的经典著作，是我们今天研究古文字和古汉语的必不可少的材料。如果没有这部书的流传，我们将不能认识秦、汉以来的篆书，更不要说商代甲骨文和商、周的金文与战国时的古文了。因此，它不但过去对汉字研究发生了巨大的影响，而且对现在和将来的汉字研究仍有巨大的意义。

许慎具有“信而有征”的朴素唯物主义思想。许慎在编纂《说文解字》时以小篆为主，由形到义说明汉字点画结构的原始真意，对汉字的起源、演变特点、汉字的构造理论和联系方式作出了明确的阐释，力求表达“六书”神妙的旨趣，做到“信而有征”，以杜绝“巧说邪词”的现象，这充分体现了许慎朴素唯物主义文字观。

蔡邕

蔡邕（133—192），字伯喈。陈留圉（今河南杞县西南）人。东汉文学家、书法家、音乐家、史学家、画家。

汉献帝时曾拜左中郎将，故后人也称他“蔡中郎”。他曾上书论朝政阙失，遭诬，流放。董卓专权，被迫为侍御史。卓被诛后，被王允所捕，死于狱中。

蔡邕是汉代的一位辞赋大家，其所作赋绝大多数为小赋，取材多样，切近生活，语言清新，往往直抒胸臆，富于世态人情，很有艺术的感染力。代表作品为《述行赋》和《青衣赋》。

汉灵帝熹平四年（175），蔡邕等正定儒家经本“六经”文字。蔡邕认为这些经籍中，由于俗儒穿凿附会，文字误谬甚多，为了不贻误后学，而奏请正定这些经文。诏允后，蔡邕亲自书丹于碑，命工镌刻，立于太学门外，碑凡46块，这些碑称《鸿都石经》，亦称《熹平石经》。

据蔡邕自序，《述行赋》作于桓帝延熹二年（159）秋。当时宦官擅权，朝政腐败，人徒冻饿，不得其命者甚众，而昏庸的桓帝听中常侍徐璜说蔡邕善鼓琴，于是敕陈留太守将其送到京城。蔡邕行至洛阳附近的偃师县，即称病不前。因心愤此事，遂托所过，述而成赋。此赋一开始即以上路时的秋雨连绵、积滞成灾，即景生情，抒发抑郁而愤思的内心情感。

蔡邕小赋的题材多样，他甚至用以表现男女情爱，风格大胆而直率。《青衣赋》就是相当感人的好作品。在这篇言情小赋中，他真实地坦露了对一位出身微贱的美女的爱情。爱她的姿容：盼倩俶丽，皓齿娥眉；爱她的勤快：精惠小心，趋事如飞；爱她的能干：中馈裁割，莫能双追；爱她贤淑：关雎之洁，不陷邪非；热情地赞扬她：察其所履，世之鲜希；为她的社会地位不平而惋叹：金生砂砾，珠出蚌泥，叹兹窈窕，散在卑微；同时也为由于门第相隔而不能结合深感痛楚：寒雪翩翩，充庭盈阶。兼裳累镇，辗转倒颓。昒昕（晓明）将曙，鸡鸣相催。饬驾趋严，将舍尔乖。蒙冒蒙冒，思不可排！感情是真挚的，表现了人情与封建礼法的矛盾撞击。

蔡邕除通经史、善辞赋外，其书法精于篆、隶。尤以隶书造诣最深，名望最高，有“蔡邕书骨气洞达，爽爽有神力”的评价。灵帝命工修理鸿都门（东汉时称皇家藏书之所为鸿都），工匠用扫白粉的帚在墙上写字，蔡邕从中受到启发而创造了“飞白书”。这种书体，笔画中丝丝露白，似用枯笔写成，为一种独特的书体，唐张怀瓘《书断》评论蔡邕飞白书时说“飞白妙有绝伦，动合神功”。

汉朝光和元年（178），蔡邕奉汉灵帝之命，发表了对国家大事的评说，触犯了宦官，被判罪充军，流放到千里冰封的遥远的北国去。不久，朝廷大赦，蔡邕获释回家。全家大小离开荒凉的雪原，跋涉来到五原地带，不料又得罪了当时的太守王智，只好转道南行，过着无家可归的流浪生活。没料到在这流浪时期，竟制作成了两件流传于世的古乐器——“柯亭笛”和“焦尾琴”。

三曹

三曹，指汉魏间曹操与其子曹丕、曹植。因他们政治上的地位和文学上的成就，对当时的文坛很有影响，所以后人合称之为“三曹”。

曹操（155—220），字孟德，小名阿瞒。沛国谯县（今安徽亳州）人。父亲曹嵩是得宠宦官曹腾的养子，官至太尉。曹操20岁举孝廉为郎，后在汉末大乱中聚集兵马，建立了自己的军事武装。建安元年（196），受封为丞相，官渡一战击败北方最大的割据势力袁绍，逐步统一了北方，成为北方的实际统治者。曹丕称帝建魏后，追尊他为武帝，史称“魏武帝”。

曹丕（187—226），字子桓。三国时期著名的政治家、文学家，曹魏的开国皇帝。在继承权的争夺中战胜了弟弟曹植，被立为王世子。曹操逝世后，曹丕逼迫汉献帝禅位，代汉称帝，终结了汉朝400多年统治。曹丕改国号大魏，为魏朝的开国皇帝，也是三国时代第一个称皇帝的君主。曹丕在位7年，统治期间，曹魏国力进一步增强，版图得以扩大，多次击败羌胡、鲜卑等族的进犯，但曹丕3次征吴，均无功而返。226年，曹丕回到洛阳后一病不起，临终前托付曹叡于曹真、司马懿等人，终年40岁，葬于首阳陵。

曹植（192—232），字子建。曹丕的弟弟，卞氏所生第三子，曾封为陈王，死后谥“思”，故世称“陈思王”。曹植天资聪颖，才思敏捷，早年即有“绣虎”雅号，一度受到曹操的信任，几被立为太子。最后，曹操立曹丕为嗣，诛杨修，曹植荣宠日衰。曹丕即位，杀丁氏兄弟，曹植也受到迫害，屡改封地，名为王侯，行动却不得自由，动辄获咎，如同囚徒。黄初之世，始终处在生命恐惧之中。曹丕死，明帝曹叡即位之后，曹植的处境有所改变，他一度焕发希望，上表请求自试，终不为所用，于太和六年（232），抑郁而终。

曹操诗今存22首，包括作者存疑的3首。全部是乐府诗。乐府诗进入到文人乐府诗的阶段，曹操是其中的典型代表。代表作品诗歌有《蒿里行》《薤露行》《苦寒行》《短歌行》《观沧海》《龟虽寿》。文章有《祭故太尉桥玄文》《举贤勿拘品行令》《遗令》。

曹丕诗现存约40首，代表诗歌有《黎阳作》《陌上桑》《燕歌行》。《燕歌行》是现存最早的文人七言诗。《典论·论文》，中国古代最早的文学批评著作。辞赋现存26篇，在建安文人中仅次于曹植。文章的成就不在诗赋之下，代表作有《典论》《与吴质书》《答繁钦书》等。

曹植是建安文学中最负盛名的作家。他前期的一些作品从汉乐府民歌中汲取营养，反映社会动乱和人民流离失所的痛苦，表达出自己的理想抱负。诗的基调开朗豪迈，俊逸刚健，如《送应氏》《白马篇》等。后期的作品多反映自己受压抑的苦闷心情和壮志不能实现的激愤，词情慷慨，如《赠白马王彪》《杂诗》等。曹植的诗善用比兴手法，语言精练，词采华茂，代表了建安诗歌的成就，对五言诗的发展有重大影响。也善辞赋和散文，其《洛神赋》文情兼美，且富于神话色彩，是建安时期抒情赋的代表作。曹植的著作，宋代辑有《曹子建集》，近人黄节撰有《曹子建诗注》。

曹操的《蒿里行》，真实地反映出袁绍、袁术等军阀假借讨伐董卓的名义，各自拥兵自霸、争权夺利、互相混战的史实，揭露了混战造成“白骨露于野，千里无鸡鸣”的惨景。在曹丕的《燕歌行》中，作者描写了妇女在不眠秋夜思念远方征战的丈夫，反映出夫妻不能团聚的无限哀怨。在曹植的诗歌中，也不乏其篇。《送应氏》描写了战乱给洛阳造成的破败景象。《泰山梁甫吟》反映了滨海地区人民“寄身于草野”的悲惨生活，直接为民生疾苦而呼吁。

曹操的《对酒》诗，以慷慨豪壮之语表达了自己的政治理想，希望通过“王者贤且明”的途径来实现人人富足的“太平盛世”。曹植也有不少吐露自己抱负之作。《白马篇》作者把诗中主人公描写成“弃身锋刃端，性命安可怀？父母且不顾，何言子与妻？名编壮士籍，不得中顾私。捐躯赴国难，视死忽如归”的高超武艺和忧国忘家的英雄，实为自己的豪壮自白。

曹操的《观沧海》描写了深秋之时登山望海所呈现的壮丽景象，显现出作者那种吞吐宇宙的宏大气魄。

曹操是建安时期杰出的文学家和建安文学新局面的开创者，开创了建安文学的新风气，风格清俊通脱。曹丕擅长诗文及辞赋，其名作有《燕歌行》《与吴质书》等，其中《燕歌行》全诗均用七言，句句押韵，在中国七言诗的发展史上占有重要地位。曹植是第一个大力创作五言诗的作家，他把文人五言诗的发展推到了一个前所未有的高峰，标志着文人五言诗的完全成熟，他的散文和辞赋也表现出了很高的思想性和艺术性。他是建安时期最负盛名的作家，《诗品》称为“建安之杰”。

建安七子

建安七子，是建安年间（196—220）7 位文学家的合称，包括孔融、陈琳、王粲、徐幹、阮瑀、应玚、刘桢。这 7 人大体上代表了建安时期除曹氏父子外的优秀作者，所以“七子”之说，得到后世的普遍承认。他们对于诗、赋、散文的发展，都曾作出过贡献。

“七子”之称，始于曹丕所著《典论·论文》：“今之文人，鲁国孔融文举，广陵陈琳孔璋，山阳王粲仲宣，北海徐幹伟长，陈留阮瑀元瑜，汝南应玚德琏，东平刘桢公幹。斯七子者，于学无所遗，于辞无所假，咸以自骋骥騄于千里，仰齐足而并驰。”七子中除了孔融与曹操政见不合外，其余六家虽然各自经历不同，但都亲身受过汉末离乱之苦，后来投奔曹操，地位发生了变化，才有了安定、富贵的生活。他们多视曹操为知己，想依赖他干一番事业。故而他们的诗与曹氏父子有许多共同之处。因建安七子曾同居魏都邺（今河北临漳县西，河南安阳市北）中，又号“邺中七子”。

“七子”以写五言诗为主。五言诗是直到东汉后期才兴盛起来的新诗体，桓、灵之世“古诗”的出现，标志着五言诗已经初步成熟。而“七子”的优秀五言之作，写得情采飞扬，变化多致，使五言诗在艺术上更臻于精美。如徐幹的《室思》就比同一题材的《青青河畔草》或《冉冉孤生竹》写得细腻深厚。而陈琳《饮马长城窟行》、阮瑀《驾出北郭门行》等都作于汉末战乱发生之前，其写作时间不一定比“古诗”晚，他们在五言诗发展史上的重要性就更加值得重视。

“七子”写了大量的小赋，他们在张衡、蔡邕等已经取得的成就基础上，为小赋的进一步繁荣作出了贡献。对于“七子”的赋，曹丕在《典论·论文》中曾给予了相当高的评价，刘勰在《文心雕龙·诠赋》中也表示了同样的意见，还特别认为王粲、徐幹二人是曹魏一代的“赋首”，说他们可与宋玉、司马相如、左思、潘岳等并列。

孔融的章表，陈琳、阮瑀的书记，徐幹、王粲的论说文，在当时都能独树一帜。它们的共同优点就是曹丕所说的“文以气为主”（《典论·论文》），贯注了作者独特的气质。“七子”散文名篇有孔融《荐祢衡疏》《与曹公论盛孝章书》，陈琳《移豫州檄》《为曹洪与魏太子书》，阮瑀《为曹公作书与孙权》，王粲《务本论》《荆州文学记官志》等。“七子”散文在形式上有逐步骈化的趋向，尤以孔融、陈琳比较显著。他们的一些作品对偶整饬，又多用典故，成为从汉末到西晋散文骈化过程中的一个不能忽略的环节。

“七子”著作，原集皆已佚，今独存徐幹的政治伦理专论《中论》。明代张溥辑有《孔少府集》《王侍中集》《陈记室集》《阮元瑜集》《刘公幹集》《应德琏集》，收入《汉魏六朝百三家集》中。清代杨逢辰辑有《建安七子集》。

建安九年（204），曹操占据邺城后，在中国北部创造了一个以邺城为中心的相对稳定的政治局面。曹操倡导“尚刑名”，“尚通脱”，又善属文，爱文士。许多文士在饱经战乱之苦后，如百川赴海，相继奔往邺城，归附到曹氏周围。在这里形成了以“三曹”为领袖，以“七子”为代表的庞大的邺下文人集团。他们战时大多随军，归来习文作诗，探讨文学，歌功颂德，抒发情怀，写征战之苦，述社会之乱，相互批评、磋商，共同提高写作水平，发展并繁荣了建安文学，给后人留下了“建安风骨”这一宝贵的精神财富。

“七子”在中国文学史上具有相当重要的地位。他们与“三曹”一起，构成建安作家的主力军。他们对于诗、赋、散文的发展，都曾作出过贡献。“七子”的创作各有个性，各有独特的风貌。孔融长于奏议散文，作品体气高妙。王粲诗、赋、散文号称“兼善”，其作品抒情性强。刘桢擅长诗歌，所作气势高峻，格调苍凉。陈琳、阮瑀，以章表书记闻名当时，在诗歌方面也都有一定成就，其风格的差异在于陈琳比较刚劲有力，阮瑀比较自然畅达。徐幹诗、赋皆能，文笔细腻、体气舒缓。应玚亦能诗、赋，其作品和谐而多文采。“七子”的创作风格也具有一些共同的特点，这也就是建安文学的时代风格。这种时代风格的具体内容及其形成原因，便是刘勰在《文心雕龙·时序》中所说的：“观其时文，雅好慷慨，良由世积乱离，风衰俗怨，并志深而笔长，故梗概而多气也。”

阮籍

阮籍（210—263），字嗣宗。陈留尉氏（今属河南）人。三国时期魏国诗人、作家、思想家。与嵇康、刘伶等六人为友，世称“竹林七贤”。

阮籍3岁丧父，家境清苦，勤学而成才。他在政治上本有济世之志，曾登广武城，观楚、汉古战场，慨叹“时无英雄，使竖子成名”。当时明帝曹叡已亡，由曹爽、司马懿夹辅曹芳，二人明争暗斗，政局十分险恶。曹爽曾召阮籍为参军，他托病辞官归里。正始十年（249），曹爽被司马懿所杀，司马氏独专朝政。司马氏杀戮异己，被株连者很多。阮籍本来在政治上倾向于曹魏皇室，对司马氏集团怀有不满，但同时又感到世事已不可为，于是他采取不涉是非、明哲保身的态度，或者闭门读书，或者登山临水，或者酣醉不醒，或者缄口不言。钟会是司马氏的心腹，曾多次探问阮籍对时事的看法，阮籍都用酣醉的办法获免。司马昭本人也曾数次同他谈话，试探他的政见，他总是以发言玄远、口不臧否人物来应付过去，使司马昭不得不说“阮嗣宗至慎”。司马昭想与阮籍联姻，籍竟大醉60天，使事情无法进行。不过在有些情况下，阮籍迫于司马氏的淫威，也不得不应酬敷衍。他接受司马氏授予的官职，先后做过司马氏父子三人的从事中郎，当过散骑常侍、步兵校尉等，以此得名“阮步兵”。他还被迫为司马昭自封晋公、备九锡写过“劝进文”因此，司马氏对他采取容忍态度，对他放浪佯狂、违背礼法的行为不加追究，最后得以终其天年。

阮籍是正史之音的代表，其中以《咏怀》82首最为著名。阮籍通过不同的写作技巧，如比兴、象征、寄托，借古讽今，寄寓情怀，形成了一种“悲愤哀怨，隐晦曲折”的诗风。除诗歌之外，阮籍还长于散文和辞赋。今存散文9篇，其中最长及最有代表性的是《大人先生传》；另又存赋6篇，其中述志类有《清思赋》《首阳山赋》；咏物类有《鸠赋》《猕猴赋》。

阮籍崇奉老庄。这一方面是鉴于当时险恶的政治形势，他需要采取谦退冲虚的处世态度，道家思想正好可以做他的精神依托；另一方面也是受了当时盛行的玄学的影响。阮籍也是魏晋玄学“竹林七贤”中的重要人物。他曾写过两篇著名的论文《通老论》《达庄论》。不过阮籍并非纯宗道家，他对儒学也并不一概排斥，如他在《乐论》一文中就充分肯定孔子制礼作乐对于“移风易俗”的必要性，认为“礼定其象，乐平其心，礼治其外，乐化其内，礼乐正而天下平”。

阮籍的论说文，都是阐述其哲学观念的，比较全面地反映了他的思想，如《通老论》《达庄论》《通易论》《乐论》等。这些论说文，都是采用“答客问”的辩难式写法，主人公则是“阮子”、“阮先生”或“先生”。所以读者从这些文章中，可以看到作者为自己塑造的玄学家形象。其文章注重结构上的逻辑层次，一般都首尾照应，论证逐层深入，善于作抽象的、本质的分析，体现了魏晋时期思辨方式的进步。其语言风格比较朴素凝重，不尚华饰，稍有骈化的痕迹。

阮籍是建安以来第一个全力创作五言诗的人，其《咏怀》诗把 82 首五言诗连在一起，编成一部庞大的组诗，并塑造了一个悲愤诗人的艺术形象，这本身就是一个极有意义的创举，一个显著的成就。在五言诗的发展史上奠定了基础，开创了新的境界，作出了巨大的贡献，对后世作家产生了重大影响。如晋左思、张载、陶潜，南北朝刘宋的鲍照，北周的庾信，唐陈子昂，李白等人所作的许多诗篇都是以抒情言志，广泛涉及现实生活，具有深厚思想内容的五言长诗，无不是对阮籍《咏怀》的继承和发展。

阮籍的《咏怀》或隐晦寓意，或直抒心迹，表现了诗人深沉的人生悲哀，充满浓郁的哀伤情调和生命意识，无不给人以“陶性灵，发幽思”的人生启悟。阮籍的诗形象地展现了魏晋之际一代知识分子痛苦、抗争、苦闷、绝望的心路历程，具有深刻的思想意义和认识价值。阮籍之后，诗人争先仿效其作，影响极为深广。后人给予“忧时悯乱，兴寄无端，而骏放之致，沉挚之词，诚足以睥睨八荒，牢笼万有”的极高评价，是当之无愧的新形式，开后代左思《咏史》组诗，陶渊明《饮酒》组诗的先河。

嵇康

嵇康（223—262，或224—263），字叔夜，三国时期魏国谯郡铚（今安徽濉溪西南）人。著名思想家、音乐家、文学家。正始末年与阮籍等竹林名士共倡玄学新风，主张“越名教而任自然”“审贵贱而通物情”，为“竹林七贤”的精神领袖。曾娶曹操曾孙女，官曹魏中散大夫，世称“嵇中散”。后因得罪钟会，为其构陷，而被司马昭处死。

嵇康曾与向秀在树荫下打铁谋生，贵公子钟会有才善辩，但嵇康瞧不起他的为人。一日，钟会前来拜访，嵇康没理睬他，只是低头干活，钟会呆了良久，怏怏欲离，这时嵇康说话了：“何所闻而来？何所见而去？”钟会没好气地答道：“闻所闻而来，见所见而去。”说完就拂袖而去。钟会对此记恨在心，便常在司马昭面前说嵇康的坏话。

据刘籍《琴议》记载：嵇康是从杜夔的儿子杜猛那里学得《广陵散》的。嵇康非常喜爱此曲，经常弹奏它，以致招来许多人前来求教，但嵇康概不传授。司马氏掌权后，嵇康不苟合于其统治，与阮籍、向秀、山涛、刘伶、阮咸、王戎号称“竹林七贤”，与司马氏相对抗，后被司马氏杀害，死时方40岁。临刑前有三千太学生为其求情，终不许。死前索琴弹奏此曲，并慨然长叹：“《广陵散》如今绝矣。”

嵇康主张声音的本质是“和”，合于天地是音乐的最高境界，认为喜怒哀乐从本质上讲并不是音乐的感情而是人的情感。嵇康作有《风入松》，相传《孤馆遇神》亦为嵇康所作。又作《长清》《短清》《长侧》《短侧》四曲，被称为“嵇氏四弄”，与蔡邕创作的“蔡氏五弄”合称“九弄”，是我国古代一组著名琴曲。

嵇康是中国古典音乐史上的一个重要人物，无论他的音乐理论，还是实践，都是中国古典音乐中的一朵奇葩。对于嵇康的音乐美学与音乐思想的探讨，对于了解中国中古音乐理论和发展具有非常重要的意义。嵇康的音乐思想，集中表现在他的《声无哀乐论》中。《声无哀乐论》是一篇杰出的音乐美学论文，也是玄学文艺思想的代表性著作，在魏晋南北朝的文艺思想发展中有着极其重要的地位。在整个中国古代音乐美学发展中，同样也具有划时代的意义，甚至可以说他对整个中国的文艺思想的发展，都具有极深远的影响。

嵇康擅长书法，工于草书。其墨迹“精光照人，气格凌云”，被列为草书妙品。又善丹青，唐张彦远《历代名画记》载有嵇康《巢由洗耳图》《狮子击象图》传世，俱已失佚。

嵇康的文学创作，主要包括诗歌和散文。其诗今存50余首，以四言律诗为多，占一半以上。其《隋书·经籍志》著录有集13卷，又别有15卷本，宋代原集散失，仅存10卷本。著有《嵇中散集》《养生论》。

嵇康的诗兼有四言、五言、六言、乐府及骚体，但以四言诗成就最高，代表作是《赠兄秀才从军》18首和《幽愤诗》。刘勰称嵇诗“清俊”，钟嵘称嵇诗“俊切”。嵇康代表文章有《太师箴》。刘勰说嵇康之文“兴高而采烈”，“师心以遣论”。

嵇康继承了老庄的养生思想，进行实践颇有心得，他的《养生论》是中国养生史上第一篇较全面、较系统的养生专论。后世养生大家如陶弘景、孙思邈等对他的养生思想都有借鉴。

卫夫人

卫夫人（272—349），名铄，字茂漪，自署和南。河东安邑（今山西夏县西北）人。东晋著名女书法家。

卫夫人的从祖卫觊、从伯卫瓘、从兄卫恒，都是著名书法家、书法理论家。卫夫人自小受家族影响，成为一个书法高手，后来又成为王羲之的书法老师。在一定程度上可以讲，没有卫夫人的启蒙教育，也就没有后来的“书圣”王羲之。

关于卫夫人的书法成就、书法特点，许多书法史书都有记载。《书法要录》说她得笔法于钟繇，熔钟、卫之法于一炉。所著《笔阵图》中云“横”如千里之阵云，“点”似高山之坠石，“撇”如陆断犀象之角，“竖”如万岁枯藤，“捺”如崩浪奔雷，“努”如百钧弩发，“钩”如劲弩筋节。另外她有《名姬帖》《卫氏和南帖》传世。她曾作诗论及草隶书体，又奉敕为朝廷写《急就章》。其字形已由钟繇的扁方变为长方形，清秀平和，娴雅婉丽，去隶已远，说明当时楷书已经成熟而普遍。宋陈思《书小史》引唐人书评，说她的书法“如插花舞女，低昂美容；又如美女登台、仙娥弄影，红莲映水、碧沼浮霞”，应该不是过誉之词。

卫夫人不但在书法艺术实践上有突出成就，不让须眉，而且在书法艺术理论方面也有重大建树。她在《笔阵图》中，全面深入地参考了有关书法理论，并提出自己的看法。她在书中首先提出，书法之妙“莫先乎用笔”。主张学习书法要上溯其源，师法古人，反对谙于道理，学不该赡，以致徒费精神，学无成功。卫夫人又提出，在学习和创作时，要注意选用笔、墨、纸、砚的品种和产地，强调工欲善其事，必先利其器。又着重指出，执笔要有讲究，不同书体应采用不同的执笔法，并加以具体分析，认为：“有心急而执笔缓者，有心缓而执笔急者。若执笔近而不能紧者，心手不齐，意后笔前者，败；若执笔远而急，意前笔后者，胜。”其已超出了论述执笔的范围，而是对书法艺术中的笔、意关系和书家修养等作出了深刻的论述。

对书写不同字体时的用笔，卫夫人亦有精辟论述，她认为用笔有 6 种方法，如篆书是“飘扬洒落”，章草为“凶险可畏”，八分书为“窈窕出入”，飞白书为“耿介特立”，倘能“每为一字，各象其形”，则“斯造妙矣，书道毕矣”。应该说，卫夫人关于用笔的论述，在今天也仍然有其可取之处，她实质上是就此提出了书法家不同字体书写风格的问题。此外，卫夫人在《笔阵图》中还提出初学书法，“先大书，不得从小”，“善鉴者不写，善写者不鉴”等理论原则，也都是宝贵的经验之谈。在上述论述的基础上，卫夫人概括她对书法艺术总体的认识，提出了“力筋”之说。她认为：“下笔点画波撇屈曲，皆须尽一身之力而送之。”“善于笔力者多骨，不善笔力者多肉。多骨微肉者，谓之筋书；多肉微骨者，谓之墨猪。多力丰筋者圣，无力无筋者病。”

这些实质上都是卫夫人毕生从事书法艺术实践所得，代表了她对书法艺术理论总的认识，为后代书法家指出了努力方向和途径，也成为中国书法理论中的重要内容和评判标准，对历代书法理论和实践的发展都产生了巨大影响。尽管卫夫人的《笔阵图》参考和汲取了前人的某些论点，但卫夫人在继承的基础上加以发展创造，功不可没。

王羲之

王羲之（303—361，一作307—365，又作321—379），字逸少，号澹斋。祖籍琅邪临沂（今属山东），后迁居山阴（今浙江绍兴）。为南迁琅邪王氏贵胄，东晋时期杰出的书法家。

王羲之少从卫夫人学书法，后草书学张芝，正书学钟繇，博采众长，精研体势，一变汉魏以来波挑用笔，独创圆转流利之风格，隶、草、正、行各体皆精，被奉为“书圣”。其作品真迹无存，传世者均为临摹本。

王羲之幼时不善于言辞，长大后却辩才出众，且性格耿直，享有美誉。晋太尉郗鉴选中他为女婿，“坦腹东床”的典故就出自于王羲之（见《世说新语・雅量》）。朝廷公卿看重王羲之的才器，屡屡召举为官，他都辞谢。后为征西将军庾亮参军，累迁长史，进宁远将军、江州刺史，官至右军将军、会稽内史，世称“王右军”“王会稽”。后与太原王述不和，称病去职，归隐会稽，自适而终。

王羲之主要作品有《兰亭序》《奉橘》《姨母》《孔侍中》《乐毅论》《黄庭经》《初月》《丧乱》等。

《兰亭序》真迹早已不存于世，唐代的精摹本历来被当作真迹看待。由于年代久远，且本帖享盛名久，和王羲之其他墨迹一样，对它的摹刻年代就有不同推断，有称为宋摹的，也有疑为米芾所摹的，而更多的则定为唐摹。它著录极多，并一再被刻入各种丛帖中，元以后的公私藏印及流传历历可考，其珍贵性不言而喻。

王羲之的书法艺术达到了登峰造极的高度。究其成因，与王羲之信奉道教有很大的关系。在抄写经书时，必须由精于书艺的经生抄写，而在抄写经本过程中不知不觉地受到了道教文化的潜移默化影响。历史上诸多道家学者多是有名的书画家，他们修身养性，既精通道法，又能挥毫泼墨，落笔成体。王羲之就是这方面的典型代表，他将修道和书法艺术相互契合，相得益彰，因而产生了巨大的艺术魅力。

王羲之的道教信仰有着深厚的家庭背景。王氏家族是东晋时最有代表的文化士族，从上到下，信奉黄老学说。《晋书·卷八十·列传第五十》记载，王氏家族“世事张氏五斗米道，又精通书道”。《道经》中记载了王羲之始祖王子晋向往神仙之灵虚，迈行放达于天台北门金庭桐柏山（即今嵊州金庭）第二十七洞天（道界三十六洞天之一）的故事。《潜夫论》记载：“因氏王氏，其后子孙，世喜养性、神仙之术。”

王羲之书法影响了一代又一代的书苑。历史上第一次学王羲之高潮在南朝梁，第二次则在唐。唐太宗极度推尊王羲之，不仅广为收罗王书，且亲自为《晋书·王羲之传》撰赞辞，评钟繇则“论其尽善，或有所疑”，论献之则贬其“翰墨之病”，论其他书家如子云、王蒙、徐偃辈皆谓“誉过其实”。通过比较，唐太宗认为右军“尽善尽美”，“心慕手追，此人而已，其余区区之类，何足论哉！”从此王羲之在书学史上至高无上的地位被确立并巩固下来。宋、元、明、清诸朝学书人，无不尊晋宗“二王”。清代虽以碑学打破帖学的范围，但王羲之的书圣地位仍未动摇。“书圣”“墨皇”虽有“圣化”之嫌，但世代名家、巨子，通过比较、揣摩，无不心悦诚服，推崇备至。

王献之

王献之（344—386），字子敬，小名官奴。祖籍琅邪临沂（今属山东），后迁居山阴（今浙江绍兴）。王羲之第七子。晋代著名书法家。

王献之曾经担任过州主簿、秘书郎、秘书丞、长史、吴兴太守等官职，成为简文帝驸马后，又升任中书令（相当于宰相）。但政绩一般，远不如他的书名显赫。

王献之出身于书法大师家庭，由于其书艺超群，历来与王羲之并称“二王”，或尊称为“小圣”。其父乃大名鼎鼎的“书圣”，母亲及叔、祖辈、众兄弟都是书法大家，从小受到良好的家庭熏陶。而他较之他人又更为勤勉，在学习书法时更为下力、专注，其性情也颇具乃父之风。他不满意于一切都和别人一样，所以自创新体。张怀瓘《书议》说："子敬才高识远，行草之外，更开一门。夫行书，非草非真，离方遁圆，在乎季孟之间。兼真者，谓之真行；带草者，谓之行草。子敬之法，非草非行，流便于草，开张于行，草又处其中间……笔法体势之中，最为风流者也。"他的非草非行的新书体，被称为"破体"，又叫"一笔书"。在他的传世书法作品中，不难看出他对家学的承传及自己另辟蹊径的踪迹。前人评论王献之的书法为"丹穴凰舞，清泉龙跃。精密渊巧，出于神智"。他的用笔，从"内拓"转为"外拓"。

他的草书，更是为人称道。俞焯曾说："草书自汉张芝而下，妙人神品者，官奴一人而已。"他的传世草书墨宝有《鸭头丸帖》《中秋帖》等，皆为唐摹本。他的《鸭头丸帖》，行草，共15字，绢本。清代吴其贞在《书画记》里对此帖推崇备至，认为："（此帖）书法雅正，雄秀惊人，得天然妙趣，为无上神品也。"他的《中秋帖》行草，共22字，神采如新，片羽吉光，世所罕见。清朝乾隆皇帝将它收入《三希帖》，视为"国宝"。他还创造了"一笔书"，变其父上下不相连之草为相连之草，往往一笔连贯数字，由于其书法豪迈，气势宏伟，故为世人所重。

由晋末至梁代的一个半世纪，王献之的影响甚至超过了其父王羲之。梁书画家袁昂在《古今书评》中说："张芝惊奇，钟繇特绝，逸少鼎能，献之冠世。"将四贤并称。而宋齐之间书学地位最高者则一度推王献之。梁陶弘景《与梁武帝论书启》云："比世皆尚子敬书"，"海内非惟不复知有元常，于逸少亦然"。一直到唐代，唐太宗竭力褒扬王羲之而贬抑王献之，一些书法评论家才慢慢认为王献之的书法比不上他的父亲王羲之。但是北宋书法家米芾，主要是向王献之学习。现代著名学者、书法家胡小石更认为张旭、怀素一派之"狂草"，便是由王献之草书发展而成的。

王献之的遗墨保存很少，数量远远没有王羲之那么丰富。因唐太宗贬献之而不购求其书作，内府的王献之书迹"仅有存焉"。但宋初的书法，并举"二王"，宋太宗赵光义留意翰墨，购募古先帝王名臣墨迹，命侍书王著摹刻10卷，这就是著名的《淳化阁帖》。"凡大臣登二府，皆以赐焉"。帖中有一半是"二王"的作品。单著录王献之书帖的有73件，经后人考证，伪作或他人所书者达20余件。北宋宣和年间，宋徽宗雅好王献之书法，《宣和书谱》所收的王献之书迹增至80余件。但这些墨迹本绝大多数没有保存下来，仅存的墨迹本不逾7件，而且都是摹本。好在历代刻帖还保留着一些真迹刻本，给我们学习了解王献之书法留下宝贵资料。

陶渊明

陶渊明（365或372或376—427），字元亮，号五柳先生；又一说名潜，字渊明。浔阳柴桑（今江西九江西南）人。东晋诗人、辞赋家、散文家。

陶渊明是中国文学史上有名的田园诗人。他幼年失去父亲，家道中落。由于社会动荡，早年一直没有出仕，后为贫穷所迫，陆续做过州祭酒、参军、县令等一些小官。为官期间，尔虞我诈的官场使他认识到社会现实的黑暗，终于从彭泽令任上弃官归田。

陶渊明受时代思想和风气的影响，早年就有爱好自然的一面，所以在政治理想破灭后，他选择了洁身守志、栖身田园的道路。陶渊明归隐后亲自参加劳动，与下层人民有了较广泛的接触。同时对大自然也更热爱。在此基础上，他写出了大量赞美田园风光、赞美农村纯朴劳动生活的诗篇。由于他是田园诗的开创者，后世称他为“田园诗人”。

他的文学创作丰硕，今存诗歌125首，文12篇，影响巨大，在中国文学史上占有十分重要的地位。他的今存诗作包括四言诗9首，五言诗116首。前者一般，后者包括咏怀诗和田园诗两类。咏怀诗内容丰富：有中年游宦在外的行旅诗，表达宦海奔波者对家园的想念，透露出时代的污浊与动荡；有晚年归田后的抒情言志诗，如《杂诗》《饮酒》《咏贫士》《拟古》《读山海经》《挽歌诗》等，或者表达了诗人坚持躬耕自给、傲视豪门世族、拒绝统治者的征召、淡然忘世的态度，或者表达诗人身在乡村关注政治、感慨人生而“猛志常在”的心情。田园诗包括中年所作《怀古田舍》《劝农》以及晚年所作《归田园居》《桃花源诗并记》等，诗中描写了乡村风光与田园劳动生活，并在此基础上表达了他的社会理想。《归田园居》50首是其中代表作，写出了“暧暧远人村，依依墟里烟。狗吠深巷中，鸡鸣桑树巅”的田园景致与诗人的欣喜心情；写出了与农民“相见无杂言，但道桑麻长”的交往中的纯真与“带月荷锄归”的劳动诗意。

陶渊明的现存文章包括辞赋3篇、韵文5篇、散文4篇。其中的《感士不遇赋》虽是自悲有志莫骋、怀才不遇，却也表达了寒门庶族文士备受压抑的愤激声。《归去来兮辞》更是他同封建官场决绝的宣言，是至今被传诵的不朽之作。散文《五柳先生传》和《桃花源记》都有很大的影响。

陶渊明的田园诗充分表现了诗人鄙夷功名利禄的高远志趣和守志不阿的高尚节操；充分表现了诗人对黑暗官场的极端憎恶和彻底决裂；充分表现了诗人对淳朴的田园生活的热爱，对劳动的认识和对劳动人民的友好感情；充分表现了诗人对理想世界的追求和向往。作为一个文人士大夫，这样的思想感情，这样的内容，出现在文学史上，是前所未有的，尤其是在门阀制度和观念森严的社会里显得特别可贵。

陶渊明的田园诗中也有一些是反映自己晚年困顿状况的，可使读者间接地了解到当时农民的悲惨生活。陶渊明的《桃花源诗并记》大约作于南朝宋初年，它描绘了一个乌托邦式的理想社会，表现了诗人对现存社会制度彻底的否定与对理想世界的无限追慕之情，它标志着陶渊明的思想达到了一个崭新的高度。

他的《饮酒》20首以“醉人”的语态或指责是非颠倒、毁誉雷同的上流社会，或揭露世俗的腐朽黑暗，或反映仕途的险恶。《述酒》即以比喻手法隐晦曲折地记录了这一篡权易代的过程，对晋恭帝以及晋王朝的覆灭流露出了无限的哀婉之情。此时陶渊明已躬耕隐居多年，乱世也看惯了，篡权也看惯了，但这首诗仍透露出他对世事的不能忘怀。

他的田园诗以纯朴自然的语言、高远拔俗的意境，为中国诗坛开辟了新天地，并直接影响到唐代田园诗派。在他的田园诗中，随处可见的是他对污浊现实的厌烦和对恬静的田园生活的热爱。

陶渊明在文学史上的地位和影响，有赖于他的散文和辞赋，并不下于他的诗歌。特别是《五柳先生传》《桃花源记》和《归去来兮辞》，这3篇最见其性情和思想，也最著名。《五柳先生传》用极其简洁的笔墨表达了不同流俗的性格，清楚地划出一条与世俗的界限，从而塑造了一个清高洒脱、怡然自得、安贫乐道的隐士形象，五柳先生也成为寄托中国古代士大夫理想的人物形象。

陶渊明是中国最伟大的诗人之一，也是中国文学史上堪与屈原、李白、杜甫、苏轼比肩的伟大诗人。

谢灵运

谢灵运（385—433），原名谢公义，字灵运；小名“客”，人称谢客；又以袭封康乐公，称谢康乐。陈郡夏（今河南太康）人，移籍会稽（治今浙江绍兴）。南朝刘宋时期著名山水诗人，中国文学史上山水诗派的开创者，被称为“山水诗鼻祖”。

谢灵运乃东晋名将谢玄之孙，为陈郡谢氏族。谢灵运因是名公子孙，才能出众，便认为自己应当参与时政机要，但宋文帝对他“唯以文义见接，每侍上宴，谈赏而已”。

东晋安帝义熙元年（405），谢灵运已20岁，出任琅邪大司马行参军，后任太尉参军、中书侍郎等职。他好营园林，游山水，制作出一种“上山则去前齿，下山去其后齿”的木屐，后人称之为“谢公屐”。与族弟谢惠连、东海何长瑜、颍川荀雍、泰山羊璿之，以文章赏会，共为山泽之游，时人谓之四友。元嘉十年（433）因罪徙广州，密谋使人劫救自己，事发，被宋文帝刘义隆以“叛逆”罪名杀害，终年49岁。

《隋书·经籍志》所录谢灵运著作36卷，已佚，除《晋书》外，尚有《谢灵运集》等14种。《谢灵运集》19卷，北宋以后就已散佚。明代李献吉等从《文选》《乐府诗集》及类书中辑出谢灵运的作品，由焦竑刊刻为《谢康乐集》。

谢灵运除诗歌外，还有赋10余篇，其中《山居赋》《岭表赋》《江妃赋》等比较有名，景物刻画颇具匠心，但成就远不及诗歌。谢灵运早年信奉佛教，曾注释过《金刚般若经》，润饰过《大般涅槃经》，《辩宗论》为其阐释顿悟的哲学名篇。谢灵运还于元嘉间奉诏撰《晋书》，明代张溥辑有《谢康公集》2卷，收入《汉魏六朝百三家集》。近人黄节也作有《谢康乐诗注》等。

狂傲和热衷是谢灵运性格中两个鲜明的特征。撇开时局的因素不管，狂傲如果仅仅在文学的领地里横行，一定条件下会转化为才气；若跨进政治的界线，极少能有良运。事情就有那么不幸，偏偏谢灵运正是一位热衷于政治的文人。

谢灵运在毫不容情的现实面前，主观和客观都不允许他像陶渊明那样不愿以心为形役，就回家种地。他只能对心理状态作自我调节，以适应新的现实。于是我们就看到了《三月三日侍宴西池》："虞承唐命，周袭商艰。江之永矣，皇心惟眷。"也许是言不由衷，不过毕竟是在颂圣了。当这种心理状态稍趋平衡，他就想在新朝取得由于改朝换代而来不及在旧朝所取得的东西："宜参机要"，"应参时政"。刘裕和刘义隆仅仅把他当作文学侍从，而且不止一次地把他罢官、外放，阶级意识的委屈、热衷的破灭，再加上根深蒂固的狂傲，就使谢灵运和刘宋王朝的矛盾一步一步激化，终于不可收拾。

谢灵运的世界观，带有鲜明的时代和阶级印记。谢灵运熟精玄理，但从反映于作品中的具体情况来看，他于玄理并不囿于烦琐概念上的辨析而重在致用。像谢灵运这样热衷仕进而又性格刚强的诗人，在人生道路上却屡经蹉跌，如果没有玄理的化解，其后果就是更早地不为刘裕父子所容，或是彻底地陷于精神上的崩溃。谢灵运在诗篇里装进那么多的玄理，正是缘情言志而不是无病呻吟。

谢灵运的诗歌虽不乏名句，他的诗文大都是一半写景，一半谈玄，仍带有玄言诗的尾巴。但尽管如此，谢灵运以他的创作极大地丰富和开拓了诗的境界，使山水的描写从玄言诗中独立出来，从而扭转了东晋以来的玄言诗风，确立了山水诗的地位，从此山水诗成为中国诗歌发展史上的一个流派。

谢灵运善于用富艳精工的语言记叙游赏经历、描绘自然景物，多有形象鲜明、意境优美的佳句，对唐代的诗歌发展有一定的影响。唐朝大诗人李白对谢灵运颇为推崇，曾有"吾人咏歌，独惭康乐"之句。

刘勰

刘勰（约465—约532），字彦和。原籍东莞莒县（今属山东）。世居京口（今江苏镇江）。中国历史上著名文学理论家。

刘勰曾官县令、步兵校尉、东宫通事舍人，颇有清名。其虽任多种官职，但其名不以官显，却以文彰，一部《文心雕龙》奠定了他在中国文学史上和文学批评史上崇高的地位。

据《梁书·刘勰传》记载，刘勰早年家境贫寒，笃志好学，终生未娶。曾寄居京口，在钟山的南定林寺里，跟随僧祐研读佛书及儒家经典。32岁时开始写《文心雕龙》，历时5年，终于书成我国最早的文学评论巨著，书超前人，体大而虑周，风格迥异，独树一帜，对后世影响颇大。

刘勰最著名的作品是《文心雕龙》，共10卷，50篇，分上、下部，各25篇，包括总论、文体论、创作论、批评论4个主要部分。上部，从《原道》至《辨骚》的5篇，论“文之枢纽”，阐述了作者对文学的基本观点，是全书的纲领和理论基础。从《明诗》到《书记》的20篇，以“论文序笔”为中心，每篇分论一种或两三种文体，可称是文体论。下部，从《神思》到《物色》的20篇，以“剖情析采”为中心，重点研究有关创作过程中各个方面 的问题，是创作论。《时序》《才略》《知音》《程器》等4篇，从不同角度对过去时代的文风、作家的成就提出批评，并对批评方法进行专门探讨，可称是文学史论和批评鉴赏论。下部的这两个部分，是全书的精华所在。最后一篇《序志》说明自己的创作目的和全书的部署意图。《文心雕龙》虽然从内容上说分为4个方面，但理论观点首尾一贯，各部分之间又互相照应，体大思精，具有严密的体系，在古代文学批评中是空前绝后的著作，是我国文学理论遗产的瑰宝，对于我们现在从事文学创作、文艺批评等都有重要的参考价值，对于研究由上古至南齐以前我国文学的发展，更是不可或缺的依据，值得我们重视和好好研究。其成就是杰出的、空前的、举世公认的。除《文心雕龙》外，刘勰还写过不少有关佛理方面的著作，在梁代还有文集行世。据《梁书》卷十五刘勰本传记载，“勰为文长于佛理，京师寺塔及名僧碑志，必请勰制文”。然其文集在唐初已失传。今尚存《梁建安王造剡山石城寺石像碑》和《灭惑论》两篇散文。

刘勰主张文学作品应有“风骨”（充实的内容）、华美的形式（文采），并提出文学批评的6条标准（“六观”）及其必须具备的修养，系统阐述先秦以来文学批评理论，在文学史上具有重要地位。

《文心雕龙》的创作目的是反对当时文风的“浮诡”“讹滥”，纠正过去文论的狭隘偏颇。它在文学批评史上的突出贡献是初步建立了文学史的观念。刘勰认为，文学的发展变化，终归要受到时代及社会政治生活的影响，他分析论述了文学创作内容和表现形式的关系，主张文质并重，从创作的各个环节上总结了经验，提出了应该避免的失败教训，初步建立了文学批评的方法论。在《知音》篇里，他批评了“贵古贱今”“崇己抑人”“信伪迷真”“各执一隅之解”的不良风尚，要求批评家“无私于轻重，不偏于憎爱”。

欧阳询

欧阳询（557—641），字信本。潭州临湘（今湖南长沙）人。唐代书法家。楷书四大家（欧阳询、颜真卿、柳公权、赵孟頫）之一。

欧阳询祖父欧阳頠曾为南梁直阁将军，父欧阳纥曾任南陈广州刺史和左卫将军等职，因举兵反陈失败被杀，并株连家族。欧阳询因年幼幸免于难，被父亲好友收养。欧阳询聪敏勤学，涉猎经史，博闻强记。隋朝时，欧阳询曾官至太常博士。因与李渊交好，在大唐累迁银青光禄大夫、给事中、太子率更令、弘文馆学士，封渤海县男。与同代的虞世南、褚遂良、薛稷并称“初唐四大家”。因其子欧阳通亦善书法，故其又称“大欧”。欧阳询楷书法度之严谨，笔力之险峻，世无所匹，被称之为唐人楷书第一。他与虞世南俱以书法驰名初唐，并称“欧虞”。

欧阳询练习书法最初仿效王羲之，后独辟蹊径自成一家。他的书法成就以楷书为最，笔力险劲，结构独异，后人称为“欧体”。其源出于汉隶，骨气劲峭，法度谨严，于平正中见险绝，于规矩中见飘逸，笔画穿插，安排妥帖。楷书以《九成宫醴泉铭》等，行书以《梦奠帖》《张翰帖》等为最著名。其他书体，也无一不佳，唐张怀瓘《书断》中说："询八体尽能，笔力险劲，篆体尤精，飞白冠绝，峻于古人，犹龙蛇战斗之象，云雾轻宠之势，风旋雷激，操举若神。真行之朽出于大令，别成一体，森森然若武库矛戟，风神严于智水，润色寡于虞世南。其草书迭荡流通，视之二王，可为动色，然惊其跳骏，不避危险，伤于清雅之致。"

虞世南说他"不择纸笔，皆能如意"，而且他还能写一手好隶书，贞观五年（631）《徐州都督房彦谦碑》就是其隶书作品。他的书法，以楷书为最，究其用笔，圆兼备而劲险峭拔，"若草里惊蛇，云间电发，又如金刚怒目，力士挥拳"。他所写《化度寺邑禅师舍利塔铭》《虞恭公温彦博碑》《皇甫诞碑》被称为"唐人楷书第一"。他的楷书无论用笔、结体都有十分严肃的程式，最便于初学。后人所传"欧阳结体三十六法"，就是从他的楷书归纳出来的结字规律。他的行楷书《张翰思鲈帖》体势纵长，笔力劲健。

在欧阳询身上，普遍存在唐人书法中的那种蕴理想于完全符合形式中的平正安详之精神，即形式本身被当作绝对完善的载体这一原则，得到了最庄严的表达。他的理想，他的艺术形式，向我们充分展示出他的全部智慧、才性及其生命意识。

在欧阳询的意境中，有一种相对典雅的、庄严的气派之嗜好，一切变化都是按照法度原则而表现的充分、坚实、完整、和悦，趋于尽善尽美。在他的碑刻中，我们也能充分看到他对全篇的严谨。所以，即使在欧阳询忽然间奔放起来时，像他的《草书千字文》，仍然能保持不差半点分寸的法度，而且还包括坚实、完整、和谐的美丽和光辉的庄严。

欧阳询最伟大的贡献之一，就是对中国书法之"法"的建设和树立。在书法史上，唐朝这个时期出现了"尚法"的书风，欧阳询正是处在这样的历史条件下，其书法正是这种风格的伟大代表。可以说，这是一种既高级又通俗的风格。欧阳询创造的"三十六法"是他对楷书结构进行整理形成的独特贡献。他的研究已经完全摆脱了不稳定的字形的无规律变化而进入造型分析的层次，关于书法结构的成熟观念，至此才算是真正成立。

骆宾王

骆宾王（约638—?），字观光。婺州义乌（今属浙江）人。唐代文学家人。

骆宾王与王勃、杨炯、卢照邻合称“初唐四杰”，又与富嘉谟并称“富骆”。

骆宾王高宗永徽中为道王李元庆府属，历武功、长安主簿，仪凤三年（678），入为侍御史，因事下狱，次年遇赦。调露二年（680）除临海丞，不得志，辞官。骆宾王于武则天光宅元年（684），为起兵扬州反武则天的徐敬业作《代李敬业传檄天下文》，敬业败，亡命不知所之，或云被杀，或云为僧。

骆宾王的长篇歌行《帝京篇》在当时就已被称为绝唱，《畴昔篇》《艳情代郭氏赠卢照邻》《代女道士王灵妃赠道士李荣》等也都具有时代意义，往往以嵚崎磊落的气息，驱使富艳瑰丽的词华，抒情叙事，间见杂出，形式非常灵活。这种诗体，从六朝小赋变化而来，它吸取了六朝乐府中辘轳辗转的结构形式以及正在发展中的今体诗的对仗和韵律，言词整齐而流利，音节宛转而和谐，声情并茂，感染力强，易于上口成诵。明代何景明说初唐四子“音节往往可歌”（《明月篇·序》），所指即此。在骆宾王稍后的刘希夷、张若虚以及盛唐的李颀、王维、高适，中唐的元稹、白居易，晚唐的郑嵎、韦庄，及至清代吴伟业等人的长篇歌行，都是沿着这条线索发展下来的。

骆宾王的五律也有不少佳作。如《在狱咏蝉》，托物寄兴，感慨深微，是脍炙人口的名篇；《送郑少府入辽》抒写立功报国的乐观战斗精神，格高韵美，词华朗耀，除了全首平仄声调还不协调，律体形式尚未成熟之外，比起杨炯的《从军行》《紫骝马》并无逊色。绝句小诗，如《于易水送人》《在军登城楼》，寥寥二十字中，壮志豪情，激荡着风云之气，颇能见出诗人的个性风格，在初唐绝句中也是不多见的。

骆宾王看到了贞观之治的繁荣景象，产生了繁荣久长的愿望和欣逢盛世的自豪感。同时对人世沧桑又流露出感慨，在诗歌中轻微表现出了轻烟淡雾般的伤感情调。骆宾王在强烈的爱国热忱中灌注了人生的远大理想，抒发了抑郁不平的苦闷，表达了对现实生活的领悟。

虽然在艺术上没有摆脱初唐诗坛从前朝沿袭下来的创作风气，但骆宾王追求远大理想，开启了盛唐的另一种诗歌主题。诗歌的内容更加贴近市井生活，对社会生活真实地写照。诗歌文体上，为五言律诗奠定了基础，并使七言古诗发展成熟。

王勃

王勃（650或649—676），字子安。绛州龙门（今山西河津）人。唐代文学家。

王勃出身世家，祖父王通是隋末大儒，号“文中子”；叔祖王绩是著名诗人；父亲王福畤历任太常博士、雍州司功等职。王勃未成年即被司刑太常伯刘祥道赞为神童，向朝廷表荐，对策高第，授朝散郎。乾封初（666），沛王李贤征为王府侍读，两年后，因戏为《檄英王鸡》文，被高宗怒逐出府，随即出游巴蜀。咸亨三年（672），补虢州参军，因擅杀官奴当诛，遇赦除名，其父亦受累贬为交趾令。上元三年（676），王勃南下探亲，渡海溺水惊悸而亡。

王勃的诗今存80多首，多为五言律诗和绝句，其中写离别怀乡之作较为著名。《杜少府之任蜀川》写离别之情，以“海内存知己，天涯若比邻”相慰勉，意境开阔，一扫惜别伤离的低沉气息，为唐人送别诗之名作。《别薛华》《重别薛华》等五律都以感情真挚动人。《山中》《羁春》《春游》《临江二首》等五言绝句，则通过写景抒发深沉的怀乡之情。明代胡应麟认为王勃的五律“兴象婉然，气骨苍然，实首启盛（唐）、中（唐）妙境。五言绝亦舒写悲凉，洗削流调。究其才力，自是唐人开山祖”（《诗薮·内编》卷四）。

王勃的古诗仅有10多首，其中《临高台》反映都市繁华生活，暗寓对贵族豪门的讽刺。《采莲曲》《秋夜长》写妇女在采莲和捣衣时思念征夫，则是直接继承了乐府民歌的传统，而又能开拓意境。这些诗作虽仍带有六朝的华艳色彩，但风格清新明朗，显示了唐诗的新面貌。

王勃的赋和序、表、碑、颂等文，今存90多篇，多为骈体，其中亦不乏佳作。《滕王阁序》在唐代已脍炙人口，被认为“当垂不朽”的“天才”之作（《唐摭言》）。名句如“落霞与孤鹜齐飞，秋水共长天一色”，更为历来论者所激赏。《旧唐书·文苑传》引崔融语云：“王勃文章宏逸，固非常流所及。”《四库全书总目》亦谓“勃文为四杰之冠”。

王勃还写有许多学术著作，见于著录的有《周易发挥》5卷、《次论语》5卷（一作10卷）、《千岁历》《颜氏〈汉书〉指瑕》《平台钞略》（一作《平台秘略》）10篇、《合论》10篇、《黄帝八十一难经注》《元经传》《舟中纂序》5卷、《医书纂要》1卷等。这些著作除个别篇章，如《黄帝八十一难经序》《平台秘略论赞》被收入《文苑英华》，余皆亡佚。

王勃的文集，较早的有20卷、30卷、27卷3种本子，皆不传。现有明崇祯中张燮搜辑汇编的《王子安集》16卷；清同治甲戌蒋清翊著《王子安集笺注》，分为20卷。此外，杨守敬《日本访书志》著录卷子本古抄《王子安文》1卷，并抄录其中逸文13篇（实为12篇，其中6篇残缺）。罗振玉《永丰乡人杂著续编》又辑有《王子安集佚文》1册，共24篇，即增杨氏所无者12篇，且补足杨氏所录6篇残缺之文。

王勃反对六朝以来颓废绮丽的风气，“思革其弊，用光志业”，致力于改革六朝文风，提出一些革新意见，开始把诗文从宫廷引向市井，从台阁移到江山和边塞，题材扩大了，风格也较清新刚健，革除齐梁余风，开创唐诗新气象。

王勃的文学主张崇尚实用，认为“君子以立言见志。遗雅背训，孟子不为；劝百讽一，扬雄所耻。苟非可以甄明大义，矫正末流，俗化资以兴衰，家国由其轻重，古人未尝留心也”。当时文坛盛行以上官仪为代表的诗风，“争构纤微，竞为雕刻”，“骨气都尽，刚健不闻”。王勃“思革其弊，用光志业”，他创作的“壮而不虚，刚而能润，雕而不碎，按而弥坚”的诗文，对转变风气起了很大作用。

张若虚

张若虚，生卒年、字号均不详。按其典籍推算约为生于660年，卒于720年。扬州（今属江苏）人。唐代诗人。

张若虚的生平事迹少之又少，他的诗作也湮没无闻。在唐代，似乎没有他的诗集传世。最早收录他的《春江》诗的本子，是宋人郭茂倩的《乐府诗集》卷47，共收《春江花月夜》同题诗五家七首，张若虚的一首也在其中。张若虚与贺知章、贺朝、万齐融、邢巨、包融俱以文词俊秀驰名于京都，与贺知章、张旭、包融并称“吴中四士”。

张若虚的诗仅存2首于《全唐诗》中，便是《代答闺梦还》《春江花月夜》。《春江花月夜》脍炙人口，语言清新优美，韵律宛转悠扬，为后世传诵。

初唐时期，唐诗的浪漫气质日趋强化。它以另一种风格，呈现于张若虚的赞美青春、表现对生命永恒之渴望的诗篇中。其诗描写细腻，音节和谐，清丽开宕，富有情韵，在初唐诗风的转变中有重要地位。但受六朝柔靡诗风影响，常露人生无常之感。它沿用陈隋乐府旧题，抒写真挚动人的离情别绪及富有哲理意味的人生感慨，语言清新优美，韵律宛转悠扬，洗去了宫体诗的浓脂艳粉，给人以澄澈空明、清丽自然的感觉。

张旭

张旭，字伯高。吴县（今江苏苏州）人。唐代书法家。

张旭曾官常熟县尉，金吾长史，人称“张长史”。张旭的书法，始化于张芝、二王一路，以草书成就最高。张旭为人洒脱不羁，豁达大度，卓尔不群，才华横溢，学识渊博。与李白、贺知章相友善，是一位极有个性的草书大家，因他常喝得大醉，就呼叫狂走，然后回到桌前，提笔落墨，一挥而就，故又有“张颠”的雅称。后怀素继承和发展了其笔法，也以草书得名，并称“颠张醉素”。

张旭善草书，史称“草圣”，其草书当时与李白诗歌、裴旻剑舞并称“三绝”；又工诗，与贺知章、张若虚、包融号称“吴中四士”。性好酒，是“饮中八仙”之一。传世墨迹有《肚痛帖》《草书古诗四帖》《郎官石记》，其中《郎官石记》是最为可靠的张旭的真迹，其传世仅王世贞旧藏“宋拓孤本”。另有《严仁墓志》，书于天宝元年（742），1992 年河南洛阳出土。

张旭作品落笔力顶千钧，倾势而下，变幻莫测，其状惊世骇俗，行笔婉转自如，有急有缓地荡漾在舒畅的韵律中。他的字奔放豪逸，笔画连绵不断，有着飞檐走壁之险。草书之美其实就在于信手即来，一气呵成，给人以痛快淋漓之感。传说张旭每当灵感到来，就把宣纸铺在地上，用长发做毛笔，直书狂草，犹如醉酒当歌，是那样的洒脱自在。在他的狂草书作中，精到的笔法对书法形式和点线运动节律的控制力表现出了高度的艺术境界，这是以气魄和灵性创造了草书艺术的完美韵致。

张旭书法功力深厚，并以精能之致的笔法和豪放不羁的性情开创了狂草书风格的典范。张旭以独特的狂草书体，在名贵的“五色笺”上，纵情挥写了南北朝时期两位文豪谢灵运与庾信的古诗，其传世之作伟岸雄浑，是后人的宝贵财富。

张旭死后，引发多方怀念。如杜甫入蜀后，见张旭的遗墨，万分伤感，写了一首《殿中杨监见示张旭草书图》，诗中曰：“斯人已云亡，草圣秘难得。及兹烦见示，满目一凄恻。”李颀在《赠张旭》一诗中说：“露顶据胡床，长叫三五声。兴来洒素壁，挥笔如流星。”可见大家对张旭的敬爱之深。常熟人民为了纪念张旭，直到今天，城内东门方塔附近还保留着一条“醉尉街”。旧时，城内还曾建有“草圣祠”，祠内的一副楹联“书道入神明，落纸云烟，今古竞传八法；酒狂称草圣，满堂风雨，岁时宜奠三杯”，表达了邑人对这位草书之圣的深深崇敬。

张旭洗笔砚的池塘也曾长期保留，称为“洗砚池”。苏州将兴建唐代张旭草圣祠，位于唐寅墓西侧，全部采用古建筑材料兴建，将草圣祠建成类似浙江绍兴兰亭的建筑，陈列展示张旭书法艺术成就，并成为国内外文人雅士笔会场所。

唐韩愈《送高闲上人序》中赞之：“喜怒、窘穷、忧悲、愉佚、怨恨、思慕、酣醉、无聊、不平，有动于心，必于草书焉发之。观于物，见山水崖谷、鸟兽虫鱼、草木之花实、日月列星、风雨水火、雷霆霹雳、歌舞战斗、天地事物之变，可喜可愕，一寓于书，故旭之书，变动犹鬼神，不可端倪，以此终其身而名后世。”

熊秉明《中国书法理论体系》说：“张旭是中国书法史上一个极重要的人物。他创造的狂草是向自由表现方向发展的一个极限，若更自由，文字将不可辨读，书法也就成了抽象点泼的绘画了。”

王维

王维（701？—761），字摩诘，号摩诘居士，世称“王右丞”。先世为太原祁（今山西祁县）人，其父迁居于蒲州（治今山西永济西南蒲州镇）。唐朝诗人，有“诗佛”之称。

王维是盛唐诗人的代表，今存诗400余首，重要诗作有《相思》《山居秋暝》等。王维精通佛学，受禅宗影响很大。佛教有一部《维摩诘经》，是王维名和字的由来。王维诗书画都很有名，多才多艺，对音乐也很精通。

王维青少年时期即拥有文学才华。开元九年（721）中进士第，为太乐丞，因故谪济州司仓参军。后归至长安。二十二年（734）张九龄为中书令，王维被擢为右拾遗。其时作有《献始兴公》诗，称颂张九龄反对植党营私和滥施爵赏的政治主张，体现了他当时要求有所作为的心情。二十四年（736）张九龄罢相，次年贬荆州长史。李林甫任中书令，这是玄宗时期政治由较为清明到黑暗的转折点。王维对张九龄被贬，感到非常沮丧，但他并未就此退出官场。二十五年（737），曾奉使赴河西节度副大使崔希逸幕，后又以殿中侍御史知南选。天宝中，王维官职逐渐升迁。安史之乱前，官至给事中。他一方面对当时的官场感到厌倦和担心，但另一方面却又恋栈怀禄，不能决然离去。于是随俗浮沉，长期过着半官半隐的生活。

王维的诗句被苏轼称为“味摩诘之诗，诗中有画。观摩诘之画，画中有诗”。他确实在描写自然景物方面，有其独到的造诣。无论是名山大川的壮丽宏伟，或者是边疆关塞的壮阔荒寒，小桥流水的恬静，都能准确、精炼地塑造出完美无比的鲜活形象，着墨无多，意境高远，诗情与画意完全融合成为一个整体。

王维从中年以后日益消沉，在佛理和山水中寻求寄托，他自称“一悟寂为乐，此生闲有余”（《饭覆釜山僧》）。这种心情充分反映于他的诗歌创作之中。过去时代不少人推崇王维此类诗歌，一方面固然由于它们具有颇高的艺术技巧，一方面也由于对其中体现的闲情逸致和消极思想产生共鸣。明代胡应麟称王维五绝“却入禅宗”，又说《鸟鸣涧》《辛夷坞》二诗，“读之身世两忘，万念皆寂”（《诗薮》），便是一个明证。王维其他题材的作品，如送别、纪行之类的诗中，也经常出现写景佳句，如“远树带行客，孤城当落晖”（《送綦毋潜落第还乡》）、“山中一夜雨，树杪百重泉”（《送梓州李使君》）、“日落江湖白，潮来天地青”（《送邢桂州》）、“大漠孤烟直，长河落日圆”（《使至塞上》）等，都是传诵不衰的名句。

王维的山水诗与前人比较，扩大了这类诗的内容，增添了它的艺术风采，使山水诗的成就达到前所未有的高度，这是他对中国古典诗歌的突出贡献。其中，写乡村景物和农家生活的田园诗充满着牧歌情调，表现他闲逸萧散的情趣和恬淡自适的心境。如《渭川田家》《春中田园作》。更多的作品着重写农村美丽如画的风光，《新晴野望》：“新晴原野旷，极目无氛垢。农月无闲人，倾家事南亩。”《山居秋暝》写暮雨方霁，山村呈现的美景。王诗中那些描绘大自然幽静恬美的山水诗具有更高的审美价值。如《青溪》：“言入黄花川，每逐清溪水。随山将万转，趣途无百里。声喧乱石中，色静深松里。漾漾泛菱荇，澄澄映葭苇。我心素已闲，清川淡如此。请留盘石上，垂钓将已矣。”通篇以心照水，用水衬心，物我融成一片，反映一种对美的追求。

以军旅和边塞生活为题材的《从军行》《陇西行》《燕支行》《观猎》《使至塞上》《出塞作》等，都是壮阔飞动之作。《陇头吟》《老将行》则抒发了有功不赏的悲哀，反映了封建统治阶级内部矛盾的一个侧面。《观猎》生动地描写了打猎时的情景。《夷门歌》则是歌咏历史人物的侠义精神。《少年行》4 首表现侠少的勇敢豪放，形象鲜明，笔墨酣畅。这些作品一般认为是王维早期所作。还有一些诗歌，如贬官济州时所作《济上四贤咏》以及《寓言》《不遇咏》和后期所作《偶然作》六首之五《赵女弹箜篌》，对于豪门贵族把持仕途、才士坎坷不遇的不合理现象表示愤慨，反映了开元、天宝时期政治的某些阴暗面。《洛阳女儿行》《西施咏》《竹里馆》则以比兴手法，寄托了因贵贱不平而生的感慨和对权贵的讽刺。还有抒写妇女痛苦的《息夫人》《班婕妤》等，悲惋深沉，也具有一定的社会意义。一些赠送亲友和描写日常生活的抒情小诗，如《送别》“山中相送罢”、《临高台送黎拾遗》《送元二使安西》《送沈子福之江东》《九月九日忆山东兄弟》《相思》《杂诗》“君自故乡来”等，千古传诵。《送元二使安西》《相思》等在当时即播为乐曲，广为传唱。这些小诗都是五言或七言绝句，感情真挚，语言明朗自然，不用雕饰，具有淳朴深厚之美，可与李白、王昌龄的绝句比美，代表了盛唐绝句的最高成就。

王维作品的内容与风格是因作者的政治生活发生变化而变化。王维的思想以 40 岁左右为界，分为前后两期，前期作者思想积极，热情，向往开明的政治。王维以现实主义的手法，表现出对社会的一些不合理的现象不满，对社会的黑暗统治和丑恶的现实进行了披露。如《偶然作六首》，在此，作者讽刺了当时“斗鸡走马胜读书”的世态，此外还有《冬日游览》《送陆员外》等等。但是政局的变化，一系列的变故，作者的思想也发生了很大的变化，王维渐渐地厌倦了官场，便开始了半官半隐的后期生活。其后期抱着对现实的一种“无可无不可”的漠不关心的态度。到了晚年更是这样。“晚年惟好静，万事不关心”，“一生几许伤心事，不向空门何处销”，完全变成了一个佛教徒。这种思想影响了作者的创作，后期的诗作主要是以描写山水田园风光和隐居生活的乐趣为主要内容，风格也变为更多的表现闲适的生活。

王维具有多种才艺，不同艺术相互渗透对其诗歌产生了深刻的影响。他以画入诗，使其山水诗形成了富有诗情画意的特征。王诗语言含蓄，清新明快，句式、节奏富于变化，音韵响亮、和谐，具有音乐美。总之，王维的山水诗无论从诗的题材内容，还是诗歌的艺术风采上都对后世诗歌产生了深远的影响。

李白

李白（701—762），字太白，号青莲居士。关于其出生地有多种说法，《旧唐书·李白传》记载，李白，字太白，山东人。另有说法是其出生于剑南道之绵州昌隆（今四川绵阳江油市青莲镇），或者生于西域碎叶城（今吉尔吉斯斯坦托克马克附近）。唐朝浪漫主义诗人，有“诗仙”之称。

李白 25 岁只身出蜀，开始了漫游，南到洞庭湘江，东至吴、越，寓居在安陆（今湖北省安陆市）、应山（今湖北省广水市）。直到天宝元年（742），因道士吴筠的推荐，李白被召至长安，供奉翰林，他文章风采名震天下，后因不能见容于权贵，在京仅两年半，就弃官而去，过着四处飘荡的生活。“安史之乱”发生的第三年（756），他感愤时艰，曾参加了永王李璘的幕府。不幸，永王与肃宗发生了争夺帝位的斗争，兵败之后，李白受牵连，流放夜郎（今贵州境内），途中遇赦写下《早发白帝城》。晚年漂泊东南一带，投奔族叔当涂县令李阳冰，不久即病逝，也有说是“醉致疾亡”，即喝酒引发疾病而死，还有说是单纯的喝酒猝死。也有说是醉酒入湖中捉月溺死，这种说法古已有之且广为流传。

李白的诗歌今存 990 多首。诗歌题材是多种多样的。代表作有：七言古诗:《蜀道难》《行路难》《梦游天姥吟留别》《将进酒》《梁甫吟》等；五言古诗:《古风》59 首，有汉魏六朝乐府民歌风味的《长干行》《子夜吴歌》等；七言绝句:《望庐山瀑布》《望天门山》《早发白帝城》等都成为盛唐的名篇。李白在唐代已经享有盛名。他的诗作“集无定卷，家家有之”，为中华诗坛第一人。

从艺术成就上来讲，李白的乐府、歌行及绝句成就为最高。其歌行，完全打破诗歌创作的一切固有格式，空无依傍，笔法多端，达到了任随性而变幻莫测、摇曳多姿的神奇境界。李白的绝句自然明快、飘逸潇洒，能以简洁明快的语言表达出无尽的情思。

盛唐国力强盛，士人多渴望建功立业。李白以不世之才自居，以“奋其智能，愿为辅弼，使寰区大定，海县清一”的功业自许，一生矢志不渝地追求实现“谈笑安黎元”“终与安社稷”的理想。他以大鹏、天马、雄剑自比：“大鹏一日同风起，扶摇直上九万里。假令风歇时下来，犹能簸却沧溟水。”（《上李邕》）他希望能像姜尚辅佐明君，像诸葛亮兴复汉室。《梁甫吟》《读诸葛武侯传抒怀》《永王东巡歌》《行路难》（其二）都反映了他的这类思想。

李白觉得，凭借自己的才能可以“出则以平交王侯，遁则以俯视巢许”（《送烟子元演隐仙城山序》），对于那些靠着门第荫封而享高官厚禄的权豪势要，他投以强烈的鄙视，表现出傲岸不屈的性格。他蔑视封建等级制度，不愿阿谀奉迎，也不屑于与俗沉浮。现实的黑暗使他理想幻灭，封建礼教等级制度的束缚使他窒息，他渴望个性的自由和解放，于是采取狂放不羁的生活态度来挣脱桎梏、争取自由。其表现方式或纵酒狂歌，或寻仙学道。然而，酒既无法消愁，神仙更虚无缥缈，于是他“一生好入名山游”（《庐山谣》），把美好的大自然作为理想的寄托、自由的化身来歌颂。他笔下的峨眉、华山、庐山、泰山、黄山等，巍峨雄奇，吐纳风云；他笔下的奔腾黄河、滔滔长江，荡涤万物，席卷一切，表现了诗人桀骜不驯的性格和冲破羁绊的强烈愿望。如：《玉壶吟》《梦游天姥吟留别》《答王十二寒夜独酌有怀》是这方面的代表作。

对社会的愤怒抗争，是李白叛逆精神的重要体现。由于玄宗好大喜功，穷兵黩武，致使百姓士卒白白送死；由于玄宗的骄纵，宦官权势炙手可热……通过对政事朝纲的分析，并到幽燕的实地观察，李白以诗人的敏感，洞幽烛微，在当时诗人中他和杜甫最早揭示祸乱将作。“安史之乱”爆发，他的爱国热情因此升华，摆脱了用藏出处的矛盾。他的反抗性格和叛逆精神具有深刻的爱国内涵，并富于社会意义和时代特征。《古风》其三、十五、二十四、三十九等都对社会现实作了深刻的揭露和有力的批判。

他既有清高傲岸的一面，又有庸俗卑恭的一面，他的理想和自由，只能到山林、仙境、醉乡中去寻求，所以在《将进酒》《江上吟》《襄阳歌》等诗中流露出人生如梦、及时行乐、齐一万物、逃避现实等消极颓废思想，这在封建社会正直孤傲的文人中也具有一定的代表性。

李白的诗歌不仅具有典型的浪漫主义精神，而且从形象塑造、素材摄取到体裁选择和各种艺术手法的运用，无不具有典型的浪漫主义艺术特征。其创造了古代积极浪漫主义文学高峰，为唐诗的繁荣与发展打开了新局面。豪放是李白诗歌的主要特征，除了思想、性格、才情、遭际诸因素外，李白诗歌采用的艺术表现手法和体裁结构也是形成豪放飘逸风格的重要原因。善于凭借想象，以主观现客观是李白诗歌浪漫主义艺术手法的重要特征，几乎篇篇有想象，甚至有的通篇运用多种多样的想象，批判继承前人传统并形成独特风格。

李白最擅长的体裁是七言歌行和绝句。李白的七言歌行又采用了大开大合、跳跃跌荡的结构。诗的开头常突兀如狂飙骤起，而诗的中间形象转换倏忽，往往省略过渡照应，似无迹可循，诗的结尾多在感情高潮处戛然而止。李白的歌行体和七言绝句达到了后人难及的高度。

李白诗歌的语言，有的清新如同口语，有的豪放不拘声律，近于散文，但都统一在“清水出芙蓉，天然去雕饰”的自然美之中，这和他自觉地追求自然美有关。他继承陈子昂的文学主张，以恢复诗骚传统为己任，曾说：“梁陈以来，艳薄斯极，沈休文又尚以声律，将复古道，非我而谁欤?”（孟棨《本事诗·高逸》）他崇尚“清真”，讽刺“雕虫丧天真”的丑女效颦、邯郸学步。他的诗歌语言的自然美又是其认真学习民歌明白通俗的特点的结果，明白如话，通俗生动，开创了中国古典诗歌的黄金时代。

杜甫

杜甫（712—770），字子美，自号少陵野老。祖籍襄阳（今湖北襄樊市襄阳区），自其曾祖时迁居巩县（今河南巩义西南）。盛唐时期伟大的现实主义诗人。

杜甫有约1400余首诗被保留下来，在中国古典诗歌中的影响非常深远，备受推崇。759年至766年间，杜甫曾居成都，后世有“杜甫草堂”纪念之。杜甫被世人尊为“诗圣”。

杜甫是名诗人杜审言的孙子。因曾居长安城南少陵，故自称少陵野老，世称杜少陵。天宝年间到长安，仕进无门，困顿了 10 年，才获得右卫率府胄曹参军的小职。“安史之乱”开始，他流亡颠沛，竟为叛军所俘，脱险后，授官左拾遗。乾元二年（759），他弃官西行，最后到四川，定居成都，一度在剑南节度使严武幕中任检校工部员外郎，故有“杜工部”之称。晚年举家东迁，途中留滞夔州 2 年，出峡。后漂泊于鄂湘一带，贫病而卒。

在杜甫中年，其诗风沉郁顿挫，忧国忧民。他的诗词以古体、律诗见长，风格多样，并以“沉郁顿挫”四字准确概括出自己的作品风格，而以沉郁为主。杜甫生活在唐朝由盛转衰的历史时期，其诗多涉笔社会动荡、政治黑暗、人民疾苦，反映当时社会矛盾和人民疾苦，记录了唐代由盛转衰的历史巨变，表达了崇高的儒家仁爱精神和强烈的忧患意识。

杜甫一生写诗 1500 多首，其中很多是传颂千古的名篇，比如“三吏”和“三别”，其中“三吏”为《石壕吏》《新安吏》和《潼关吏》，“三别”为《新婚别》《无家别》和《垂老别》。杜甫流传下来的诗篇是唐诗里最多最广泛的，是唐代最杰出的诗人之一，对后世影响深远。杜甫作品被称为世上疮痍，诗中圣哲，民间疾苦，笔底波澜。

杜甫善于运用古典诗歌的许多体制，并加以创造性地发展。他是新乐府诗体的开路人。他的乐府诗，促成了中唐时期新乐府运动的发展。他的五言、七言古体长篇，亦诗亦史，展开铺叙，而又着力于全篇的回旋往复，标志着我国诗歌艺术有了高度成就。杜甫在五律、七律上也表现出显著的创造性，积累了关于声律、对仗、炼字炼句等完整的艺术经验，使这一体裁达到完全成熟的阶段，其中著作有《闻官军收河南河北》《春望》《绝句》《望岳》等。

杜甫的诗具有丰富的社会内容、强烈的时代色彩和鲜明的政治倾向，真实深刻地反映了安史之乱前后一个历史时代政治时事和广阔的社会生活画面，因而被称为一代“诗史”。杜诗风格，基本上是“沉郁顿挫”，语言和篇章结构又富于变化，讲求炼字炼句。同时，其诗兼备众体，除五古、七古、五律、七律外，还写了不少排律、拗体，艺术手法也多种多样，是唐诗思想艺术的集大成者。杜甫还继承了汉魏乐府“感于哀乐，缘事而发”的精神，摆脱了乐府古题的束缚，创作了不少“即事名篇，无复依傍”的新题乐府，如著名的“三吏”“三别”等。死后受到樊晃、韩愈、元稹、白居易等人的大力揄扬。杜诗对元白的“新乐府运动”的文艺思想及李商隐的近体讽喻时事诗影响甚深。但杜诗受到广泛重视，是在宋以后，王禹偁、王安石、苏轼、黄庭坚等人对杜甫推崇备至，文天祥则更以杜诗为坚守民族气节的精神力量。杜诗的影响，从古到今，早已超出文艺的范围。

怀素

怀素（725—785，一作737—799），字藏真，僧名怀素，本姓钱。长沙（今属湖南）人。唐代书法家。

怀素自幼聪明好学，他在《自叙帖》里开门见山地说：“怀素家长沙，幼而事佛，经禅之暇，颇喜笔翰。”他勤学苦练的精神是十分惊人的。因为买不起纸张，怀素就找来一块木板和圆盘，涂上白漆书写。后来，怀素觉得漆板光滑，不易着墨，就又在寺院附近的一块荒地，种植了一万多株芭蕉。芭蕉长大后，他摘下蕉叶，铺在桌上，临帖挥毫。由于怀素没日没夜地练字，老芭蕉叶剥光了，小叶又舍不得摘，于是想了个办法，干脆带了笔墨站在芭蕉前，对着鲜叶书写，就算太阳照得他如煎似熬，刺骨的北风冻得他手肤迸裂，他还是不顾，继续坚持不懈地练字。他写完一处，再写另一处，从未间断。

怀素幼年好佛，出家为僧。他是书法史上领一代风骚的草书家，他的草书称为“狂草”，用笔圆劲有力，使转如环，奔放流畅，一气呵成，与唐代另一草书家张旭齐名，人称“张颠素狂”或“颠张醉素”。

怀素书法作品有《自叙帖》《苦笋帖》《食鱼帖》《圣母帖》《论书帖》《大草千文》《小草千字文》《四十二章经》《千字文》《藏真帖》《律公帖》《七帖》《北亭草笔》等。其中《律公帖》极为瘦削，骨力强健，谨严沉着，而《自叙帖》由于与书《食鱼帖》时心情不同，风韵荡漾，真是各尽其妙。

在草书艺术史上，怀素和他的《自叙帖》，从唐代中叶开始，至今仍为书法爱好者谈论。怀素善以中锋笔纯任气势作大草，如“骤雨旋风，声势满堂”，到“忽然绝叫三五声，满壁纵横千万字”的境界。虽然如是疾速，但怀素却能于通篇飞草之中，极少失误。如《小草千字文》《圣母帖》与其狂肆作风，大异其趣，完全换过一番面目，也可说是他过人之处。

怀素书法是古典的浪漫主义艺术，对后世影响极为深远。他也能作诗，与李白、杜甫、苏涣等诗人都有交往。好饮酒，每当饮酒兴起，不分墙壁、衣物、器皿，任意挥写，时人谓之“醉僧”。他的草书，出于张芝、张旭。唐吕总《读书评》中说：“怀素草书，援毫掣电，随手万变。”宋朱长文《续书断》列怀素书为妙品，评论说：“如壮士拔剑，神采动人。”

米芾《海岳书评》：“怀素如壮士拔剑，神采动人，而回旋进退，莫不中节。”唐代诗人多有赞颂，如李白有《草书歌行》，曼冀有《怀素上人草书歌》。

白居易

白居易（772—846），字乐天，晚年又号香山居士。其先太原（今山西太原市西南）人，后迁居下邽（今陕西渭南北）。唐代伟大的现实主义诗人，中国文学史上负有盛名且影响深远的诗人和文学家。

白居易生于“世敦儒业”的中小官僚家庭。少年时读书刻苦。11岁起，因战乱颠沛流离五六年。贞元十六年（800）中进士，十八年(802)，与元稹同举书判拔萃科，二人订交，以后诗坛“元白”齐名。十九（803）年春，授秘书省校书郎。元和元年（806），罢校书郎，撰《策林》75篇，登“才识兼茂明于体用科”，授县尉。作《观刈麦》《长恨歌》《池上》。元和二年（807）回朝任职，十一月授翰林学士，次年任左拾遗。四年（809），与元稹、李绅等倡导新乐府运动。五年（810），改京兆府户曹参军。他此时仍充翰林学士，草拟诏书，参与国政，其不畏权贵近臣，直言上书论事。元和六年（811），因母丧居家，服满，应诏回京任职。十年（815），因率先上书请急捕刺杀武元衡凶手，被贬江州（今江西九江）司马，次年写下《琵琶行》。开始“吏隐”，在庐山建草堂，思想从“兼济天下”转向“独善其身”，闲适、感伤的诗渐多。元和十三年（818），改忠州刺史，十五年（820）还京，累迁中书舍人。因朝中朋党倾轧，于长庆二年（822）请求外放，先后为杭州、苏州刺史，颇得民心，杭州人为了纪念他，还把靠西湖边的一面命名为白堤。文宗大和元年（827），拜秘书监，第二年转刑部侍郎，四年（830），定居洛阳。后历太子宾客、河南尹、太子少傅等职。会昌二年（842）以刑部尚书致仕。在洛阳以诗、酒、禅、琴及山水自娱，常与刘禹锡唱和，时称“刘白”。会昌四年（844），出资开凿龙门八节石滩以利舟民。

武宗会昌六年（846），白居易于洛阳去世，葬于洛阳香山。他去世后，唐宣宗李忱写诗悼念：“缀玉联珠六十年，谁教冥路作诗仙？浮云不系名居易，造化无为字乐天。童子解吟《长恨》曲，胡儿能唱《琵琶》篇。文章已满行人耳，一度思卿一怆然。”

《琵琶行》与《长恨歌》是白居易写得最成功的作品，其艺术表现上的突出特点是抒情因素的强化。与此前的叙事诗相比，这两篇作品虽也用叙述、描写来表现事件，但却把事件简到不能再简，只用一个中心事件和两三个主要人物来结构全篇。诸如颇具戏剧性的马嵬事变，作者寥寥数笔即将之带过，而在最便于抒情的人物心理描写和环境气氛渲染上，则泼墨如雨，务求尽情。即使《琵琶行》这种在乐声摹写和人物遭遇叙述上着墨较多的作品，也是用情把声和事紧紧联结在一起，声随情起，情随事迁，使诗的进程始终伴随着动人的情感力量。除此之外，这两篇作品的抒情性还表现在以精选的意象来营造恰当的氛围、烘托诗歌的意境上。如《长恨歌》中“行宫见月伤心色，夜雨闻铃肠断声”，《琵琶行》中“枫叶荻花秋瑟瑟”“别时茫茫江浸月”等类诗句，或将凄冷的月色、淅沥的夜雨、断肠的铃声组合成令人销魂的场景，或以瑟瑟作响的枫叶、荻花和茫茫江月构成哀凉孤寂的画面，其中透露的凄楚、感伤、怅惘意绪为诗中人物、事件统统染色，也使读者面对如此意境、氛围而心灵摇荡，不能自已。

白居易的思想，综合儒、佛、道三家，以儒家思想为主导。孟子说的“达则兼济天下，穷则独善其身”是他终生遵循的信条。其“兼济”之志，以儒家仁政为主，也包括黄老之说、管萧之术和申韩之法；其“独善”之心，则吸取了老庄的知足、齐物、逍遥观念和佛家的“解脱”思想。白居易不仅留下近3000首诗，还提出一整套诗歌理论。他把诗比作果树，提出“根情、苗言、华声、实义”（《与元九书》）的观点，认为“情”是诗歌的根本条件，“感人心者莫先乎情”（《与元九书》），而情感的产生又是有感于事而系于时政。因此，诗歌创作不能离开现实，必须取材于现实生活中的各种事件，反映一个时代的社会政治状况。他继承了《诗经》以来的比兴美刺传统，重视诗歌的现实内容和社会作用，强调诗歌揭露、批评政治弊端的功能。

白居易是中唐时期影响极大的诗人，他的诗歌主张和诗歌创作，以其对通俗性、写实性的突出强调和全力表现，在中国诗史上占有重要的地位。在《与元九书》中，他明确说：“仆志在兼济，行在独善。奉而始终之则为道，言而发明之则为诗。谓之讽谕诗，兼济之志也；谓之闲适诗，独善之义也。”由此可以看出，在白居易自己所分的讽喻、闲适、感伤、杂律四类诗中，前二类体现着他“奉而始终之”的“兼济”“独善”之道，所以最受重视。同时提出了自己的文学主张：“文章合为时而著，歌诗合为事而作。”而他的诗歌主张，也主要是就早期的讽喻诗的创作而发的。他的这种诗歌理论对于诗人正视现实，关心民生疾苦，是有进步意义的。对大历以来逐渐偏重形式的诗风，亦有针砭作用。但过分强调诗歌创作服从于现实政治的需要，则势必束缚诗歌的艺术创造和风格的多样化。

颜真卿

颜真卿（708—784），字清臣。唐京兆万年（今陕西西安）人。唐代书法家。

颜真卿幼年失怙，随母殷氏寄居舅家。颜氏世代儒雅传家，家学渊源，名重当世。殷氏亦系陈郡名门望族。少年颜真卿在双方长辈的悉心呵护与严格教育下，学业精勤，尤工书法。26岁进士及第，28岁通过吏部铨选，擢拔萃科，授朝散郎、秘书省著作局校书郎，由此踏上仕途。在此后近50年的仕宦生涯里，颜真卿恪守儒家忠孝之道，历仕玄宗、肃宗、代宗、德宗四朝，为官勤谨，忠贞刚烈，并为维护李唐王朝的统一献出了生命，成为忠臣义士的一代典范。

颜真卿的刚正、耿介为奸佞之辈所不容，一生多次被贬外任。永泰二年（766）竟由刑部尚书任上被贬为吉州别驾，自正三品降到从五品下阶。虽屡遭贬谪，颜真卿忠君爱民之心不改。无论是身居庙堂还是远处江湖，均不忘为君守政，为民解忧，所到之处，政绩斐然，佳誉载道。饶州地方，宋以后往往将他与范仲淹并提，称“颜范遗风”。

颜真卿传世的作品比较多，著名的墨迹，楷书有《竹山堂联句诗帖》《自书告身》；行草书有《祭侄文稿》《刘中使帖》《湖州帖》等。其中除《祭侄文稿》为公认的真迹外，其余的作品真伪尚有不同的意见。但都是流传有绪的墨迹。颜真卿一生书写的碑刻极多，流传至今的有《多宝塔碑》，结构端庄精密，秀美多姿；《东方朔画赞碑》，风格清远雄浑；《颜勤礼碑》，雄迈清整。另外，还有《麻姑仙坛记》《大唐中兴颂》《元结碑》等。他的书法刻帖也很多，历代汇集的帖中一般都会有他的作品，单帖有《争座位帖》《奉使帖》等。《祭侄季明文稿》，行草墨迹，纵 28. 2 厘米，横 72. 3 厘米，25 行，共 230 字。此帖本是稿本，原不是作为书法作品来写的，但正因为无意作书，反成为颜氏不可多得的佳作。他用笔苍率，不着意而有自然生动之妙。所以此帖神采飞动，姿态横出，笔势雄伟，超神入圣，誉为颜书行草第一。

颜真卿凭借其对文字法度的深究明鉴，对书法艺术的深刻领悟，上追秦汉，承绪魏晋，取法民间书韵而终成一格，创立“颜体”。其书一改“二王”书风的飘逸秀美，以雍容伟壮、雄浑朴厚、气势磅礴的盛唐气象而开一代新风，最终确立了唐楷的法度，影响所及，由整个晚唐至宋、元、明、清，直至现代。颜真卿作为中国书法艺术史上开宗立派的一代宗师，达到了后人难以企及的高度。所创立的“颜体”楷书与赵孟頫、柳公权、欧阳询并称“楷书四大家”，和柳公权并称“颜筋柳骨”。

颜真卿身为一代忠臣而在书法艺术领域革故鼎新，创立了“颜体”，完成了中国书法艺术史上楷书法度的变革与最后定型。历代重其人品，宝其墨迹，仅宋徽宗朝宣和内府即藏有颜真卿书迹 200 余件，至今尚存 70 余件，均为艺术珍品，具有极高的艺术、文物价值。

琅邪临沂颜氏家族以儒学传家，以立德、立功、立言为立身之本。作为颜氏家族的一员，颜真卿亦是如此。颜真卿以国事为重，视国家利益高于自己的生命。他无论在何地任职，任何职级，在观察和处理问题时，都表现出了可贵的大局意识，都能站在国家全局的高度观察处理问题，尤其关注关系到国运和百姓利益的国家统一、奸贼叛乱等大事，这在“安史之乱”等事件中表现得非常突出。

颜真卿书法正是在他终生奉行的这种刚正不阿、忠君报国的儒家思想支配下，才具有了一种大气磅礴的中和美，获得了人们的推崇和敬畏。

柳公权

柳公权（778—865），字诚悬。京兆华原（今陕西铜川）人。唐代著名书法家。

柳公权幼年好学，善于辞赋，懂韵律。曾任翰林院侍书学士、中书舍人、翰林书诏学士、太子太保，封“河东郡公”。他性情耿直，敢于直言进谏。柳公权仕途通达，只是在 82 岁那年，因年老力衰，反应稍迟钝，在上尊号时不慎讲错，御史弹劾他，结果被罚了一季的俸禄。各朝皇帝都爱他的书法，爱他的诗才，甚至他的谏议也乐意接受。柳公权的一生，除了少许时间在外任官，基本上都在京城，在宫中，在皇帝身边。他一直在不断地为皇家，为大臣，为亲朋书碑。

柳公权书法初学王羲之，后来遍观唐代名家书法，认为颜真卿、欧阳询的字最好，便吸取了颜、欧之长，在晋人劲媚和颜书雍容雄浑之间，形成了自己的柳体，以骨力劲健见长。其书法在当时极负盛名，民间更有“柳字一字值千金”的说法。他的书法结体遒劲，而且字字严谨，一丝不苟。他的书法与颜真卿齐名，人称“颜柳”，并称“颜筋柳骨”。

柳公权一生作品很多，主要有《大唐回元观钟楼铭》《金刚经》《玄秘塔碑》《冯宿碑》《神策军碑》。另有墨迹《蒙诏帖》《送梨帖题跋》。

柳公权生活在晚唐黑暗险恶的宫廷政治漩涡之中，宦官专权，“牛李党争”几乎伴随他的一生，这对他的性志产生了巨大的影响。柳公权刚直不阿的性格，反映在书法上则是俊健刚劲的风格，这种风格贯穿柳公权书法创作的始终。在柳公权的思想中，虽然有儒、庄、禅，但起主要作用的还是庄和禅，尤其是禅。柳公权以他精妙的书艺和淡泊闲情的处世方法说出了禅的宗旨，这是更高境界之中的参禅之道。

柳公权是唐代著名书法家，他虽然身为高官，但是在书法艺术的改革和发展中，做出了突出的贡献，为唐代辉煌灿烂的书法发展进行了总结，也为整个楷书的发展奠定了基础。

李贺

李贺（790—816），字长吉。福昌（今河南洛阳宜阳西）人。唐代大诗人，号称鬼才、诗鬼等。

李贺为唐宗室郑王李亮的后裔，但系远支，与皇族关系已很疏远。其父李晋肃官位很低，家境也不富裕。李贺自幼长相“细瘦通眉，长指爪”，其童年即能词章，十五六岁时，以工乐府诗与先辈李益齐名。元和三、四年间，韩愈在洛阳，李贺往谒。据说，韩愈与皇甫湜曾一同回访，李贺写了有名的《高轩过》诗。李贺父名晋肃，“晋”“进”同音，与李贺争名的人，就说他应避父讳不举进士，韩愈作《讳辩》鼓励李贺应试，无奈“阖扇未开逢猰犬，那知坚都相草草”，礼部官员昏庸草率，李贺虽应举赴京，却未能应试，遭谗落第。后来做了三年奉礼郎，旋即因病辞官，回归昌谷。后至潞州（今山西长治）依张彻一个时期。他一生体弱多病，27岁即去世。因仕途失意，李贺郁郁不得志，就把全部精力用在写诗上，诗歌创作充满了深沉的苦闷。

李贺诗受楚辞、古乐府、齐梁宫体、李杜、韩愈等多方面影响，经自己熔铸、苦吟，形成了非常独特的风格。李诗最大的特色，就是想象丰富奇特、语言瑰丽奇峭。长吉上访天河、游月宫；下论古今、探鬼魅，他的想象神奇瑰丽、旖旎绚烂，刻意锤炼语言，造语奇隽，凝练峭拔，色彩浓丽。他的笔下有许多精警、奇峭而有独创性的语言，如“羲和敲日玻璃声”（《秦王饮酒》）、“银浦流云学水声”（《天上谣》）、“玉轮轧露湿团光”（《梦天》）等匪夷所思的奇语，比比皆是。可以说，尚“奇”是李贺所处的时代，特别是他的良师益友韩愈所代表的韩孟诗派共同的追求。与“诗仙”李白、“诗圣”杜甫、“诗豪”刘禹锡、“诗魔”白居易一样，另有四字真言，鬼、泣、血、死，故被称为“诗鬼”。

李贺是中唐的浪漫主义诗人，又是中唐到晚唐诗风转变期的一个代表者。他所写的诗大多是慨叹生不逢时和内心苦闷，抒发对理想、抱负的追求，对当时藩镇割据、宦官专权和人民所受的残酷剥削都有所反映。他喜欢在神话故事、鬼魅世界里驰骋，以其大胆、诡异的想象力，构造出波谲云诡、迷离惝恍的艺术境界，抒发好景不长、时光易逝的感伤情绪，《文献通考》中说：“宋景文诸公在馆，尝评唐人诗云：‘太白仙才，长吉鬼才。’”《岁寒堂诗话》中说：“李贺有太白之语，而无太白之才。”

李贺诗的艺术特色，是想象力非常丰富奇特，惨淡经营，句锻字炼，色彩瑰丽。他特别擅长短篇，如《天上谣》《梦天》《帝子歌》《湘妃》等，是后人称为“长吉体”的代表作。他也有少数明白易懂的作品，如《勉爱行》、《感讽五首》（其一）、《京城》、《嘲少年》等。他较多地写古诗与乐府，很少写当时流行的近体诗，七律诗一首也不写，表现了他不满于当时诗风的态度。另一方面他又受齐梁宫体诗的影响，借鉴了它们的词采，也沾染了一些不健康的东西。因为过于注意雕琢，有的作品也有词意晦涩和堆砌词藻的毛病。但从基本成就方面看，正如他所赞赏韩愈的作品那样，是“二十八宿罗心胸，元精耿耿贯当中”（《高轩过》）的。在唐代，李商隐、温庭筠的古诗，就是走李贺所开辟的道路。宋人刘克庄、谢翱，元人萨都剌、杨维桢，清人黎简、姚燮，都受到李贺诗的影响。

李贺一生愁苦多病，仅做过3年从九品微官奉礼郎。既是中唐时期浪漫主义诗人的代表，又是中唐到晚唐诗风转变期的重要人物。

杜牧

杜牧（803—853），字牧之，号樊川居士。京兆万年（今陕西西安）人。唐代杰出的诗人、散文家。

杜牧的童年生活富裕而快乐。祖、父相继去世后，他家日益贫困，

“食野蒿藿，寒无夜烛”。穆宗长庆二年（822），杜牧20岁时，已经博通经史，尤专注于治乱与军事。23岁写《阿房宫赋》。文宗大和二年（828），26岁进士及第。同年又考中贤良方正直言极谏科，授弘文馆校书郎、试左武卫兵曹参军。冬季，入江西观察使沈传师幕，后随其赴宣歙观察使任，为幕僚。大和七年（833），淮南节度使牛僧孺辟为推官，转掌书记，居扬州，颇好宴游。大和九年（835），为监察御史，分司东都。开成二年（837），入宣徽观察使崔郸幕，为团练判官。旋官左补阙、史馆修撰、膳部比部员外郎。武宗会昌二年（842），出为黄州刺史。后任池州、睦州刺史。为政能兴利除弊，关心人民。宣宗大中二年（848），得宰相周墀之力，入为司勋员外郎、史馆修撰，转吏部员外郎。大中四年（850），出为湖州刺史。次年，被召入京为考功郎中、知制诰。第三年，迁中书舍人。岁暮卒于长安，终年50岁。

杜牧著名作品有《江南春》《泊秦淮》《过华清宫》。擅长文赋，其《阿房宫赋》为后世传诵。

杜牧写下了不少军事论文，还曾注释《孙子》。有《樊川文集》20卷传世，为其外甥裴延翰所编，其中诗4卷。又有宋人补编的《樊川外集》和《樊川别集》各1卷。《全唐诗》收杜牧诗8卷。晚唐诗多柔靡，牧之以峻峭矫之。其七绝尤有“逸韵”，晚唐诸家让渠独步。牧之有抱负，好言兵，以济世之才自诩。工行、草书。《宣和书谱》云：“牧作行、草，气格雄健，与其文章相表里。”董其昌《容台集》称：“余所见颜、柳以后，若温飞卿与（杜）牧之亦名家也”，谓其书“大有六朝风韵”。传世墨迹有《张好好诗》。《张好好诗》，行草墨迹，系大和八年（834）32岁时所书。帖为麻笺，纵28.2厘米，横162厘米，46行，总322字。从整幅诗卷中可以看出，其书法深得六朝人风韵。此篇书法作品气势连绵，墨笔酣畅，因是诗稿，所以更得朴实无华之美。曾著录于《宣和书谱》《容台集》《平生壮观》《大观录》等。

杜牧有相才，可惜生不逢时，在江河日下的晚唐，诸帝才庸，边事不断，宦官专权，党争延续，一系列的内忧外患如蚁穴溃堤，大唐之舟外渗内漏。杜牧死后不过数年，农民起义便风起云涌。“请数击虏事，谁其为我听”，杜牧的才能，湮没于茫茫人海之中。熟读史书，看透时局，杜牧无法力挽狂澜，只得无奈地将一腔悲愤交于酒肆。对于杜牧而言，饮酒，成了疗伤祛痛的乐事。

杜牧的文学创作有多方面的成就，诗、赋、古文都身趁名家。他主张凡为文以义为主，以气为辅，以词采章句为之兵卫，对作品内容与形式的关系有比较正确的理解，并能吸收、融化前人的长处，以形成自己特殊的风貌。在诗歌创作上，杜牧与晚唐另一位杰出的诗人李商隐齐名，并称“小李杜”。他的古体诗受杜甫、韩愈的影响，题材广阔，笔力峭健。他的近体诗则以文词清丽、情韵跌宕见长。七律《早雁》用比兴托物的手法，对遭受回纥侵扰而流离失所的北方边塞人民表示怀念，婉曲而有余味。《九日齐山登高》却是以豪放的笔调写自己旷达的胸怀，而又寓有深沉的悲慨。晚唐诗歌总的趋向是藻绘绮密，杜牧受时代风气影响，也有注重词采的一面。这种重词采的共同倾向和他个人“雄姿英发”的特色相结合，风华流美而又神韵疏朗，气势豪宕而又精致婉约。

李煜

李煜（937—978），字重光，初名从嘉，号钟隐、莲峰居士。生于金陵（今南京），祖籍彭城（今江苏徐州会同山）人。

李煜乃五代十国时南唐国君，961—975 年在位。南唐元宗李璟第六子，于宋建隆二年（961）继位，史称李后主、南唐后主。李煜精书法，善绘画，通音律，诗和文均有一定造诣，尤以词的成就最高，留有千古杰作《虞美人》《浪淘沙》《乌夜啼》等词。

宋建隆二年（961），李璟迁都南昌，立李煜为太子监国，令其留在金陵。登基后，973 年，宋太祖令李煜去开封，他托病不去，宋太祖遂派曹彬领军队去攻打南唐。976 年，后主奉表投降，在开封被封为违命侯。后被宋太宗赐牵机药所毒毙。死后追封吴王，葬洛阳北邙山。

李煜才华横溢，是被后人千古传诵的一代词人，本无心争权夺利，一心向往归隐生活，登上帝位完全是个意外，他痛恨自己生在帝王家。功过是非，已成历史旧迹。

李煜本有集，已失传，现存词 44 首，其中几首前期作品或为他人所作，可以确定者仅 38 首。前期词多写宫廷享乐生活，风格柔靡；后期词反映亡国之痛，题材扩大，意境深远，感情真挚，语言清新，极富艺术感染力。其作品内容主要可分作两类：第一类为降宋之前所写，描写富丽堂皇的宫廷生活和风花雪月的男女情事，题材较窄，如《菩萨蛮》；第二类为投降宋后，李煜以亡国的悲痛，赋予自身感情而作，此时期的作品成就远远超过前期，可谓“神品”。千古杰作《虞美人》、《浪淘沙》、《相见欢》（又名《乌夜啼》）、《望江南》、《子夜歌》、《破阵子》等，皆成于此时。此时期的词作大多哀婉凄凉，主要抒发了自己凭栏远望、梦里重归的情感，表达了对往事的无限眷恋。此外，他能书善画，对其书法，陶谷《清异录》曾云：“后主善书，作颤笔樛曲之状，遒劲如寒松霜竹，谓之‘金错刀’。作大字不事笔，卷帛书之，皆能如意，世谓‘撮襟书’。”对其画作，宋代郭若虚的《图画见闻志》曰：“江南后主李煜，才识清赡，书画兼精。尝观所画林石、飞鸟，远过常流，高出意外。”惜无书画传世于后。

李煜的《相见欢》广为流传。全词区区 36 个字，同一首七绝差不多，但在这简短的篇幅中，词人却把离别时的愁人、缠人写得无比深刻，凄凉、寂寞、孤独的心情袒露得栩栩如生，感人至深，读者为之泪下。

《望江南二首》是后主人宋以后，追恋故国之作。李煜词笔，挥洒自如，以寥寥 5 句写人间大悲剧，以昔日之荣盛反托今日之凄凉。凭着他的高度艺术技巧，把重温旧梦的一腔悲恨，表露得隐而实显，浅而深致。陡然“多少恨”领起全篇，令人惊悚。原来悲恨之源来自昨夜一梦，昔日繁华鼎盛在梦中重现，使梦醒后的李煜格外痛苦，乃至恨声不绝。李煜这首小词，从流泪始，到断肠终，表达了他当俘虏后极端悲哀、痛恨的心情。

《虞美人》是李煜的一首感怀故国的名作。作者以形象的比喻、诘问的口吻、悲愤的情怀、激荡的格调，放笔悲号，写尽亡国君主的哀愁。上阕曲调高亢悲慨，唯有经历过大灾难，练就大手笔，才能究诘人生，写有如此深度和力度的词作，大有负荷全人类之悲哀的气概。

李煜文、词、书、画创作均丰，在中国词史上占有重要地位，对后世影响甚大。他继承了晚唐以来花间派词人的传统，但又通过具体可感的个性形象，反映现实生活中具有一般意义的某种意境，将词的创作向前推进了一大步，扩大了词的表现领域。

柳永

柳永（约987—约1053），原名三变，字景庄、耆卿，因排行第七，又称“柳七”。宋仁宗朝进士，官至屯田员外郎，故世称“柳屯田”。崇安（今福建武夷山）人。北宋著名词人。

柳永自称“奉旨填词柳三变”，以毕生精力作词，并以“白衣卿相”自诩。其词多描绘城市风光和歌妓生活，尤长于抒写羁旅行役之情，创作慢词独多。铺叙刻画，情景交融，语言通俗，音律谐婉，在当时流传极其广泛，人称“凡有井水饮处，皆能歌柳词”。他是婉约派最具代表性的人物之一，对宋词的发展有重大影响。代表作有《雨霖铃》《蝶恋花·伫倚危楼风细细》《少年游》《望海潮》等。

柳家世代做官，柳永少年时在家乡勤学苦读，希望能传承家业，官至公卿。学成之后，他就到汴京应试，准备大展宏图，在政治上一试身手。不料，一到光怪陆离的京城，骨子里浪漫风流的年轻才子柳永，就被青楼歌馆里的歌妓吸引，混迹于烟花巷陌中。51岁时，柳永终于及第，对当时的民众给予了深切的同情。短短两年仕途，他的名姓就载入了《海内名宦录》中，足可见其在经纶事物上的天赋。可惜由于性格原因，他屡遭排贬，因此陷于四处漂泊的“浮生”，养成了一种对萧索景物、秋伤风景的偏好，并常以宋玉自比。

柳永晚年穷愁潦倒，死时一贫如洗，谢玉英、陈师师一班名妓念他的才学和痴情，凑钱安葬。出殡时，东京满城名妓都到场，半城缟素，一片哀声。

柳永从都市中下层人民生活中汲取创作素材，主要表现都市生活和风光、男女间恋情、江湖漂泊之感。他创作了大量的篇幅较长、结构复杂、音调繁复动听的慢词。其《八声甘州》，抒写羁旅之愁，以秋景烘托愁思，感受真切，想象丰富，层层铺叙中有曲折跌宕之妙。

柳永的词作生动地展现了北宋前、中期都市的繁华富庶、节日盛况和民情风俗，也有一些羁旅行役和狎妓行乐之词，比较典型地体现了落魄士子和市民阶层的思想情趣。

柳永对宋代乃至后世词风都有很大影响，主要在三个方面：首先，表现在慢词的发展和词调的丰富上。整个唐五代时期，词的体式以小令为主，慢词总共不过十多首。到了宋初，词人擅长和习用的仍是小令。柳永大力创作慢词，从根本上改变了唐五代以来词坛上小令一统天下的格局，使慢词与小令两种体式平分秋色，齐头并进。在两宋词坛上，柳永是创用词调最多的词人。其现存 213 首词，用了 133 种词调。而在宋代所用的 880 多个词调中，有 100 多种调是柳永首创或首次使用。词至柳永，体制始备。其次，体现在市民情调的表现与俚俗语言的运用。柳永一改文人词的创作路数，而是迎合、满足市民大众的审美需求，用他们容易理解的语言、易于接受的表现方式，着力表现他们所熟悉的人物、所关注的情事。最后，体现在表现方法的改变。柳永在词的语言表达方式上进行了大胆的革新。他不像晚唐五代以来的文人词那样只是从书面的语汇中提炼高雅绮丽的语言，而是充分运用现实生活中的日常口语和俚语。词的体式和内容的变化，要求表现方法也要作相应的变革。柳永为适应慢词长调体式的需要和市民大众欣赏趣味的需求，创造性地运用了铺叙和白描的手法。

范仲淹

范仲淹（989—1052），字希文。苏州吴县（今江苏苏州）人。北宋著名的政治家、思想家、军事家和文学家。

范仲淹少年时家贫，但好学，为官后有敢言之名，曾多次上书批评当时的宰相，因而三次被贬。宋仁宗时官至参知政事，相当于副宰相。1043 年，范仲淹对朝政弊病极为痛心，提出《十事疏》，主张建立严密的仕官制度，注意农桑，整顿武备，推行法制，减轻徭役。宋仁宗采纳了他的建议，陆续推行，史称“庆历新政”。可惜不久因为保守派的反对而没能实现，还因此被贬至陕西四路宣抚使，后来在赴颍州途中病死。有《范文正公集》传世。

范仲淹喜好弹琴，然平日只弹《履霜》一曲，故时人称之为范履霜。他工于诗词散文，所作的文章富政治内容，文辞秀美，气度豁达。他的《岳阳楼记》一文中的“先天下之忧而忧，后天下之乐而乐”两句，为千古佳句，也是他一生爱国的写照。

范仲淹文学素养很高，除了散文，也留下了众多脍炙人口的词作，如《渔家傲》《苏幕遮》，苍凉豪放、感情强烈，为历代传诵。欧阳修曾称《渔家傲》为“穷塞主词”。

范仲淹领导的庆历革新运动，成为后来王安石“熙宁变法”的前奏，他对某些军事制度和战略措施的改善，使西线边防稳固了相当长时期。经他荐拔的一大批学者，为宋代学术鼎盛奠定了基础。他倡导的先忧后乐思想和仁人志士节操，是中华文明史上闪烁异彩的精神财富。

欧阳修

欧阳修（1007—1072），谥号文忠，世称欧阳文忠公；因吉州原属庐陵郡，以“庐陵欧阳修”自居。吉州吉水（今属江西）人。北宋文学家、史学家。

欧阳修4岁丧父，随叔父在今湖北随州长大，幼年家贫无资，母亲郑氏以荻画地，教其识字。自幼喜爱读书，常从城南李家借书抄读。他天资聪颖，又刻苦勤奋，往往书不待抄完，已能成诵。少年习作诗赋文章，文笔老练，有如成人。宋仁宗天圣八年（1030）中进士，初任西京留守推官，与尹洙、梅尧臣交游，以诗唱和。后入朝任馆阁校勘，范仲淹因事遭贬，他指责谏官高若讷，被贬为夷陵县令，转乾德县令，又复任馆阁校勘，进集贤校理、知谏院，任龙图阁直学士、河北都转运使，后他的政敌钱勰借欧阳修“外甥女”张氏对欧阳修的指控攻击他，使得欧阳修被贬到滁州。皇祐元年（1049）回朝，知扬州、颍州、开封府，后以翰林学士知贡举，拜枢密副使、参知政事、刑部尚书、兵部尚书等，以太子少师退归，赠太子太师。神宗熙宁二年（1069），王安石实行新法。欧阳修对青苗法有所批评，且未执行。三年（1070），除检校太保宣徽南院使等职，坚持不受，改知蔡州（今河南汝南县）。此年改号“六一居士”。四年（1071）六月，以太子少师的身份辞职。居颍州（今属安徽省）。五年（1072）闰七月二十三日，欧阳修卒于家。

欧阳修的主要著作有文：《朋党论》《五代史·伶官传序》《醉翁亭记》《丰乐亭记》《秋声赋》《祭石曼卿文》《卖油翁》7篇；词：《采桑子》（群芳过后西湖好）、《诉衷情》（清晨帘幕卷秋霜）、《踏莎行》（候馆梅残）、《生查子》（去年元夜时）、《朝中措》（平山栏槛倚晴空）、《蝶恋花》（庭院深深深几许）6首；诗：《戏答元珍》《题滁州醉翁亭》《忆滁州幽谷》和《画眉鸟》4首；书：《洛阳牡丹记》，包括《花品序》《花释名》《风俗记》3篇。

为了矫正宋初西昆体的流弊，欧阳修大力提倡古文。他自幼爱读《韩愈文集》，出仕后亲自校订“韩文”，刊行天下。他在文学观点上师承韩愈，主张明道致用。他强调道对文的决定作用，以“道”为内容、为本质，以“文”为形式。但他又纠正了韩愈的某些偏颇，主张内容要真实，语言要有文采，做到内容和形式的统一。后来，知贡举（主管考试进士）时，又鼓励考生写作质朴晓畅的古文，凡内容空洞、华而不实，或以奇诡取胜之作，概在摒黜之列。

欧阳修的散文大都内容充实，气势旺盛，具有平易自然、流畅婉转的艺术风格。叙事既得委婉之妙，又简括有法；议论纡徐有致，却富有内在的逻辑力量。章法结构既能曲折变化而又十分严密。欧阳修还开了宋代笔记文创作的先河，其《归田录》《笔说》《试笔》等都很有名。欧阳修的赋也很有特色，著名的《秋声赋》运用各种比喻，把无形的秋声描摹得非常生动形象，使人仿佛可闻。欧阳修的诗歌创作成就虽不及散文，但也很有特色，其中不少诗反映了人民疾苦，揭露了社会的黑暗。他还在诗中议论时事，抨击腐败政治。

此外，欧阳修是杰出的应用文章家，不仅应用文写作颇有建树，而且对应用文理论贡献也很大。欧阳修创立应用文概念，构筑了应用文理论的大体框架。他认为应用文的特点有三：一是真实，二是简洁质朴，三是得体。欧阳修主张应用文应合大体、文体、语体，其理论已相当精深。欧阳修对公文的贡献很大。他写有公文1102篇，公文理论也很系统。

司马光

司马光（1019—1086），字君实，号迂叟。陕州夏县（今属山西涑水乡），世称“涑水先生”。北宋政治家、史学家、文学家。

司马光历仕仁宗、英宗、神宗、哲宗四朝，卒赠太师、温国公，谥文正。其为人温良谦恭、刚正不阿；做事用功刻苦、勤奋。以“日力不足，继之以夜”自诩，其人格堪称儒学教化下的典范，历来受人景仰。

6岁时，父亲就教司马光读书。7岁时，他不仅能背诵《左氏春秋》，还能讲明白书的要义，并且做出了“砸缸救友”这一震动京洛的事。

司马光的博学来自多方面，一方面是他好学强识，另一方面是父亲着意培养。他既诚实聪明，又十分懂事，深得父亲喜爱。同时，每逢出游或和同僚密友交谈，司马池总好把他带在身边。耳濡目染，使司马光不论在知识方面，还是见识方面，都“凛然如成人”。司马光在15岁以前就跟随父亲走过好多地方，在这些地方访古探奇，赋诗题壁，领略风土人情，极大地丰富了司马光的社会知识。仁宗宝元元年（1038），司马光20岁，他参加了会试，一举高中进士甲科，初任华州（今陕西华县）判官，累进龙图阁直学士。其间父母相继病逝。司马光写了许多有价值的文章，对古人古事提出了自己的看法。仁宗嘉祐三年（1058）司马光迁开封府推官，赐五品服。嘉祐六年（1061），擢修《起居注》。司马光为人不骄不躁，多次以自己能力不够而力推。神宗即位后任用王安石主持变法，司马光与其政见不合，自请离京，后以端明殿学士知永兴军（今陕西省西安市），次年退居洛阳，任西京留司御史台，以书局自随，继续编撰《资治通鉴》。至元丰七年（1084）《资治通鉴》全部修完，司马光擢升为资政殿学士。哲宗即位后，皇太后对司马光极为倚重，司马光官至宰相，废除新法。元祐六年（1086）司马光因病逝世，宋哲宗将他葬于高陵。

他的著作除了史学类的编年史《资治通鉴》外，还有《通鉴举要历》80卷、《稽古录》20卷、《本朝百官公卿表》6卷；文学、经学及医学等方面都有著作，如《翰林诗草》《注古文学经》《易说》《注太玄经》《注扬子》《书仪》《游山行记》《续诗治》《医问》《涑水纪闻》《类篇》《司马文正公集》《送张寺丞觐知富顺监》《南园饮罢留宿》《客中初夏》等，可谓卷帙浩繁、汗牛充栋。

司马光学术成就值得计数，其中最大的贡献莫过于主持编写了《资治通鉴》。《资治通鉴》上起周威烈王二十三年（前403），下迄五代后周世宗显德六年（959），共记载了16个朝代1362年的历史，历经19年编辑完成。司马光为此书付出毕生精力，成书不到两年，他便积劳而逝。

司马光著述涵盖史学、文学等，是一位诗、文俱佳的文学家。其诗歌内容侧重抒发个人情怀，也批判现实、同情人民，包含乐天知命与中和适意，仕宦之痛与自我追求，以史为鉴与道德评判等思想。

王安石

王安石（1021—1086），字介甫，号临川先生或半山，晚年封荆国公，又称王荆公。临川（今江西抚州）人。北宋杰出政治家、文学家、思想家、改革家。

王安石在中国历史上有名的自然是“王安石变法”。王安石以“天变不足畏，祖宗不足法，人言不足恤”的精神推动改革，力图革除北宋存在的积弊，是中国十一世纪伟大的改革家。对北宋后期社会经济产生很深的影响，已具备近代变革的特点。终因新法派内部分裂及保守派的挑拨离间，至熙宁九年（1076）十月罢相，出任江宁签判，次年隐退，过着闲居生活。

王安石在文学上具有突出成就，是“唐宋八大家”之一。其主要著作分为词和诗两大类。词《桂枝香·金陵怀古》《浣溪沙》《南乡子》《渔家傲》《菩萨蛮》《桂枝香》《千秋岁引》；诗《梅花》《明妃曲二首》《商鞅》《书湖阴先生壁》《元日》《棋》《登飞来峰》《泊船瓜洲》等。

王安石的诗歌，大致可以熙宁九年左右被罢相的时间划界而分为前、后期，在内容和风格上有较明显的区别。前期的诗歌，长于说理，倾向性十分鲜明，涉及许多重大而尖锐的社会问题，反映了下层人民的痛苦，替他们发出了不平之声。而其后期的隐居生活，带来了他的诗歌创作上的变化。由于他流连、陶醉于山水田园中，故题材内容比较狭窄，大量的写景诗、咏物诗取代了前期政治诗，抒发的是一种闲恬的情趣，但艺术表现上却臻于圆熟。

王安石诗作品，人称“王荆公体”，其长处是下字工、用事切，对偶精；其短处在于作诗主意求工，主意之过流为议论，好求工而伤于巧；故“王荆公体”有深婉不迫处，也有生硬奇崛处。这既体现了宋诗风貌的部分特征，又有向唐诗复归的倾向，可谓既有唐音，又有宋调，对宋诗的发展影响较大。

王安石为了实现自己的政治理想，把文学创作和政治活动密切地联系起来，强调文学的作用首先在于为社会服务，强调文章的现实功能和社会效果，主张文道合一。他的散文大致贯彻了他的文学主张，所作多为有关政令教化、适于世用之文。他反对西昆派杨亿、刘筠等人空泛的靡弱文风，认为“所谓文者，务为有补于世而已矣。所谓辞者，犹器之有刻镂绘画也。诚使巧且华，不必适用；诚使适用，亦不必巧且华。要之以适用为本，以刻镂绘画为之容而已”。（《上人书》）正因为王安石以“务为有补于世”的“适用”观点视为文学创作的根本，所以他的作品多揭露时弊、反映社会矛盾，具有较浓厚的政治色彩。

苏轼

苏轼（1037—1101），字子瞻，号东坡居士。眉州眉山（今属四川）人。北宋著名文学家、书画家。

苏轼学识渊博，天资极高，诗、文、书、画皆精。其散文汪洋恣肆，明白畅达，与欧阳修并称“欧苏”，为“唐宋八大家”之一；诗清新豪健，善用夸张、比喻，艺术表现独具风格，与黄庭坚并称“苏黄”；词开豪放一派，对后世有巨大影响，与辛弃疾并称“苏辛”；书法擅长行书、楷书，能自创新意，用笔丰腴跌宕，有天真烂漫之趣，与黄庭坚、米芾、蔡襄并称“宋四家”；画学文同，论画主张神似，提倡“士人画”。著有《苏东坡全集》和《东坡乐府》等。

宋嘉祐元年（1056），苏轼首次出川赴京应举，次年与弟苏辙中同榜进士，深受主考欧阳修赏识。嘉祐六年（1061）应中制科入第三等，授大理评事、签书凤翔府判官。后其父苏洵于汴京病故，他扶丧归里。熙宁二年（1069）初还朝任职。因与王安石的变法主张有许多不同，请求外调，自熙宁四年（1071）至元丰初期他先后被派往杭州、密州、徐州、湖州等地任地方官。其革新除弊，因法便民，颇有政绩。元丰二年（1079）因“乌台诗案”受牵扯连，下狱。侥幸被释后，谪贬黄州。元祐元年（1086），旧党执政。苏轼被调回京都任中书舍人、翰林学士知制诰等职。但在罢废免役法问题上与旧党发生分歧。元祐四年（1089），知杭州。六年（1091），先后被派知颍州、扬州、定州。其间，他仍然在力所能及的范围内不断进行某些兴革。绍圣元年（1094），哲宗亲政，新党得势，贬斥元祐旧臣，苏轼被一贬再贬，由英州（今广东英德）、惠州（今广东惠阳），一直远放到儋州（今海南儋县）。直到元符三年（1100）宋徽宗即位才遇赦北归。建中靖国元年（1101）七月卒于常州。

苏轼诗词的代表作品有：《水调歌头》《念奴娇·赤壁怀古》《定风波》《江城子·密州出猎》《饮湖上初晴后雨》《浣溪沙》《临江仙》《题西林壁》等。古文类有：《荀卿论》《范增论》《留侯论》《贾谊论》《晁错论》《东坡志林》《随记集》《刑赏忠厚之至论》《石钟山记》《记承天寺夜游》《重巽以申命论》《进策》等。书法作品有：《中山松醪赋》《洞庭春色赋》《人来得书帖》《答谢民师论文帖》《赤壁赋》《江上帖》等。

在题材上，苏轼前期的作品主要反映了他“具体的政治忧患”，而后期作品则将侧重点放在了“宽广的人生忧患”，疾恶如仇，遇有邪恶，则“如蝇在台，吐之乃已”。其行云流水之作引发了“乌台诗案”。黄州贬谪生活，使他“讽刺的苛酷，笔锋的尖锐，以及紧张与愤怒，全已消失，代之而出现的，则是一种光辉温暖、亲切宽和的诙谐，醇甜而成熟，透彻而深入”。

在文化上，苏轼前期尚儒而后期尚道尚佛。前期，他有儒家所提倡的社会责任，深切关注百姓疾苦；后期，尤其是两次遭贬之后，他则更加崇尚道家文化并回归到佛教中来，企图在宗教上得到解脱。他深受佛家的“平常心是道”的启发，在黄州、惠州、儋州等地过上了真正的农人的生活，并乐在其中。

在风格上，前期的作品大气磅礴、豪放奔腾如洪水破堤一泻千里；而后期的作品则空灵隽永、朴质清淡，如深柳白梨花，香远益清。

苏轼的文学观点和欧阳修一脉相承，但更强调文学的独创性、表现力和艺术价值。他的文学思想强调“有为而作”，崇尚自然，摆脱束缚，“出新意于法度之中，寄妙理于豪放之外”。他认为作文应达到“如行云流水，初无定质，但常行于所当行，止于所不可不止。文理自然，姿态横生”（《答谢民师推官书》）的艺术境界。其散文著述宏富，与韩愈、柳宗元和欧阳修三家并称。文章风格平易流畅，豪放自如。苏轼是继欧阳修之后主持北宋文坛的领袖人物，在当时的作家中间享有巨大的声誉，一时与之交游或接受他的指导者甚多，文学家黄庭坚、秦观、晁补之和张耒都曾得到他的培养、奖掖和荐拔，故称“苏门四学士”。苏门四学士和陈师道、李廌六人并称“苏门六君子”。

苏轼的词现存340多首，冲破了专写男女恋情和离愁别绪的狭窄题材，具有广阔的社会内容。苏轼在我国词史上占有特殊的地位。他将北宋诗文革新运动的精神扩大到了词的领域，扫除了晚唐五代以来的传统词风，开创了与婉约派并立的豪放派，扩大了词的题材，丰富了词的意境，冲破了诗庄词媚的界限，对词的革新和发展做出了重大贡献。

黄庭坚

黄庭坚（1045—1105），字鲁直，号山谷道人，晚号涪翁。洪州分宁（今江西九江修水）人。北宋著名诗人、书法家、词人。

黄庭坚，英宗治平四年（1067）进士。历官汝州叶县尉、国子监教授、校书郎、著作佐郎、秘书丞、涪州别驾、黔州安置等。

黄庭坚擅文章、诗词，尤工书法。诗风奇崛瘦硬，力摈轻俗之习，开一代风气。早年受知于苏轼，与张耒、晁补之、秦观并称“苏门四学士”。

诗与苏轼并称“苏黄”，有《豫章黄先生文集》。词与秦观齐名，有《山谷琴趣外篇》。词风流宕豪迈，较接近苏轼，开“江西诗派”门风。晁补之云：“鲁直间作小词固高妙，然不是当行家语，自是著腔子唱好诗。”（见《诗人玉屑》）另有不少俚词，不免亵诨。主要墨迹有《松风阁诗》《华严疏》《经伏波神祠》《诸上座》《李白忆旧游诗》《苦笋赋》等。书论有《论近进书》《论书》。晚年近苏轼，词风疏宕，深于感慨，豪放秀逸，时有高妙。有《山谷集》70卷。

黄庭坚自小接受儒家思想的濡染，据说他7岁的时候就曾作过一首诗：“骑牛远远过前村，吹笛风斜隔陇闻。多少长安名利客，机关用尽不如君。”（《桐江诗话》引）如果这首诗真是黄庭坚所作，那么，一方面表现了他的早慧，另一方面也反映了黄庭坚从小就深受庄、禅思想濡染的事实。不过，黄庭坚毕竟出身于儒家知识分子的家庭，所以，他虽然兼容释道两家，但还是以儒家思想为主导，立身处世，处处以“忠义孝友为根本”（《与韩纯翁宣义》）。当任地方官时，勤于职守，宽厚爱民，即使“大吏不悦，而民安之”（《宋史》本传）。

黄庭坚幼年时代就受到禅学的影响，是临济宗祖心禅师的入室弟子，但是他既能奉守儒术，又能融合佛道于其中。在《与王雍提举》中说：“大概佛法与《论语》《周易》意指不远。”认为“古人学问，亦别无用处，举其心以加诸彼而已”（《与胡少汲书》）。“《列子》书时有合于释氏，至于深禅妙句，使人读之三叹”（《跋亡弟嗣功〈列子〉册》。这使他能以平常心看待世间的功名勋业。他的一生在政治上与苏轼共进退，长期被贬在偏远的山区，一生坎坷，但“横祸所加，随处安受，不悔不折”（包恢《跋山谷书范孟博传》）。他胸襟阔大，能破除小恩怨，存大义。如他虽出自苏门，客观上属于旧党一派，但他对新党领袖王安石却极为推崇，不仅在学术上认为“荆公六艺学，妙处端不朽”（黄庭坚《奉和文潜赠无咎篇末多以见及以“既见君子，云胡不喜”为韵》之七），而且在政治上对王安石也是大加赞赏。正是因为他对新旧党争持较为公允的态度，同时又不以贬谪为意，这使他能够抛却政治上的纠葛与争端，以毕生精力集于文学，并摒弃门户之见，广泛吸收前代和本朝诗人的艺术经验，从而不仅在诗歌上与苏轼一道确立了宋诗面目，而且被奉为江西诗派的开山祖师，对后世影响深远。

同他的前辈一样，黄庭坚对“西昆体”也是猛烈攻击的。西昆诗人讲究声律、对偶、辞藻，为了在艺术上摆脱西昆诗人的影响，从欧阳修、梅尧臣开始就企图在立意、用事、琢句、谋篇等方面作些新的探索。到北宋中叶以后，这百年以上的承平局面和新旧党争的风险，即使许多诗人愈来愈脱离现实。当时大量书籍的刊行，文化的高涨，又使他们不满足于寻常典故的运用，而务求争新出奇。这样，他们虽努力在诗法上向杜甫、韩愈以来的诗人学习，却未能更好地继承杜甫、白居易以来诗家的现实主义精神。他们摆脱了西昆体的形式主义，又走上了新的形式主义道路，这就是从北宋后期逐渐形成的“江西诗派”。这一派诗人并不都是江西人，只因黄庭坚在这派诗人里影响特别大，所以有此称呼。

黄庭坚书法初以宋代周越为师，后来受到颜真卿、怀素、杨凝式等人的影响，又受到焦山《瘗鹤铭》书体的启发，行草书形成自己的风格。黄庭坚大字行书凝练有力，结构奇特，几乎每一字都有一些夸张的长画，并尽力送出，形成中宫紧收、四缘发散的崭新结字方法，对后世产生很大影响。在结构上明显受到怀素的影响，但行笔曲折顿挫，则与怀素节奏完全不同。在他以前，圆转、流畅是草书的基调，而黄庭坚的草书单字结构奇险，章法富有创造性，经常运用移位的方法打破单字之间的界限，使线条形成新的组合，节奏变化强烈，因此具有特殊的魅力，成为北宋书坛杰出的代表，与苏轼成为一代书风的开拓者。后人所谓宋代书法尚意，就是针对他们在运笔、结构等方面更变古法，追求书法的意境、情趣而言的。

米芾

米芾（1052—1108），自署姓米或为芊，名芾或为黻，人称“米颠”。世居太原，迁居襄阳（今湖北襄樊襄阳区）。北宋书法家、画家、书画理论家。

米芾自幼爱好读诗书，从小受到良好的教育，加上天资聪慧，6 岁时能背诗百首，8 岁学书法，10 岁摹写碑刻，小获声誉。18 岁时，宋神宗继位，因不忘米芾母亲阎氏的乳褓旧情，恩赐米芾为秘书省校字郎，负责当时校对，订正讹误。从此开始走上仕途，直到 1108 年卒于任。

米芾一生官阶不高，这与他不善官场逢迎，又为人清高有关。而其对书画艺术的追求到了如痴如醉的境地，在别人眼里与众不同，不入凡俗的个性和怪癖，也许正是他成功的基石。他曾自作诗一首："柴几延毛子，明窗馆墨卿，功名皆一戏，未觉负平生。"他是一个把书画艺术看得高于一切的恃才傲物的人。

米芾平生于书法用功最深，成就以行书为最大。虽然画迹不传于世，但书法作品却有较多留存。南宋以来的著名汇帖中，多数刻其法书，流播之广泛，影响之深远，在"北宋四大书家"中，实可首屈一指。康有为曾说："唐言结构，宋尚意趣。"意为宋代书法家讲求意趣和个性，而米芾在这方面尤其突出。

米芾习书，自称"集古字"，虽有人以为笑柄，也有赞美说"天姿凌轹未须夸，集古终能自立家"（王文治）。这从一定程度上说明了米氏书法成功的来由。根据米芾自述，在听从苏东坡学习晋书以前，大致可以看出他受 5 位唐人的影响最深：颜真卿、欧阳询、褚遂良、沈传师、段季展。

除书法达到极高的水准外，米芾的书论也颇多。著有《书史》《海岳名言》《宝章待访录》《评字帖》等，显示了他卓越的胆识和精到的鉴赏力，对前人多有讥贬，然决不因袭古人语，为历代书家所重，但过头话也不少，诮颜柳、贬旭素，苛刻求疵。

米芾传世墨迹主要有《苕溪诗》《蜀素帖》《方圆庵记》《天马赋》等，而翰札小品尤多。

米芾作为北宋著名的画家，处在一个文人画的成熟时代，其绘画题材十分广泛，人物、山水、松石、梅、兰、竹、菊无所不画。米芾在山水画上成就最大，但他不喜欢危峰高耸、层峦叠嶂的北方山水，更欣赏的是江南水乡瞬息万变的"烟云雾景"，"天真平淡"，"不装巧趣"的风貌，所以米芾在艺术风格里追求的是自然。他所创造的"米氏云山"都是信笔作来，烟云掩映。

米芾性情旷达，不随流俗，潇洒不凡。他所画云山烟树，虽宗王洽，点笔破墨，似出董源，然实从行草书法得来，有变幻无穷的妙趣。自然烟云出没，峦气逼人，创所谓“米点山水”。其画水墨淋漓，烟云掩映，树木简略，妙于熏染，号为“米氏云山”。作品有《云起楼图》《研山图》《春山烟霭图》等。

明代董其昌《画禅室随笔》谓：“吾尝评米字，以为宋朝第一，毕竟出于苏轼之上。晚年一变，有冰寒于水之奇。”皇帝自其询问书法，米芾称自己是“刷字”，明里自谦而实点到精要之处，“刷字”，体现他用笔迅疾而劲健，尽兴尽势尽力。他的书法作品，大至诗帖，小至尺牍、题跋都具有痛快淋漓、欹纵变幻、雄健清新的特点。从现存的近 60 幅米芾的手迹来看，“刷”这一个字正将米字的神采活脱脱地表现出来，无怪乎苏东坡说：“米书超逸入神。”又说：“平生篆、隶、真、行、草书，风樯阵马。沉着痛快，当与钟、王并行。非但不愧而已。”米芾的书法影响深远，尤在明末，学者甚众，像文徵明、祝允明、陈淳、徐渭、王觉斯、傅山这样的大家也莫不从米字中取一“心经”，这种影响一直延续到如今。

李清照

李清照（1084—约 1151），号易安居士。齐州章丘（今山东济南章丘西北）人。宋代女词人，婉约词派代表，有“千古第一才女”之称。

李清照出生于一个爱好文学艺术的士大夫家庭。父亲李格非是济南历下人，进士出身，苏轼的学生，官至提点刑狱、礼部员外郎。母亲是状元王拱宸的孙女，很有文学修养。由于家庭的原因，特别是父亲李格非的影响，李清照少年时代便工诗善词。18 岁时，李清照与赵明诚结婚。婚后，李清照与丈夫情投意合，一同研究金石书画，婚后，她把整个身心都放在文学艺术的深造和金石文字的收集研究上，同赵明诚互相砥砺，进行词的创作，技法日臻成熟。1127 年，金攻破了汴京，李清照夫妇也随难民流落江南。建炎三年（1129），赵明诚罢守江宁，后郁郁而死。李清照在无依无靠时下嫁张汝州，后发现其卑劣人品后愤然离婚。目睹了国破家亡的李清照“虽处忧患穷困而志不屈”，在“寻寻觅觅、冷冷清清”的晚年，她殚精竭虑，编撰《金石录》。多年的背井离乡，她那颗已经残碎的心，又因她的改嫁遭到士大夫阶层的污诟渲染，受到了更严重的残害。她无依无靠，呼告无门，贫困忧苦，流徙漂泊，最后寂寞地死在江南。其所作词，前期多写其悠闲生活，后期多悲叹身世，情调感伤。形式上善用白描手法，自辟途径，语言清丽。论词强调协律，崇尚典雅，提出词“别是一家”之说，反对以作诗文之法作词。能诗，留存不多，部分篇章感时咏史，情辞慷慨，与其词风不同。

李清照有《易安居士文集》《易安词》等著作，但久已不传。现存诗文集为后人所辑，有《漱玉词》1 卷，《漱玉集》5 卷。代表作有《声声慢》《一剪梅》《如梦令》《醉花阴》《武陵春》《夏日绝句》等。今有《李清照集校注》。

李清照毕生用力最勤，成就最高影响最大的是词的创作。她的词作在艺术上达到了炉火纯青的境界，形成了自己独特的艺术风格——“易安体”。她不追求砌丽的藻饰，而是提炼富有表现力的“寻常语度八音律”，用白描的手法来表现对周围事物的敏锐感触，刻画细腻、微妙的心理活动，表达丰富多样的感情体验，塑造鲜明、生动的艺术形象。在她的词作中，真挚的感情和完美的形式水乳交融，浑然一体。她将“语尽而意不尽，意尽而情不尽”的婉约风格发展到了顶峰，以至赢得了婉约派词人“宗主”的地位，成为婉约派代表人物之一。同时，她词作中的笔力横放、铺叙浑成的豪放风格，又使她在宋代词坛上独树一帜，从而对辛弃疾、陆游以及后世词人有较大影响。后人认为她的词“不徒俯视巾帼，直欲压倒须眉”，她被称为“宋代最伟大的一位女词人，也是中国文学史上最伟大的一位女词人”。

李清照作为中国古代文学史上少有的女作家，其作品中所体现的爱国思想，具有积极的社会意义。代表了中国古代妇女追求男女平等、关心国事、热爱祖国的一个侧面，让后人从中看到了中国古代女性情感世界的另一面。

张择端

张择端，字正道。东武（今山东诸城）人。北宋著名画家。

张择端，宣和年间任翰林待诏，擅画楼观、屋宇、林木、人物。所作风俗画市肆、桥梁、街道、城郭刻画细致，界画精确，豆人寸马，形象如生。存世作品有《清明上河图》《金明池争标图》等，皆为我国古代的艺术珍品。

张择端自幼好学，早年游学汴京（今河南开封），后习绘画。宋徽宗时供职翰林图画院，专工界画宫室，尤擅绘舟车、市肆、桥梁、街道、城郭。后“以失位家居，卖画为生，写有《西湖争标图》《清明上河图》”。他是北宋末年杰出的现实画家，其作品大都失传，存世的《清明上河图》作品现存北京故宫博物院。其《清明上河图》，是《东京梦华录》《圣畿赋》《汴都赋》等著作的最佳图解，具有极大的考史价值，不只继承发展了久已失传的中国古代风俗画，尤其继承了北宋前期历史风俗画的优良传统。

张择端代表作《清明上河图》是我国绘画史上的稀世奇珍，画之瑰宝。它用现实主义手法，全景式构图，生动细致地描绘了北宋王都开封汴京的舟船往复，飞虹卧波，店铺林立，人烟稠密的繁华景象和丰富的社会生活习俗风情。全图规模宏大，结构严密，构图起伏有序，其笔墨技巧，兼工带写，活泼简练，人物生动传神，牲畜形态，房舍，舟车，城郭，树木桥梁，河流，无一不至臻至妙，称得上妙笔神工。综数我国古代绘画，多有那种士大夫的孤芳自赏，实难找到类似“清明上河图”这样不惜以大量的笔墨，描绘数以百计民众世俗生活与商业经济活动，将民众置于主人翁地位，并加以正确地艺术概括，这在中国古代绘画中是不多见的，就是在现代绘画中也是罕见的。此画的第一位收藏人是宋徽宗，是他用瘦金体亲笔在画上题写了“清明上河图”5 个字。

在绘画题材方面，《清明上河图》突破了唐以来的人物画主要以宗教活动和贵族生活为题材的范围，开始努力表现新兴市民阶层的生活场面。

而规模之大，场面之宏，人物之多，描写之细腻、逼真、生动，艺术技巧之高超、纯熟，都是古来仅有。这充分说明了，我国以人物为主的风俗画，发展到宋代，已经注意到人物与情境的完善融合，使之水乳交融，开拓出了新的境界，特别是在描写普通劳动人民的生活和情趣方面，更是冲破了传统题材的局限，这对以后民间年画如《西湖景》《姑苏万年桥》《三十六行》等，也是一种启迪。《清明上河图》在中国绘画史上写下了光辉的一页，成为中国风俗画的一个里程碑，值得后人自豪和珍惜。

陆游

陆游（1125—1210），字务观，号放翁。越州山阴（今浙江绍兴）人。南宋著名诗人。

陆游出身于官宦家庭，陆游的高祖是宋仁宗时太傅陆轸，祖父陆佃，父亲陆宰。他生于宋金战争的烽火之中，从小饱尝了颠沛流离的痛苦，同时也受到了父亲陆宰等士大夫爱国思想的熏陶。他 10 余岁就熟读了陶潜、王维、岑参和李白的诗篇，12 岁便能诗文，有“小李白”之称。25 岁左右向具有爱国思想的曾几学诗，确定了他爱国诗歌的基调。29 岁那年，赶赴临安应试，名居秦桧孙子秦埙之前，触怒秦桧，遭到黜落，秦桧死后 3 年才被启用。

在诗歌创作方面，陆游的诗集中现存诗 9300 余首。大致可以分为三个时期：第一期是从少年到中年（46 岁）入蜀以前。这一时期存诗仅 200 首左右，作品主要偏于文字形式，尚未得到生活的充实。第二期是入蜀以后，到他 64 岁罢官东归，前后近 20 年，存诗 2400 余首。这一时期是他充满战斗气息及爱国激情的时期，也是其诗歌创作的成熟期。第三期是晚年蛰居故乡山阴一直到逝世，亦有 20 年，现存诗约近 6500 首。诗中表现了一种清旷淡远的风流，并不时地流露着苍凉的人生感慨。“诗到无人爱处工”，可算是道出了他此时的心情和所向往的艺术境界。另外，在这一时期的诗中，也表现出趋向质朴而沉实的创作风格。其中包括《书愤》《示儿》《游山西村》《梦游沈园》《沈园怀旧》等。

在词赋的创作方面，陆游不仅工诗，还兼长词。由于他一生的主要精力用于诗歌创作，所以词作不多，现存词共有130首。陆游词的风格也多样，并有自己的特色。有不少词写得清丽缠绵，与宋词中的婉约派比较接近，如有名的《钗头凤》即属此类。而有些词常常抒发着深沉的人生感受，或寄寓着高超的襟怀，如《卜算子》（驿外断桥边）、《双头莲》（华鬓星星）等，或苍远，或寓意深刻，这类词又和苏轼比较接近。但是最能体现陆游的身世经历和个性特色的，还是他的那些写得慷慨雄浑、荡漾着爱国激情的词作，如《汉宫春》（箭箭雕弓）、《谢池春》（壮岁从戎）、《诉衷情》（当年万里觅封侯）、《夜游宫》（雪晓清笳乱起）等，都是充满一片报国热忱的雄健之作。

在散文的创作方面，陆游也著述甚丰，而且颇有造诣。其中记铭序跋之类，或叙述生活经历，或抒发思想感情，或论文说诗，最能体现陆游散文的成就。同时也如在诗中一样，不时地表现着爱国主义的情怀。比如《静镇堂记》《铜壶阁记》《书渭桥事》等。

陆游的诗歌创作，经历了一个不断变化、逐渐发展的过程。他的诗歌继承和发扬了古典诗歌的现实主义传统，同时表现出浓厚的浪漫主义色彩。陆游以天才的创造力与积极创新的精神，随着经历与见识的日渐丰富，最终跨越了前人的藩篱，抛弃了形式主义的缺点，形成了自己雄厚宏放、明朗瑰丽的鲜明特征。陆游在艺术上学习前人，却又不蹈袭前人，有自己的创造和发展。在当时诗坛自成一家。陆游在诗歌的内容、语言的运用等多个方面都对后世人造成了深远的影响，为中国诗坛添上了浓墨重彩的一笔。

辛弃疾

辛弃疾（1140—1207），字幼安，别号稼轩。历城（今山东济南）人。南宋著名词人。

辛弃疾的词现存600多首，是两宋存词最多的作家。其词多以国家、民族的现实问题为题材，抒发慷慨激昂的爱国之情。如《水龙吟》（渡江天马南来)、《水调歌头》(千里渥洼种)、《满江红》(鹏翼垂空)等，表现了恢复祖国统一的豪情壮志。《贺新郎》(细把君诗说)、《菩萨蛮》(郁孤台下清江水)、《破阵子》(醉里挑灯看剑)等，表现对北方地区的怀念和对抗金斗争的赞扬。《水龙吟》(楚天千里清秋)、《摸鱼儿》(更能消几番风雨)、《贺新郎》(老大那堪说)、《鹧鸪天》(壮岁旌旗拥万夫)、《永遇乐》(千古江山)等，表现对南宋朝廷屈辱苟安的不满和壮志难酬的忧愤。这些作品大都基调昂扬、热情奔放。

此外，其描写农村景物和反映农家生活的作品，如《清平乐》(茅檐低小)、《西江月》(明月别枝惊鹊)、《玉楼春》(三三两两谁家女)等，都富有生活气息，给人以清新之感。其抒情小词，如《丑奴儿》(少年不识愁滋味)、《青玉案》(东风夜放花千树)等，写得含蓄蕴藉，言短意长。

强烈的爱国主义思想和战斗精神是辛弃疾词的基本思想内容，表现在他的词中，是他不断地重复对北方的怀念。另外，在《贺新郎》《摸鱼儿》等词中，他用“剩水残山”“斜阳正在，烟柳断肠处”等词句讽刺苟延残喘的南宋小朝廷，表达他对偏安一角不思北上的不满。胸怀壮志无处可用，表现在词里就是难以掩饰的不平之情。他擅长的怀古之作《水龙吟》，面对如画江山和英雄人物，在豪情壮志被激发的同时，他也大发英雄无用武之地的感慨。理想与现实的激烈冲突，为他的词构成悲壮的基调。辛弃疾词在苏轼词的基础上进一步扩大了题材范围，他几乎达到了无事、无意不可入词的地步。他将豪放词推至一个顶峰。

在抒发报国之志时，辛弃疾的词常常显示出军人的勇毅和豪迈自信的情调，像“要挽银河仙浪，西北洗胡沙”(《水调歌头》)，“马革裹尸当自誓，蛾眉伐性休重说”(《满江红》)，“道男儿到死心如铁。看试手，补天裂”(《贺新郎》)等，无不豪情飞扬，气冲斗牛。对那些与自己一样勇于报国的志士，他由衷地加以赞美，与之同声相应，彼此勉励。

辛弃疾在词史上的一个重大贡献，就在于内容的扩大、题材的拓宽。他现存的词作，写政治，写哲理，写朋友之情、恋人之情，写田园风光、民俗人情，写日常生活、读书感受。可以说，凡当时能写入其他任何文学样式的东西，他都写入词中，范围比苏词还要广泛得多。而随着内容、题材的变化和感情基调的变化，辛词的艺术风格也有各种变化。虽说他的词主要以雄伟奔放、富有力度为长，但写起传统的婉媚风格的词，却也十分得心应手。在意象的使用上，辛弃疾也自有特点。他一般很少采用传统词作中常见的兰柳花草及红粉佳人为点缀。为了与所要表达的悲凉雄壮的情感基调相吻合，故在他的笔下所描绘的自然景物，多有一种奔腾耸峙、不可一世的气派。

关汉卿

关汉卿，号已斋、已斋叟。关于其籍贯有多种说法。中国戏剧史上伟大的杂剧作家，元代杂剧的奠基人和前期剧坛的领袖，“元曲四大家”之首，在世界文学艺术史上也享有盛誉。

关于关汉卿的生平资料相当缺乏，只能从零星的记载中窥见其大略。关汉卿在元代前期杂剧界是领袖人物，玉京书会里最著名的书会才人。据《录鬼簿》《青楼集》《南村辍耕录》记载，他和杂剧作家杨显之、梁进之、费君祥，散曲作家王和卿，著名女演员朱帘秀等均有交往，和杨显之、王和卿更见亲密。南宋灭亡，之后，关汉卿曾到过当时南方戏曲演出的中心杭州，写有《【南吕】一枝花·杭州景》套曲。还曾到过扬州，写曲赠朱帘秀，有“十里扬州风物妍，出落着神仙”句。

在关汉卿生活的时代，政治黑暗腐败，社会动荡不安，阶级矛盾和民族矛盾十分突出。这样的背景下诞生了一批关汉卿这样的由北向南流亡的戏剧家。关汉卿的人生映衬着浓郁的时代背景，常年的流亡生活充实了关汉卿的见闻，使他深入地了解了下层人民的苦难生活。大变革时期的关汉卿其实更加接近思想改革的前沿，底蕴也更加深厚。他创作了大量具有战斗意义的作品，批判了元朝腐朽的民族统治，揭露了官场的黑暗，再现了农民水深火热的生存环境。他的剧作深刻地再现了社会现实，充满着浓郁的时代气息。

关汉卿一生创作了60多个杂剧，从民间传说、历史资料和元代现实生活里汲取了许多素材，真实地表现了元代人民反对封建阶级压迫与民族压迫的斗争。关汉卿从不写作神仙道化与隐居乐道的题材。他严肃的创作态度与批判现实的战斗精神对后世有巨大影响。主要代表作有《窦娥冤》（世界十大悲剧之一）、《救风尘》、《望江亭》、《拜月亭》、《鲁斋郎》、《单刀会》、《调风月》。

关汉卿又是一位散曲作家，在元代散曲史上占有重要的地位。今存关汉卿散曲，计套曲 14、小令 35（一说 57）。内容主要包括三个方面：描绘都市繁华与艺人生活，羁旅行役与离愁别绪，以及自抒抱负的述志遣兴。代表作有《别情》《沉醉东风》《大德歌 》《滚绣球》《碧玉箫》《黄钟尾》《四块玉》。

关汉卿作品的思想成就可概括为三点：其一，揭露元朝腐朽的民族统治，反映了社会矛盾，如《窦娥冤》《鲁斋郎》等。其二，关剧中活跃着众多风神独具的戏剧人物，其中最为光彩夺目者，是来自社会各个阶层的女性形象。描写了下层妇女的生活斗争，突出她们的机智勇敢，多带有喜剧意味，如《救风尘》《金钱池》等。其三，歌颂历史英雄的杂剧，以《单刀会》最为突出。与同时代的作家相比，关汉卿的作品更多地表现了下层人民的生活和命运，体现了作者鲜明的执着于现实的人生态度。

关汉卿被后世称为“曲圣”，还在于他的杂剧，是推动元杂剧脱离杂剧的“母体”走向成熟的杠杆，是标志戏曲艺术创作走上高峰的旗帜，并对后来的戏曲创作产生了巨大的影响。他娴熟地运用元代杂剧的形式，在塑造人物形象、处理戏剧冲突、运用戏曲语言诸方面均有杰出的成就。在创作方法方面，关汉卿的杂剧以现实主义为主。关剧对时代与人生进行了真实的描绘，对元代的生活图景进行了全面的展现，对社会现实中一些带有本质意义的问题进行了深刻的揭示。他的杂剧忠实地记录了自己的时代，具有强烈的现实主义精神。同时，关汉卿对人生的热爱，对理想的憧憬，使其作品有时也赋予人物和情节以浪漫主义的色彩，突出了被压迫者的反抗意识和斗争精神，体现了积极乐观的人生态度。

关汉卿是一位熟悉舞台艺术的戏曲家，他的戏曲语言既本色又当行，具有“入耳消融”的特点，没有艰深晦涩的毛病。不像明清时期有些文人剧作，搬弄典故、爱掉书袋。关剧在词曲念白的安排上也恰到好处，曲白相生，自然熨帖，不愧是当时戏曲家中一位“总编修师首”的人物。

赵孟頫

赵孟頫（1254—1322），字子昂，号松雪道人；又号水精宫道人、鸥波。湖州（属今浙江）人，元代著名画家、书法家。

赵孟頫博学多才，能诗善文，懂经济，工书法，精绘艺，擅金石，通律吕，解鉴赏，特别是书法和绘画成就最高，开创了元代新画风，被称为“元人冠冕”。他也善篆、隶、真、行、草书，尤以楷、行书著称于世。其书风遒媚、秀逸，结体严整、笔法圆熟，世称“赵体”。与颜真卿、柳公权、欧阳询并称为“楷书四大家”。

赵孟頫经历了矛盾复杂而荣华尴尬的一生。他作为南宋遗逸而出仕元朝，对此，史书上留下诸多争议。“薄其人遂薄其书”，贬低赵孟頫的书风，根本原因是出自鄙薄赵孟頫的为人。自 5 岁起，赵孟頫就开始学书，几无间日，直至临死前犹观书作字，可谓对书法的酷爱达到情有独钟的地步。赵孟頫传世书迹较多，代表作有《千字文》《洛神赋》《胆巴碑》《兰亭十三跋》《赤壁赋》《道德经》《仇锷墓碑铭》等。著有《尚书注》《松雪斋文集》12 卷等。

赵孟頫的作品提倡古意。历史上每遇沧桑变易之际，文化颇易失范，人们总是以史为鉴，从古代的启示中去寻找医时救弊的良方，如孔子的“克己复礼”、魏晋“竹林七贤”的返璞归真、唐宋的“古文运动”等，重视传统成为中国文化的特色之一。赵孟頫提倡“古意”的出发点亦不例外，他引晋、唐为法鉴，批评南宋险怪霸悍和琐细浓艳之风。不仅如此，作为一位士大夫画家，他却一反北宋以来文人画的墨戏态度，这是十分可贵的。作为价值学原则，赵孟頫既维护了文人画的人格趣味，又摈弃了文人画的游戏态度；作为形态学原则，赵孟頫既创建文人特有的表现形式，又使之无愧于正规画的功力格法，并在绘画的各种画科中进行全面的实践，从而确立了文人画在画坛上成为正规画的地位。应该说，赵孟頫使职业正规画与业余文人画这两种原本对立或并行的绘画传统得以交流融汇，从此，一个以文人画家为主角、以建构文人画图式为主题的绘画新时代拉开了序幕。

赵孟頫的山水画不但将钩斫和渲淡、丹青和水墨、重墨和重笔、师古和创新，乃至高逸的士夫气息与散逸的文人气息融于一体，使“游观山水”向“抒情山水”转化；而且使造境与写意、诗意化与书法化在绘画中得到调和与融洽，为“元季四大家”（黄公望、王蒙、倪瓒、吴镇）那种以诗意化、书法化来抒发隐逸之情的逸格文人画的出现，奠定了坚实的基础。上述这些理论与实践，将赵孟頫推向了开元代绘画风气宗师的地位。

《元史》本传讲，“孟頫篆籀分隶真行草无不冠绝古今，遂以书名天下”。元鲜于枢《困学斋集》称：“子昂篆，隶、真、行、颠草为当代第一，小楷又为子昂诸书第一。”

明人王世贞曾说：“文人画起自东坡，至松雪敞开大门。”这句话基本上客观地道出了赵孟頫在中国绘画史上的地位。不管是研究中国绘画史，还是研究中国文人画史，赵孟頫都是一个不可绕开的关键人物。如果说，唐宋绘画的意趣在于以文学化造境，那么，赵孟頫在其间起到了桥梁作用。如果说，元以前的文人画运动主要表现为舆论上的准备，元以后的文人画运动以其成功的实践逐步取代正规画而演为画坛的主流，那么，引发这种变化的巨擘仍是赵孟頫。

王实甫

王实甫，名德信，大都（今北京）人，元代著名杂剧作家。

王实甫早年曾经为官，宦途坎坷，他常在演出杂剧及歌舞的游艺场所出入，是个不为封建礼法所拘、与倡优（当时的演员）有密切交往的文人。晚年弃官归隐，过着吟风弄月、纵游园林的生活。

王实甫的主要创作活动大约在元成宗元贞、大德年间，这正是元杂剧的鼎盛时期。

王实甫一生共创作了 13 部杂剧，除《崔莺莺待月西厢记》《吕蒙正风雪破窑记》《四大王歌舞丽春堂》留有全本外，还有《苏小卿月夜贩茶船》《韩彩云丝竹芙蓉亭》各1折。其中最著名的《西厢记》共5本，是王实甫的代表作，在元代和明代就为人推重，被称为杂剧之冠。另有少量散曲流传：有小令1首，套曲3种，散见于《中原音韵》《雍熙乐府》《北宫词纪》和《九宫大成》等书中。其中，小令《中吕·十二月过尧民歌》《别情》较有特色，词采旖旎，情思委婉，与《西厢记》的曲词风格相近。

王实甫的《西厢记》被评价为一部“反封建礼教”的作品，其描写了崔莺莺和张君瑞对爱情的热烈追求，更是非常直率甚至是放肆地表述了男子对于美丽女性出于天性的渴望与倾慕，以及女子对这种渴慕的自然回应。这里并没有也不需要多少深刻的思想，而是在人物自然天性的基础上大胆地表现出青年男女之间一见钟情的爱悦，而引起读者或观众的共鸣。同时它也有一个显著的特点，作者很少从观念的冲突上着笔，而是直接切入生活本身，来描绘青年男女对自由的爱情的渴望，情与欲的不可遏制和正当合理，以及青年人的生活愿望与出于势利考虑的家长意志之间的冲突。作品描写了男女主角与封建礼教、封建门阀婚姻制度的矛盾冲突，批判了封建礼教、封建门阀婚姻制度的虚伪性和不合理性，歌颂了青年男女的自由而真挚的爱情，表达了“愿普天下有情人都成眷属”的美好理想，鼓舞了青年男女为争取爱情自由、婚姻自主而抗争。

《西厢记》具有广泛持久的影响。自它问世以来，就得到戏剧家、评论家的高度赞赏。它诞生700年来，被全国多个剧种演唱至今，久演不衰。《西厢记》是我国较早的一部以多本杂剧连演一个故事的剧本，可谓是家喻户晓的一部剧作，在元代就被誉为：“新杂剧，旧传奇，《西厢记》天下夺魁。”

元杂剧一般是一本4折，篇幅比较短小，《西厢记》却突破了杂剧的体制，以5本21折的鸿篇巨制演绎，而一折戏虽然多以一人主唱，但也有若干折由数人轮唱，体现出了作者的创新精神。此外，对戏剧创作，《西厢记》也显示出超凡的影响。其开创的青年男女密约幽期，反抗家长专制，最后走向喜剧大团圆结局的模式，形成了后世的一个基本套路。明清以来，以爱情为题材的戏剧受其影响，几乎是普遍的现象，即使爱情小说，如《红楼梦》也都不同程度地留有《西厢记》的某些印记，至于其他遍及天下的言情小说，受其才子佳人恋爱格局的影响，更是不胜枚举。

《西厢记》不仅受到中国人民的喜爱，而且得到世界人民的欢迎。自19世纪末开始，《西厢记》就被翻译成拉丁文和英文，虽然是零折翻译，但毕竟开始走出国门走向世界。迄今为止，已经有多种文字的译本在各国出现。可见，《西厢记》已经成为世界文学宝库中的一颗明珠。

马致远

马致远（约1251—1321以后），字千里，号东篱。大都（今北京）人，与关汉卿、郑光祖、白朴并称“元曲四大家”，元代著名戏剧家、散曲家。

马致远青年时期仕途坎坷，中年中进士，曾任浙江行省官吏，后在大都任工部主事。晚年因不满时政，隐居田园，以衔杯击缶自娱，死后葬于祖茔。从他的散曲作品中，约略可知他年轻时热衷功名，有“佐国心，拿云手”的政治抱负，但一直没能实现，在经过了“二十年漂泊生涯”之后，他看透了人生的耻辱，遂有了退隐林泉的念头，晚年过着“林间友”“世外客”的闲适生活。

马致远著有杂剧16种，存世的有《江州司马青衫泪》《破幽梦孤雁汉宫秋》《吕洞宾三醉岳阳楼》《半夜雷轰荐福碑》《马丹阳三度任风子》《开坛阐教黄粱梦》《西华山陈抟高卧》7种。其语言清丽，善于把比较朴实自然的语句锤炼得精致而富有表现力，曲文充满强烈的抒情性和主观性。

马致远的散曲，大致可分为四类：写景、叹世、闺情、世相，作者善于运用多种修辞手法和人物形象鲜明等艺术特点。今存散曲约130多首，他的写景作如《秋思》，如诗如画，余韵无穷。其现存辑本《东篱乐府》1卷，收入小令104首，套数17套。其语言雅俗兼备，词采清朗俊雅，豪放中显其飘逸，沉郁中见其通脱。

马致远的《汉宫秋》在传说的基础上再加虚构，把汉和匈奴的关系写成衰弱的汉王朝为强大的匈奴所压迫；把元帝写成一个软弱无能、为群臣所挟制而又多愁善感、深爱王昭君的皇帝；把昭君的结局，写成在汉与匈奴交界处的黑龙江投江自杀。这样，《汉宫秋》成了假借一定的历史背景而加以大量虚构的宫廷爱情悲剧。《汉宫秋》也许包含了一定的民族情绪，但也表现出马致远的基本人生态度，要么是在元朝统治下积极求取功名，要么是视一切价值标准为空幻。《荐福碑》也是马致远的早期剧作，写落魄书生张镐时运不济，一再倒霉，后时来运转，在范仲淹资助下考取状元，飞黄腾达。剧中多处表现出对社会现状的不满，集中反映了作者怀才不遇的牢骚和宿命的人生观，也反映出当时许多文人在社会地位极端低落的处境下的苦闷。

马致远写得最多的是“神仙道化”剧。《岳阳楼》《陈抟高卧》《任风子》以及《黄粱梦》，都是演述全真教事迹，宣扬全真教教义的。这些道教神仙故事，主要倾向都是宣扬浮生若梦、富贵功名不足凭，要人们一空人我是非，摆脱家庭妻小在内的一切羁绊，在山林隐逸和寻仙访道中获得解脱与自由。剧中主张回避现实矛盾，反对人们为争取自身的现实利益而斗争。他的创作对社会现状提出了批判，集中地表现了当时文人的内心矛盾和思想苦闷。对以功名事业为核心的传统价值观提出了否定，把人生的“自适”放在更重要的地位，这也包含着重视个体存在价值的意义。

黄公望

黄公望（1269—1354），本姓陆，名坚；因过继永嘉（今浙江温州）黄氏为义子而改姓名，字子久；因入全真教，号一峰、大痴道人。江苏常熟人。元代全真派道士，著名画家、书法家。

黄公望中年当过中台察院掾吏，因受累入狱，出狱后隐居江湖，皈依“全真教”，在江浙一带卖卜为生。50 岁后始画山水，师法董源、巨然，兼修李成法，得赵孟頫指授。他擅画山水，所作水墨画笔力老道，简淡深厚，又于水墨之上略施淡赭，世称“浅绛山水”。晚年大变其法，自成一家，以草籀笔意入画，气韵雄秀苍劲，与吴镇、倪瓒、王蒙合称“元四家”。

黄公望擅书能诗，撰有《写山水诀》，阐述画理、画法及布局、意境等，为山水画经验创作之谈，有《富春山居图》《九峰雪霁图》《丹崖玉树图》《天池石壁图》等传世之作。其中《富春山居图》代表黄公望一生绘画的最高成就，图为长卷，以浙江富春江为背景，全图用墨淡雅，山峰起伏，境界开阔辽远，雄秀苍莽，简洁清润，疏朗简秀，清爽潇洒，被称为中国十大传世名画之一。在构思时，他跑遍了富春江两岸，用六七年时间才画成，画面表现出秀润淡雅的风貌，气度不凡。为领略山川的情韵，他居常熟虞山时，经常观察虞山朝暮变幻的奇丽景色，得之于心，运之于笔。他的一些山水画素材，就来自于这些山林胜处。他居松江时，观察山水更是到了如痴如醉的地步，有时终日在山中静坐，废寝忘食。此外，他在创作风格上主张学习前人，并提出见到好山好水就随时写生，不被动绘画创作，其“为艺术而艺术”的迷狂心态，值得后人学习。

在元代，黄公望的画名很高，当时著名文人的诗文集中常提到他的画。“元四家”之一倪云林《题黄子久画》说：“本朝画山林水石，高尚书之气韵闲静，赵荣禄之笔墨峻拔，黄子久之逸迈，王叔明之秀润清新，其品第固自有甲、乙之分，然皆予敛衽无间言者。”

元代赵孟頫的绘画全面，风格也多变，无固定面貌。黄公望虽受赵孟頫的影响，但他专意于山水画，水墨纷披，苍率潇洒，境界高旷，皆超出赵孟頫之上。可以说南宋山水画之变，始于赵孟頫，成于黄公望，遂为百代之师。继赵孟頫之后，黄公望彻底改变了南宋后期院画陈陈相因的积习，开创了一代风貌。此外，黄公望《写山水诀》谓“近代作画，多宗董源、李成二家”，他把董、巨一派山水画推向画坛主流地位，更以自己的实践影响后人。至元末，董源画派已成为中国山水画的泰斗。可以说，经过黄公望的努力，开拓了一个学董为风的时代，使这个本来不大受人重视的画派得以发扬光大，彻底变革了“南宋院体”的画风。

贯云石

贯云石（1286—1324），字浮岑，号成斋、疏仙、酸斋，又号芦花道人；原名小云石海涯，元朝畏兀儿人。著名诗人、散文作家。

贯云石出身武官家庭，早年做了几年世袭的官爵——两淮万户府的达鲁花赤，后让爵于弟，北上从姚燧学。贯云石善书法、草隶等书，变化古人，自成一家，诗文亦有一定成就，尤以散曲最著。

贯云石做过翰林学士，深受汉族的思想与文学的影响，爱慕江南风物，憧憬恬静闲适的生活，仕途本颇顺利，却有飘然世外之志，后辞官隐居杭州一带，改名“易服”，在钱塘卖药为生。

近人任讷将贯云石与徐再思作品合辑为《酸甜乐府》，得其小令 86 首，套曲 9 首。贯云石的散曲以写山林逸乐生活与男女恋情为主。作品风格基本上属豪放派，以清俊见长。风格形成与他出身西域武官家庭有关，同时也染上了江南文学清秀媚丽的色彩。他啸傲山林的作品尤为飘逸俊放，此外也有一些清丽端谨的作品。贯云石的散曲在当时最为俊逸当行，歌唱起来，响彻云霄。他的情词则清新警切，善于学习俗谣俚曲的长处，以白描手法取胜，颇有情致。

贯云石仕途本颇顺利，却有飘然世外之志，为人疏放旷达。1314 年秋天，贯云石南游途中经过梁山泊。他喜爱那里一个渔翁的芦花絮做成的被子，渔翁要他用诗来交换。贯云石略加思索，吟出了一首七律诗《芦花被》，这首诗广为流传，贯云石用它换取芦花被的事也传为佳话。贯云石干脆又取了“芦花道人”的别号，并写道：“清风荷叶杯，明月芦花被，乾坤静中心似水”，宣布了自己和名利场的决绝，开始了十年浪迹江湖、专心创作的新生活。春去秋来，贯云石登扬州明月楼填词，到淮南鲁港驿题诗，西下洞庭览胜境，东临普陀观日出。这种壮游万里的生活，使他创作出《采石歌》《君山行》《观日行》等优秀诗篇。他在诗中讴歌大好河山，凭吊历史上的杰出人物，抒发对家乡与亲人的爱恋，也表达了愿意摒弃荣华富贵、过恬静淡泊生活的愿望。这些作品感情真挚，风格清新秀丽，使他成为元诗中“绮丽清新之派”的代表人物。

贯云石除了善于创作散曲之外，在唱曲方面也很有研究。据说对于元朝时代盛极一时的海盐腔的发展，贯云石曾经做出了重大的贡献。海盐腔是南曲中的一个流派，当时形成于钱塘江附近的海盐地区。贯云石长期生活在钱塘江一带，对海盐腔发展的贡献，就在于他善于取之于民间，经过他的“去粗取精”的加工提炼，使之提高一步，然后再还之于民间，这就是他的功绩所在。据说其影响在我们今天看到的昆曲，甚至京戏里，还依然可见。所以，贯云石对于中国文化艺术事业的发展，特别是对于文学戏曲的发展有着杰出贡献。

王冕

王冕（1287—1359），字元章，一字元肃，号煮石山农。浙江诸暨（今属浙江）人，元代著名诗人、画家、篆刻家。

王冕出身农家，幼年丧父，在家放牛，每天利用放牛的时间画荷花，晚至寺院长明灯下读书。其学识深邃，能诗擅画。后隐居会稽九里山水南村，种梅千枝，筑茅庐三间，题为“梅花屋”，自号梅花屋主，以卖画为生，制小舟名之曰“浮萍轩”，放于鉴湖之阿，听其所止。王冕一生中的大部分时间，就是在这么一个充满着诗情画意的山村中度过的，朴实的生活与清幽的山水孕育了他热爱生活的性格，赋予他的诗画创作以浓厚的生活气息。元惠宗至正十九年（1359），朱元璋以兵请王冕为官。王冕以出家相拒，并扩室为白云寺。旋卒于兰亭天章寺。

王冕以画墨梅开创写意新风，画梅以胭脂作梅花骨体，或花密枝繁，别具风格；亦善写竹石；兼能刻印，用花乳石作印材，相传是他始创。

王冕以画梅著称，一生爱好梅花，种梅、咏梅，亦善画竹。存世画迹有《三君子图》《墨梅图》，他画的梅简练洒脱，别具一格。其《墨梅图卷》画横向折枝墨梅，笔意简逸，枝干挺秀，穿插得势，构图清新悦目。用墨浓淡相宜，花朵的盛开、渐开、含苞都显得清润洒脱，生机盎然。其笔力挺劲，勾花创独特的顿挫方法，虽不设色，却能把梅花的含笑盈枝，生动地刻画出来，不仅表现了梅花的天然神韵，而且寄寓了画家那种高标孤洁的思想感情。加上作者那首脍炙人口的七言题画诗，诗情画意交相辉映，使这幅画成为不朽的传世名作。王冕也擅写诗，代表作有《伤亭户》《江南妇》《对景吟》《吴姬曲》《墨梅》《剑歌行次韵》等。他对中国绘画艺术有着杰出的贡献。

施耐庵

施耐庵，本名彦端，字肇瑞，号子安，别号耐庵。钱塘（今浙江杭州）人。元末明初著名作家。

施耐庵是孔子七十二弟子之一施之常后裔，唐末施之常后人在苏州为家。其父名为元德，操舟为业，母亲卞氏。施耐庵自幼聪明好学，才气过人，事亲至孝，为人仗义。19 岁中秀才，29 岁中举人，35 岁与刘伯温同榜中进士。不久任钱塘县尹，因替穷人辩冤纠枉遭县官的训斥，遂辞官回家。后入江阴祝塘财主徐骐家中坐馆，除了教书以外，还与拜他为师的罗贯中一起研究《三国演义》《三遂平妖传》的创作，搜集、整理北宋末年以宋江为首的 108 人在水泊梁山起义的故事，为撰写《江湖豪客传》准备素材。至正二十七年（1367），朱元璋灭张士诚后，到处侦查张士诚的部属。为避免麻烦，施耐庵征求兴化好友顾逖的意见，在白驹修了房屋，从此隐居，专心于《江湖豪客传》的创作。《江湖豪客传》成书后，定名为《水浒传》。

《水浒传》在艺术上取得了杰出的成就。人物形象的塑造能写出复杂的性格内容，人物性格的形成有环境的依据，同时随生活环境的变化而发展。人物形象带有理想色彩，同时又深深地扎根于生活的土壤之中。《水浒传》不单以情节的生动紧张取胜，还有较丰富真实的细节描写。

《水浒传》通常被评价为一部正面反映和歌颂农民起义的小说。用封建统治者的眼光来衡量，梁山上的人们当然只能算是“盗贼流寇”之流。小说要公开歌颂这样的“盗贼流寇”，并为社会所接受乃至喜爱，首先必须为他们的行为提出一种至少在某种程度上合乎社会传统观念的解释，赋予这些英雄好汉一种为社会所普遍认可的道德品格，在这种总的前提之下，来描绘他们的反抗斗争。

《水浒传》中所描写的起义军的政治主张，虽然说得不十分明确，却可以看到他们有着“八方共域，异姓一家”，不管什么出身“都一般儿哥弟称呼，不分贵贱”的理想。联系到他们“杀富济贫”的行动，表现了人民反对封建经济的贫富悬殊和政治上的等级贵贱之分，反对封建社会的阶级剥削和政治压迫，这是对封建地主阶级统治思想的宣战，反映了广大受压迫人民的愿望。

《水浒传》最值得称道的地方，无疑是在人物形象的塑造方面。作者以其对社会生活的广泛了解、深刻的人生体验和丰富活跃的艺术想象，加上前面所说的语言和结构的长处，在这方面达到了前所未有的成就。《水浒传》的一大特点，就是人物众多而人物各自的身份、经历又各异，因而表现出各自不同的个性。武松的勇武豪爽，鲁智深的疾恶如仇、暴烈如火，李逵的纯任天真、戆直鲁莽，林冲的刚烈正直，无不栩栩如生，使人过目难忘。作为梁山第一号人物的宋江，由于作者把相互冲突的江湖道德和正统道德加在他一个人身上，有些地方是显得观念化的。但透过一些不成功的笔墨，这个人物仍有其鲜明的特征：社会地位不高而胸怀远大，在正常的读书做官的轨道上难以求得成功，终于成为草莽英雄。历史上一些造反武装的领袖，很多是这一种类型。虽然《水浒传》所写的英雄人物，性格倾向十分强烈，性格特征十分鲜明，性格的复杂性和前后变化较少，但这并不能简单地说成是“缺点”。因为《水浒传》本身是一部带有传奇性的小说，它的人物是理想化的人物，用浓墨重彩描绘出这些人物，显示其非凡的气质，以求强烈地打动读者，使之得到一种精神上的鼓舞。

《水浒传》具有语言艺术的巨大成就。它和《三国演义》是先后相隔不久出现的我国最早的长篇小说，但两者的语言却有差异。《三国演义》由于受史料的牵制，是一种文白相杂的语言；《水浒传》虽然依托于史实，但人物情节几乎完全出于创作，用的是纯粹的白话。白话文虽在唐代变文和话本中就开始运用，但还是文白相杂、粗糙简朴；元话本中一些较好的作品在运用白话上有明显进步，但成就和影响都还有限。《水浒传》堪称是中国白话文学的一座里程碑。此前的文言小说虽然也能写得精美雅致，但终究是脱离口语的书面语言，要做到“绘声绘色、惟妙惟肖”八字总是困难的。《水浒传》的作者施耐庵以很高的文化修养，驾驭流利纯熟的白话，来刻画人物的性格，描述各种场景，显得极其生动活泼。特别是写人物对话时，更是闻其声如见其人，其效果是文言所不可能达到的。有了《水浒传》，白话文体在小说创作方面的优势得到了完全的确立，这在整个中国文学史上的意义极为深远。

罗贯中

罗贯中（约1330—约1400），名本，字贯中，号湖海散人。山西太原人。元末明初著名小说家、戏曲家，章回小说的鼻祖。

罗贯中14岁时母亲病故，于是辍学随父亲去苏州、杭州一带做生意。元朝末年，天下大乱，群雄并起，罗贯中也曾参与其中。“有志图王”的罗贯中在苏州结识了施耐庵，以师徒相称，两人一同参加位于平江（即苏州）的张士诚反元起义政权，做过一段时间幕僚后离开。由于曾与另一位吴王朱元璋为敌，在明朝建立之后，罗贯中放弃了读书人步入官场的机会，其“图王”未果，发愤著书。

罗贯中是中国文学史上一位有特殊贡献的作家。他一生著作颇丰，主要作品有：剧本《宋太祖龙虎风云会》《忠正孝子连环谏》《三平章死哭蜚虎子》；小说《隋唐两朝志传》《残唐五代史演义》《三遂平妖传》《粉妆楼》和与施耐庵合著的《水浒传》，代表作有《三国演义》（全名《三国志通俗演义》）、《隋唐两朝志传》等。其中《三国演义》成书几百年来享有崇高之极的地位，被称之为“第一才子书”，或“第一奇书”，它把历史和文学自然结合，有现实的描绘，又充满了浪漫主义的传奇色彩，标志着我国古代小说从“话本”阶段向长篇章回体过渡的完成，揭开了我国小说发展历史崭新的一页。它是中国第一部流传最广、影响最深、成就最高、气魄最大的章回体古典小说，在我国文学发展史上建树了不可磨灭的伟大功绩，也为世界文学的宝库增添了灿烂的光彩。

《三国演义》有着不俗的军事意义，其提供了丰富的战争经验和各种军事科学知识，对战争的描写，是很出色的。写官渡之战，先介绍两军力量的对比。袁绍兵多粮足，拥军七十万。而曹操兵少粮缺，只有七万人。但是战争胜败不但决定于客观军事力量的强弱，而且还决定于主观指挥是否正确。继而再攻，各个击破。相反，袁绍自恃强大，没有利用兵多粮足的优势、结果大败而归，实在是指挥不当。这是一次以少胜多的典型战例。其他如赤壁鏖兵、夷陵之战等，都写得有声有色，雄伟壮阔，引人入胜。同时，也为后人提供了丰富的战略战术经验和教训。后来，农民起义的将领们把《三国演义》当作军事教科书来学习、运用。《三国演义》中，有关政治、外交、思想、道德等方面的内容，也是极为丰富的。读者从中也将获益不浅。

《三国演义》文学艺术性影响也很高，它塑造了一大群鲜明生动、有生命力的人物形象，是一部艺术性很高的作品，罗贯中也因此获得了在中国文学史上的重要地位。自罗贯中把三国历史写成小说以来，文人纷纷效法。各取中国历史一段，写成各种历史小说。于是，在中国文学史上，历史小说便蔚然成为一大潮流，明代比较有名的历史小说，就有《东周列国志》《杨家将演义》《说唐》《精忠传》等。直到现在，中国几千年的历史，已写成了各种历史小说。近几年出版的《五千年演义》等，无不是对罗贯中历史演义的继承和发展。

唐寅

唐寅（1470—1523），字伯虎，一字子畏，号六如居士、桃花庵主、鲁国唐生、逃禅仙吏等。吴县（今江苏苏州）人，明代著名画家。

据传，唐寅生于明宪宗成化六年（1470）庚寅年寅月寅日寅时，故名唐寅。唐寅才气横溢，诗文擅名，与祝允明、文徵明、徐祯卿并称“江南四大才子（吴门四才子）”；画名更著，与沈周、文徵明、仇英并称“吴门四家”。

唐寅出身商人家庭，父亲唐广德，母亲邱氏。自幼聪明伶俐，20 余岁时家中连遭不幸，父母、妻子、妹妹相继去世，家境衰败，在好友祝允明的规劝下潜心读书。29 岁参加应天府公试，得中第一名“解元”。30 岁赴京会试，却受考场舞弊案牵连被斥为吏。此后遂绝意进取，以卖画为生。正德九年（1514），曾应宁王朱宸濠之请赴南昌半年余，后察觉宁王图谋不轨，遂装疯甚至在大街上裸奔才得以脱身而归。晚年生活困顿，54 岁即病逝。

历史上的唐伯虎尽管才华出众，有理想抱负，是位天才的画家，但其愤世嫉俗的狂傲性格不容于社会。他一生坎坷，穷困潦倒而死。他临终时写的绝笔诗就表露了其刻骨铭心的留恋人间而又愤恨厌世的复杂心情："生在阳间有散场，死归地府又何妨。阳间地府俱相似，只当飘流在异乡。"

历史上的唐伯虎确有一些狂放不羁的行为，如酗酒、狎妓、傲倨、玩世不恭，他的自暴自弃实际上反映着对封建社会的不满。这正如徐文长的狷介被人们曲解视为"狂生"一样，那都是因为封建社会科举制度扼杀了人才，是在人格上的一种变态反应。数百年来唐伯虎就是以这样一个优游于山水、闲情于风月的玩世不恭的形象出现的，把其真实形象极大地歪曲了。

唐寅擅山水、人物、花鸟，其山水早年随周臣学画，后师法李唐、刘松年，加以变化，画中山重岭复，以小斧劈皴为之，雄伟险峻，而笔墨细秀，布局疏朗，风格秀逸清俊。人物画多为仕女及历史故事，师承唐代传统，线条清细，色彩艳丽清雅，体态优美，造型准确；亦工写意人物，笔简意赅，饶有意趣。其花鸟画，长于水墨写意，洒脱随意，格调秀逸。除绘画外，唐寅亦工书法，取法赵孟頫，书风奇峭俊秀。有《骑驴思归图》《山路松声图》《事茗图》《王蜀宫妓图》《李端端落籍图》《秋风纨扇图》《百美图》《枯槎鸜鹆图》《两岸峰青图》等绘画作品传世。

唐寅文学上亦富有成就。工诗文，据不完全的统计，其所作诗有600余首。其诗多纪游、题画、感怀之作，以表达狂放和孤傲的心境，以及对世态炎凉的感慨，以俚语、俗语入诗，通俗易懂，语浅意隽。著有《六如居士集》，清人辑有《六如居士全集》。唐寅诗风相当特别，据说他早年曾下苦工钻研过《昭明文选》，因此早年作品工整妍丽，很接近六朝的气息。泄题案以后的诗作，多描写自己的处境，写起来情真意挚，自然流畅。他的诗作有《百忍歌》《上吴天官书》《江南四季歌》《桃花庵歌》《一年歌》《闲中歌》等。唐寅诗文真切平易，不拘成法，大量采用口语，意境清新，对人生、社会常常怀着傲岸不平之气。

唐寅也尝作曲，多采用民歌形式；他诗文、书法的造诣很深，在诗书画有机结合方面也作出了新的贡献。

吴承恩

吴承恩（约1500—约1582），字汝忠，号射阳山人；以祖先聚居安徽桐城高甸，故称高甸吴氏。淮安府山阳县（今江苏淮安市楚州区）人。明代杰出小说家。

吴承恩出身于一个由下级官吏沦落为小商人的家庭，他的父亲吴锐性格乐观旷达，奉行常乐哲学，为他取名承恩，字汝忠，意思希望他能读书做官，上承皇恩，下泽黎民，做一个青史留名的忠臣。

吴承恩自幼聪慧，喜读稗官野史、志怪小说，这对他创作《西游记》有着重大影响。朱应登认为他“可尽读天下书”，而“以家所藏图史分其半与之”，嘉靖二十九年（1550）大约50岁才补得一个岁贡生，到北京等待分配官职，没有被选上；6年后，由于母老家贫，做了浙江长兴县丞，常与友人朱曰藩豪饮，寄趣于诗酒之间，和嘉靖状元沈坤、诗人徐中行有往来。终因受人诬告，两年后“拂袖而归”，官场的失意，生活的困顿，使他加深了对封建科举制度、黑暗社会现实的认识，促使他运用志怪小说的形式来表达内心的不满和愤懑。晚年以卖文为生，晚景凄凉。

吴承恩杰出的长篇神魔小说《西游记》以唐代玄奘和尚赴天竺取经的经历为蓝本，在《大唐西域记》《大唐慈恩寺三藏法师传》等作品的基础上，经过整理、构思最终写定。作品借助神话人物抒发了作者对现实的不满和改变现实的愿望，折射出作者渴望建立“君贤神明”的王道治国的政治理想。小说借助唐僧师徒在取经路上经历的八十一难影射出人间现实社会的种种情况。小说想象大胆，构思新奇，在人物上，采用人、神、兽三位一体的塑造方法，创造出孙悟空、猪八戒等不朽的艺术形象。全书组织严密，繁而不乱，语言活泼生动且夹杂方言俗语，富于生活气息。主题上冲淡了故事原有的宗教色彩，大大丰富了作品的现实内容，作品讽刺幽默，呈现出不同于以往取经故事的独特风格，具有民主倾向和时代特点。

《西游记》的出现，开辟了神魔长篇章回小说的新门类，书中善意的嘲笑、辛辣的讽刺与严肃的批判巧妙结合的特点直接影响着讽刺小说的发展。《西游记》是古代长篇小说浪漫主义的高峰，在世界文学史上，它也是浪漫主义的杰作。《美国百科全书》认为它是“一部具有丰富内容和光辉思想的神话小说”；《法国大百科全书》说：“全书故事的描写充满幽默和风趣，给读者以浓厚的兴味。”从 19 世纪开始，它被翻译为日、英、法、德、俄等十来种文字流行于世。

《天启淮安府志》评价吴承恩“性敏而多慧，博极群书，为诗文下笔立成，清雅流丽，有秦少游之风。复善谐谑，所著杂记几种，名震一时”，不过这是他死后的事了。他一生创作丰富，但是由于家贫，又没有子女，作品多散失。据记载，有志怪小说集《禹鼎志》已失传，只遗留丘度辑的《射阳先生存稿》4 卷。

汤显祖

汤显祖（1550—1616），字义仍，号海若、清远道人、若士。江西临川（今江西抚州）人，明代戏曲家、文学家。

汤显祖出身于书香门第，从小便饱读诗书。万历五年（1577）、万历八年（1580）汤显祖进京赶考，因不肯接受首辅张居正的拉拢，结果都落第。直到万历十一年（1583），他 33 岁时，即张居正死后次年，才考中进士。汤显祖中了进士后，仍不肯趋附新任首辅申时行，故仅能在南京任虚职。在职期间，与东林党人交往甚密。万历十九年（1591），他写了《论辅臣科臣疏》，揭发时政积弊，抨击朝廷，弹劾大臣，因而触怒了神宗皇帝，之后被谪迁雷州半岛的徐闻县为典史。后又调任浙江遂昌知县。汤显祖在地方为官清廉，体恤民情，深得民心，但最终还是因不满朝政腐败，于万历二十六年（1598）弃官回乡，在临川建了一座闲居，号“玉茗堂”，从此致力于戏剧和文学创作活动，终其一生。

汤显祖著有《紫箫记》（后改为《紫钗记》）、《牡丹亭》（又名《还魂记》）、《南柯记》《邯郸记》；诗文《玉茗堂四梦》《玉茗堂文集》《玉茗堂尺牍》《红泉逸草》《问棘邮草》；小说《续虞初新志》等。因为《牡丹亭》《紫钗记》《南柯记》《邯郸记》这四部戏都与“梦”有关，所以被合称为“临川四梦”。“四梦”其代表作品，以《牡丹亭》最为著名。在戏曲史上，和关汉卿、王实甫齐名，在中国乃至世界文学史上都有着重要的地位，被誉为“东方的莎士比亚”。其创作植根于现实生活的土壤，同时又显示出高度的浪漫主义精神。

《牡丹亭》共55出，写杜丽娘和柳梦梅的爱情故事，其中不少情节取自话本《杜丽娘慕色还魂》（见《燕居笔记》）。和话本相比，《牡丹亭》不仅在情节和描写上作了较大改动，而且主题思想有极大的提高。剧情梗概是：贫寒书生柳梦梅梦见在一座花园的梅树下立着一位佳人，说同他有姻缘之分，从此经常思念她。南安太守杜宝之女名丽娘，才貌端妍，从师陈最良读书。她由《诗经·关雎》章而伤春寻春，从花园回来后在昏昏睡梦中见一书生持半枝垂柳前来求爱，两人在牡丹亭畔幽会。杜丽娘从此愁闷消瘦，一病不起。她在弥留之际要求母亲把她葬在花园的梅树下，嘱咐丫环春香将其自画像藏在太湖石底。其父升任淮阳安抚使，委托陈最良葬女并修建“梅花庵观”。3年后，柳梦梅赴京应试，借宿梅花观中，在太湖石下拾得杜丽娘画像，发现就是梦中见到的佳人。杜丽娘魂游后园，和柳梦梅再度幽会。柳梦梅掘墓开棺，杜丽娘起死回生，两人结为夫妻。《牡丹亭》比同时代的爱情剧高出一筹。剧中关于杜丽娘、柳梦梅在梦中第二次见面就相好幽会，杜丽娘鬼魂和情人同居，还魂后才正式“拜告天地”成婚的描写；关于杜丽娘不是死于爱情的被破坏，而是由于梦中获得的爱情在现实中难以寻觅，一时感伤而死，也即所谓“慕色而亡”的描写，都使它别具一格，显示了要求个性解放的思想倾向和浪漫夸张的艺术手法。

《邯郸记》共30出，据唐代沈既济的传奇小说《枕中记》改编，曲词比较朴素。写卢生一贫如洗，在邯郸道旅舍中遇道士吕洞宾授他一枕，即入梦中。卧枕时旅舍主人方蒸黄粱。卢生在梦中得娶名门女子，中进士，当了20年宰相，封国公，食邑5000户，官加上柱国太师。他的子孙也一齐高升。一梦醒来，黄粱方熟，卢生遂悟破人生，随吕洞宾出家。剧中描写卢生的煊赫声势，较之《枕中记》展开了更多的描绘。对卢生的卑劣手段，如倚仗妻子有钱去贿通官僚勋贵，以及中状元等刻画，便是属于汤显祖的创造。卢生享尽荣华富贵，在临死之际，还一心思念身后的赠谥和青史留名。作品揭示和批判了封建官僚由发迹到死亡的丑恶历史。在很大程度上反映了明代官场的黑暗。这里融和着汤显祖在多年仕宦经历中和对社会的观察中所感受到的官场倾轧、科举腐败和官僚奢侈等情况。

《南柯记》共44出，据唐代李公佐的传奇小说《南柯太守传》改编。叙写淳于棼酒醉后梦入槐安国（即蚂蚁国）被招为驸马，和瑶芳公主成婚。后任南柯太守，政绩卓著。公主死后，召还宫中，加封左相。他权倾一时，淫乱无度，终于被逐。醒来却是一梦，被契玄禅师度出家。和《南柯太守传》相比，此剧在描写中更多地揭露了朝廷的骄奢淫逸、文人的奉承献媚等。

《紫钗记》共53出，系据《紫箫记》改作。作者在情节上改动数处：娼妓身份的霍小玉改为良家女子；经人撮合改为李益由拾钗而识小玉；批判负心汉改为歌颂李益和小玉在爱情上的坚贞，而阻挠他们婚姻的是卢太尉；把黄衫客写成一个与宫廷有密切关系的十分有权势的人物。辞藻华丽，但也有疏隽处。《堕钗灯影》写霍小玉和李益相会时又惊又羞又喜的初恋之情，细致传神；《冻卖珠钗》写霍小玉的痴情，相当动人。《折柳阳关》《玉工伤感》《怒撒金钱》等出写人物心理，结合氛围衬托，也很成功。

汤显祖不仅于古文诗词颇精，而且能通天文地理、医药卜筮诸书。26岁时刊印第一部诗集《红泉逸草》，次年又刊印诗集《雍藻》（未传），第三部诗集名《问棘邮草》。另作小说《续虞初新志》。

冯梦龙

冯梦龙（1574—1646），字犹龙，又字公鱼、子犹、耳犹，号龙子犹、墨憨斋主人、吴下词奴、姑苏词奴、前周柱史、顾曲散人、绿天馆主人等。长洲（今江苏苏州）人，明代文学家、戏曲家。

冯梦龙出身名门世家，其兄（冯梦桂）弟（冯梦熊）三人被称为“吴下三冯”。冯梦龙以其对小说、戏曲、民歌、笑话等通俗文学的创作、搜集、整理、编辑，为我国文学作出了独异的贡献。他一生有涉及面如此广、数量如此多的著作，这除了和他本人的志趣和才华有关外，也和他一生的经历密不可分。冯梦龙从小好读书，他的童年和青年时代与封建社会的许多读书人一样，把主要精力放在诵读经史以应科举上。然而他的科举道路却十分坎坷，屡试不中，后来在家中著书。因热恋一个叫侯慧卿的歌妓，与苏州的茶坊酒楼下层生活频繁接触，为他熟悉民间文学提供了第一手的资料。他的《挂枝儿》《山歌》民歌集就是在那时创作的。直到崇祯三年（1630），他 57 岁时，才补为贡生，次年破例授丹徒训导。七年（1634）升任福建寿宁知县。4 年以后回到家乡。在天下动荡的局势中，在清兵南下时，还以七十高龄，奔走反清，他积极进行宣传，刊行《中兴伟略》诸书。

冯梦龙善写诗文，但主要精力在于写历史小说和言情小说，他自己的诗集今也不存，值得庆幸的是由他编纂的 30 种著作得以传世，为中国文化宝库留下了一批不朽的珍宝。辑有话本集《喻世明言》《警世通言》《醒世恒言》，世称“三言”；编有时调集《挂枝儿》《儿歌》，散曲集《太霞新奏》；笔记小品类《智囊》《古今谈概》《情史类略》等，并改写小说《新平妖传》《新列国志》；戏曲创作有传奇剧本《双雄记》，并修改汤显祖、李玉、袁于令诸人作品多种，合称《墨憨斋传奇定本》。最有名的作品为“三言”，与凌濛初的《初刻拍案惊奇》《二刻拍案惊奇》合称“三言两拍”，是中国白话短篇小说的经典代表。

冯梦龙编选的“三言”代表了明代拟话本的成就，是中国古代白话短篇小说的宝库。这三部小说集相继辑成并刊刻于明代天启年间。“三言”各 40 篇，共 120 篇，约三分之一是宋元话本，三分之二是明代拟话本。

此外，《智囊》《古今谈概》《情史类略》三部书，可谓冯梦龙在“三言”之外的又一个“三部曲”系列的小说类书。《智囊》之旨在“益智”，《古今谈概》之旨在“疗腐”，《情史》之旨在“情教”，均表达了冯梦龙对世事的关心。而《智囊》是其中最具社会政治特色和实用价值的故事集。

冯梦龙“三言”的思想内容很复杂，主要表现以下几方面：

1. 通过动人的爱情故事，描写了被压迫妇女追求幸福生活的愿望，抨击了封建制度对妇女的压迫。《杜十娘怒沉百宝箱》是其中最优秀的一篇，也是明代拟话本中成就最高的作品。

2. 描写封建统治阶级内部斗争，表现了人民对封建统治者罪恶的愤怒谴责。明中叶后，封建统治阶级更趋腐朽，统治集团内部的斗争也更为激烈，这是产生这些作品的现实土壤。《沈小霞相会出师表》就是直接反映当时统治阶级内部忠奸斗争的作品，对封建统治者的揭露和批判却极为深刻。小说中出现的浪漫主义情节，正是表达了当时人民群众反抗封建压迫的意志。

3. 歌颂友谊，斥责背信弃义的行为。这类作品的大批出现，说明了当时政治的黑暗，社会风气的恶劣，也反映了明中叶后城市工商业的繁荣，市民阶层的壮大。这些作品中所描写的“友谊”的内容，虽然还不是新的东西，但体现这种“友谊”的主人公并不局限于文人，出现了手工业者，这是一种新的现象，在一定程度上反映了时代的特征。

在戏曲表演艺术方面，冯梦龙也有不少精湛之论。他在《双雄记·序》中提出，“歌者”必须识别调的宫商，音的清浊，不能“弄声随意”“唇舌齿喉之无辨”。在更定传奇的眉评中，也时时“提示”演员，何处是“精神结穴”处，戏要做足，何曲演时不宜删略。要求演员应认真领会角色的思想感情、气质风度以及其所处的艺术环境，演出神情和个性来。这表明冯梦龙在有意地探讨表演艺术的规律，并从理论上作了一些总结，像《春香闹学》《游园惊梦》《拾画叫画》等著名昆曲剧目，便有采用冯梦龙定本的地方。冯梦龙更定传奇的工作，对于纠正创作脱离舞台的案头化偏向，繁荣明末戏曲，起了一定的积极作用。

总之，冯梦龙在小说、戏曲、文艺理论上都作出了杰出贡献，在中国文学史上具有重要的地位。

八大山人

八大山人（1626—1705），姓朱名耷，本名朱由桵，字雪个，号八大山人、个山、人屋等。江西南昌人。明末清初画家、书法家，清初画坛“四僧”之一，中国画一代宗师。

朱耷为明宁献王朱权九世孙，父祖都善书画，因此他从小就受到艺术陶冶。8 岁能作诗，11 岁能画青山绿水，少时还能悬腕写米家小楷。弱冠为诸生。

明亡以后，他抱着对清王朝不满的态度，在奉新县耕香寺落发为僧，时年 23 岁。后隐居进贤县介冈及永丰县睦冈等地。

顺治末年，当他 36 岁时归南昌，回到青云谱道院，花了六七年时间，才使这座道院粗具规模，并在这里过着“一衲无余”与“吾侣徒耕田凿井”的劳动生活。他想把这里改造成一块世外桃源，以求达到他向来“欲觅一个自在场头”的愿望。但这个“自在场头”毕竟是建立在清王朝统治之下，“门外不必来车马”是不可能的。因为有清朝权贵来此骚扰，他便常浪迹他方。

康熙十七年（1678），他 53 岁时，临川县令胡亦堂闻其名，便延请他随其僧长饶宇朴等到临川官舍作客年余。这使他十分苦恼郁愤，遂佯为疯癫，撕裂僧服，独自走回南昌。

一年多后，他又回到青云谱，并在这里度过“花甲华诞”。当他 62 岁时，不再做住持，便把道院交给他的道徒涂若愚主持。后又隐避在南昌附近的北竺寺、开元观等处，并常卖画度日。后来自筑陋室，名“寤歌草堂”，孤寂贫寒地度过了晚年。

朱耷的画作在国内外备受推崇，并在世界画坛引起了很大的反响，如：《孔雀竹石图》《孤禽图》《眠鸭图》《猫石杂卉图》，以及《荷塘戏禽图卷》《河上花并题图卷》《鱼鸭图卷》《莲花鱼乐图卷》《杂花图卷》《杨柳浴禽图轴》《芙蓉芦雁图轴》《大石游鱼图轴》《双鹰图轴》《古梅图轴》《墨松图轴》《秋荷图轴》《芭蕉竹石图轴》《椿鹿图轴》《快雪时晴图轴》《幽溪泛舟图轴》《四帧绢本浅绛山水大屏》等。书法方面有《临兰亭序轴》《临“临河叙”四屏》，以及各大家法帖和行草诗书轴册等，都在国内外的博物馆、院中珍藏。

朱耷擅花鸟、山水，其花鸟承袭陈淳、徐渭写意花鸟画的传统。发展为阔笔大写意画法，其特点是通过象征寓意的手法，并对所画的花鸟、鱼虫进行夸张，以其奇特的形象和简练的造型，使画中形象突出，主题鲜明，甚至将鸟、鱼的眼睛画成“白眼向人”，以此来表现自己孤傲不群、愤世嫉俗的性格，从而创造了一种前所未有的花鸟造型。

画山水，多取荒寒萧疏之景，残山剩水，抑塞之情溢于纸素，可谓“墨点无多泪点多，山河仍为旧山河”，“想见时人解图画，一峰还写宋山河”，可见朱耷寄情于画，以书画表达对旧王朝的眷恋。

朱耷的画笔墨简朴豪放、苍劲率意、淋漓酣畅，构图疏简、奇险，风格雄奇朴茂。他的山水画初师董其昌，后又上窥黄公望、倪瓒，多作水墨山水，笔墨质朴雄健，意境荒凉寂寥。亦长于书法，擅长行书、草书，宗法王羲之、王献之、颜真卿、董其昌等，以秃笔作书，风格流畅秀健。

朱耷以绘画为中心，对于书法、诗跋、篆刻也都有很高的造诣。在绘画上他以大笔水墨写意画著称，并善于泼墨，尤以花鸟画称美于世。

朱耷在创作上取法自然，笔墨简练，大气磅礴，独具新意，创造了高旷纵横的风格。300 年来，凡大笔写意画派都或多或少受了他的影响。清代张庚评他的画达到了“拙规矩于方圆，鄙精研于彩绘”的境界。他作画主张“省”，有时满幅大纸只画一鸟或一石，寥寥数笔，神情毕具。他的书法具有劲健秀畅的气格。他的篆刻形体古朴，独成格局。

蒲松龄

蒲松龄（1640—1715），字留仙，一字剑臣，别号柳泉居士，世称聊斋先生，自称异史氏。今山东淄博市淄川区洪山镇蒲家庄人。清代著名文学家。

蒲松龄出身在一个世代书香却功名不显的家庭，自幼聪明，学识渊博，19 岁时就以县、府、道三个第一考中秀才，在当地很有文名。他热衷功名，希望能通过科举进入仕途。但考了几十年，连一个举人也没考中，直到 72 岁才被破格提拔为岁贡生，但这对当时年过古稀的蒲松龄来讲已经没有实质性意义了。从一开始对科举的热衷，到后来的失败，使蒲松龄对科举考试制度的腐败和弊端以及落第的内心痛苦，都有深刻的体验。这就使得揭露和批判科举考试制度，成为《聊斋志异》的重要内容。为生活所迫，他除了应同邑人宝应县知县孙蕙之请，为其做幕宾数年之外，主要是在本县西铺村毕际友家做塾师，舌耕笔耘近40年，直至1709年方撤帐归家。

蒲松龄被称为“中国短篇小说之王”，倾其毕生精力完成著作《聊斋志异》8卷、491篇，约40余万字。内容丰富多彩，故事多采自民间传说和野史轶闻，写的是一些花妖狐魅的故事，充满了奇思异想，将花妖狐魅和幽冥世界的事物人格化、社会化，充分表达了作者的爱憎感情和美好理想。作品继承和发展了我国文学中志怪传奇文学的优秀传统和表现手法，情节幻异曲折，跌宕多变，文笔简练，叙次井然，被誉为我国古代文言短篇小说中成就最高的作品集。

除《聊斋志异》外，蒲松龄还有大量诗文、戏剧、俚曲以及有关农业、医药方面的著述存世。计有文集13卷，400余篇；诗集6卷，1000余首；词1卷，100余阕；戏本3出（《考词九转货郎儿》《钟妹庆寿》《闹馆》）；俚曲14种（《墙头记》《姑妇曲》《慈悲曲》《寒森曲》《翻魇殃》《琴瑟乐》《蓬莱宴》《俊夜叉》《穷汉词》《丑俊巴》《快曲》《禳妒咒》《富贵神仙复变磨难曲》《增补幸云曲》)，以及《农桑经》《日用俗字》《省身语录》《药崇书》《伤寒药性赋》《草木传》等多种杂著，总近200万言。

蒲松龄长时期生活清贫，这样的生活，使他能接近下层，更多更深地了解劳动人民的生活和思想感情，对当时政治的腐败，社会的黑暗，也有更深切的感受。蒲松龄在书中所寄托的“孤愤”并不只是他个人的怀才不遇，穷困潦倒，而是代表了广大人民群众反压迫、反剥削的要求，对黑暗现实的强烈愤恨和对美好生活的热切向往。这是他在《聊斋志异》中能充当人民的代言人，传达人民呼声的重要的生活基础和思想基础。《聊斋志异》既曲折地反映了蒲松龄所生活的时代的社会矛盾和人民的思想愿望，又熔铸进了作家对生活的独特感受和认识。

蒲松龄作品得到后人许多好评。郭沫若评价：“写鬼写妖高人一筹，刺贪刺虐入骨三分。”

纳兰性德

纳兰性德（1655—1685），原名成德，因避皇太子胤礽（小名保成）之讳，改名性德，字容若，号楞伽山人。满洲正黄旗人。

纳兰性德自幼好学，经史百家无所不窥，谙悉传统学术文化，尤好填词。康熙十五年（1676）进士，授乾清门三等侍卫，后循迁至一等。随扈出巡南北，并曾出使梭龙（黑龙江流域）考察沙俄侵扰东北情况。从师顾贞观、陈维崧、徐乾学，研讨经学。他善骑射，好读书，爱才好客，结交名士极多，生平淡于荣利，所好唯书而已，以弹词歌曲、评定书画、鉴藏古籍为乐，藏书印有“珊瑚阁”“绣佛斋”“鸳鸯馆”等。作词宗李煜，风格清新婉丽，辑有《全唐诗选》，著有《通志堂集》《饮水词》《渌水亭杂识》《删补大学义粹言》《词韵正略》《陈氏礼记集说补正》等。康熙二十四年（1685）患急病去世，年仅 31 岁。纳兰性德去世后，埋葬在今北京海淀区上庄皂甲屯。

纳兰性德虽然生命短暂，但著作颇丰：《通志堂集》《词林韵略》；辑《大易集义萃言》《陈氏礼记集说补正》；编选《近词初集》《名家绝句钞》《全唐诗选》等书。而且，这些多是其鞍马扈从之余完成，笔力惊人。其主要成就在于词，其词现存 349 首，刊印为《侧帽集》《饮水词》，后合称《纳兰词》，风格清新隽秀，哀感顽艳，有南唐后主遗风。

在纳兰词中，写景状物关于水、荷尤其多。对于水，纳兰性德是情有独钟的。中国传统文化中，把水认作有生命的物质，认为是有德的，并用水之德比君子之德。滋润万物，以柔克刚，川流不息，从物质性理的角度赋予其哲学的内涵，这一点被纳兰性德这位词人尤为看重。如“山一程，水一程”寄托的是亲人送行的依依惜别情；“身向榆关那畔行”激荡的是“万里赴戎机，关山度若飞”的萧萧豪迈情；“夜深千丈灯”催生的是“大漠孤烟直，长河落日圆”的烈烈壮怀情。这情感的三级跳，既反映出词人对故乡的深深依恋，也反映出他渴望建功立业的雄心壮志。20 多岁的年轻人，风华正茂，出身于书香豪门世家，又有皇帝贴身侍卫的优越地位，自然是眼界开阔、见解非凡，建功立业的雄心壮志定会比别人更强烈。可正是这种这种特殊的身份反而形成了他拘谨内向的性格，有话不能正说，只好借助于儿女情长的手法曲折隐晦地反映自己复杂的内心世界。许多词章，既是词人亲身经历的生动再现，也是他善于从生活中发现美，并以此创造美、抒发美的敏锐高超艺术智慧的自然流露。

纳兰性德是清代最为著名的词人之一。他的诗词不但在清代词坛享有很高的声誉，在整个中国文学史上，也以“纳兰词”为词坛一说而占有光彩夺目的一席之地。他所生活的满汉融合的时期，他贵族家庭兴衰关联王朝国事的典型性，以及侍从帝王却向往平淡的经历，构成特殊的环境与背景，加之他个人的超逸才华，使其诗词的创作呈现独特的个性特征和鲜明的艺术风格。在研究纳兰性德和他的作品过程中，自然而然地会在近距离上涉及清代初期的政治、经济、军事、文化。由此不难看到这份珍贵文化遗产的丰富内涵和深刻意义。

扬州八怪

“扬州八怪”是中国清代中期活动于扬州地区一批风格相近的书画家总称，或称扬州画派。分别是：汪士慎、郑燮、高翔、金农、李鱓、黄慎、李方膺、罗聘等。

从康熙末年崛起，到嘉庆四年（1799）“八怪”中最年轻的画家罗聘去世，前后近百年。他们绘画作品为数之多，流传之广，无可计量。仅据今人所编《扬州八怪现存画目》记载，为国内外200多个博物馆、美术馆及研究单位收藏的就有8000余幅。他们作为中国画史上的杰出群体，已经闻名世界。

“扬州八怪”生前即声名远播。李鱓、李方膺、李勉，先后分别为康熙、雍正、乾隆三代皇帝召见，或试画，或授职。乾隆八年（1743），弘历见到郑板桥所作《樱笋图》，即钤了“乾隆御览之宝”朱文椭圆玺。乾隆十三年（1748），弘历南巡时，封郑燮为“书画史”。罗聘尝三游都下，“一时王公卿尹，西园下士，东阁延宾，王符在门，倒屣恐晚；孟公惊座，觌面可知”。

“扬州八怪”大胆创新之风，不断为后世画家所传承。近现代名画家如王小梅、吴让之、赵之谦、吴昌硕、任伯年、任渭长、王梦白、王雪涛、唐云、王一亭、陈师曾、齐白石、徐悲鸿、黄宾虹、潘天寿等，都各自在某些方面受“扬州八怪”的作品影响而自立门户。他们中多数人对“扬州八怪”的作品作了高度评价。徐悲鸿曾在郑燮的一幅《兰竹》画上题云：“板桥先生为中国近三百年最卓绝的人物之一。其思想奇，文奇，书画尤奇。观其诗文及书画，不但想见高致，而其寓仁悲于奇妙，尤为古今天才之难得者。”

在扬州当地还流传这一种说法：“扬州八怪”是指扬州地区的“丑八怪”。由于扬州八怪的艺术风格不被当时所谓的正统画派所认同，而且他们追求的就是自然，就是真实、现实，他们把一些生活化平民化事物搬到他们的书画作品之中，甚至把社会的阴暗面揭露出来。这种行为使得统治者的利益受损，说他们都是画坛上不入流的“丑八怪”，扬州八怪因此而得名。文艺理论家最后把“扬州八怪”归纳为8人。在扬州当地有纪念馆，并立着他们的雕像。

“扬州八怪”的形成有其社会历史条件。扬州自隋唐以来，即以经济繁荣而著称，虽经历代兵祸破坏，但由于地处要冲，交通便利，土地肥沃，物产丰富，战乱之后，总是很快又恢复繁荣。进入清代，虽惨遭十日屠城破坏，但经康熙、雍正、乾隆三朝发展，又呈繁荣景象，成为我国东南沿海一大都会和全国的重要贸易中心。富商大贾，四方云集，尤其以盐业兴盛，富甲东南。经济的繁荣，也促进文化艺术事业的兴盛。各地文人名流，汇集扬州。在当地官员倡导下，经常举办诗文酒会。诗文创作，载誉全国。有些盐商，堪称豪富，本身亦附庸风雅，对四方名士来扬州，多延揽接待。扬州因而吸引了全国各地的许多名士，其中有不少诗人、作家、艺术家。所以，当时的扬州，不仅是东南的经济中心，也是文化艺术的中心。

富商大贾为了满足自己奢侈生活的需要，对物质和精神上的产品也就大量地需求，如精美的工艺品、珍宝珠玉、鲜衣美食，在书画方面更是着力搜求。流风所及，中产之家乃至平民中稍富有者，亦求书画悬之室中，以示风雅，民谚有“家中无字画，不是旧人家”之说。对字画的大量需求，吸引和产生了大量的画家。据《扬州画舫录》记载，本地画家及各地来扬州的画家稍具名气者就有百数十人之多，其中不少是当时的名家，“扬州八怪”也就是其中的声名显著者。以“扬州八怪”为代表的扬州画派的作品，无论是取材立意，还是构图用笔，都有鲜明的个性。这种艺术风格的形成，与当时画坛上的创新潮流和人们审美趣味的变化有着密切的联系。中国绘画至明末清初受到保守思想的笼囿，以临摹照抄为主流，画坛缺乏生气。这一萎靡之风激起有识之士和英才画家的不满，在扬州便出现了力主创新的大画家石涛。石涛提出“笔墨当随时代”“无法而法”的口号，宛如空谷足音，震动画坛。石涛的理论和实践“开扬州一派”，稍后，终于孕育出了“扬州八怪”等一批具有创新精神的画家群体。

郑燮（1693—1765），字克柔，号板桥。江苏兴化人，著名画家。

郑燮应科举为康熙秀才，雍正十年（1722）举人，乾隆元年（1736）进士。擅画兰、竹、石、松、菊等，而画兰竹50余年，成就最为突出。取法于徐渭、石涛、八大山人，而自成家法，体貌疏朗，风格劲峭。工书法，用汉八分杂入楷行草，自称六分半书。并将书法用笔融于绘画之中。主张继承传统十分学七要抛三，不泥古法，重视艺术的独创性和风格的多样化，所谓未画之先，不立一格，既画之后，不留一格，对今天仍有借鉴意义。诗文真挚风趣，为人民大众所喜诵，亦能治印。

他的代表作是《竹石图》。板桥画竹有“胸无成竹”的理论，他画竹并无师承，多得于纸窗粉壁日光月影，直接取法自然。针对苏东坡“胸有成竹”的说法，板桥强调的是胸中“莫知其然而然”的竹，要“胸中无竹”。这两个理论看似矛盾，实质却相通，同时强调构思与熟练技巧的高度结合，但板桥的方法要“如雷霆霹雳，草木怒生”。

高翔（1688—1753），字凤岗，号西唐，又号樨堂。江苏甘泉（今扬州）人，著名画家。

高翔终生布衣。善画山水花卉。其山水取法弘仁和石涛，所画园林小景，多从 写生中来，秀雅苍润，自成格局。画梅“皆疏枝瘦朵，全以韵胜”。亦善于写真，金农、汪士慎诗集开首印的小像，即系高翔手笔，线描简练，神态逼真。精刻印，学程邃。亦善诗，有《西唐诗钞》。

晚年时由于右手残废，常以左手作画。与石涛、金农、汪士慎为友。清朝的李斗在《扬州画舫录》中有过这样的记载：“石涛死，西唐每岁春扫其墓，至死弗辍。”意思是说，石涛死后，高翔每年春天都去扫墓，直到死都没有断过。从这里也可以看出他们之间的友谊很深。高翔除擅长画山水花卉外，也精于写真和刻印。

金农（1687—1763），字寿门，号冬心先生。浙江仁和（今杭州）人，久居扬州，著名画家。

金农平生未做官，曾被荐举博学鸿词科，入京未试而返。他博学多才，50 岁后始作画。他长于花鸟、山水、人物，尤擅墨梅。他的画造型奇古、拙朴，布局考究，构思别出新意，作品有《墨梅图》《月花图》等。他独创一种隶书体，自谓“漆书”，另有意趣，又谓金农体或冬心体，笔画横粗竖细，撇飘逸而捺厚重，字体多呈长方形，头重脚轻，甚为好看。

金农精篆刻、鉴定，又长于题咏，“每画毕，必有题记，一触之感”。也擅长书法，取法于《天发神忏碑》《国山碑》《谷朗碑》。篆刻得秦汉法。诗文有《冬心先生集》，《冬心先生杂著》，其书画题跋被辑成有冬心画竹、画梅、画马、自写真、杂画题记等。

李鱓（1686—1762），字宗扬，号复堂，又号懊道人。江苏兴化人，著名画家。

李鱓康熙五十年（1711）中举，五十三年（1714）以绘画召为内廷供奉，因不愿受正统派画风束缚而被排挤出来。乾隆三年（1738）以检选出任山东滕县知县，以忤大吏罢归。在两革科名一贬官之后，至扬州卖画为生。与郑燮关系最为密切，故郑有卖画扬州，与李同老之说。他早年曾从同乡魏凌苍学画山水，继承黄公望一派，供奉内廷时曾随蒋廷学画，画法工致；后又向指头画大师高其佩求教，进而崇尚写意。在扬州又从石涛笔法中得到启发，遂以破笔泼墨作画，风格为之大变，形成自己任意挥洒、水墨融成奇趣的独特风格，喜于画上作长文题跋，字迹参差错落，使画面十分丰富，其作品对晚清花鸟画有较大的影响。

黄慎（1687—1768），字恭懋、躬懋，一字恭寿、菊壮，号瘿瓢子、东海布衣等。福建宁化人，著名画家。

黄慎擅长人物写意，间作花鸟、山水，笔姿荒率、设色大胆，为“扬州八怪”中全才画家之一。传世作品有《丝纶图》《群乞图》《渔父图》等。他的诗被同乡人雷宏收集起来，编为《蛟湖诗草》。

黄慎青年时，学习勤奋，因家境困难，便寄居萧寺，“书为画，夜无所得蜡，从佛殿光明灯读书其下”。善画人物，早年师法上官周，多作工笔，后从唐代书法家怀素真迹中受到启迪，以狂草笔法入画，变为粗笔写意。

黄慎的写意人物，创造出将草书入画的独特风格。怀素草书到了黄慎那里，变为“破毫秃颖”，化联绵不断为时断时续，笔意更加跳荡粗狂，风格更加豪宕奇肆。以这样的狂草笔法入画，行笔“挥洒迅疾如风”，气象雄伟，点画如风卷落叶。黄慎的人物画，多取神仙故事，对历史人物和现实生活中樵夫渔翁、流民乞丐等平民生活的描绘，给清代人物画带来了新气息。黄慎的人物册页《赏花仕女图》刻画了一美丽女子对花的沉迷。而《西山招鹤图》则取材于苏轼《放鹤亭记》，画面右侧立一白鹤，老叟似在仰望空中飞翔之鹤，童子手挽花篮，却自顾自地嘻嘻而乐。“生平梦梦扬州路，来往空空白鹤归”（黄慎《题林逋驯鹤图》），黄慎两次寓居扬州，先后 17 年，十里扬州，成为他一生的依恋。

李方膺（1695—1754），字虬仲，号晴江，别号秋池等；寓居金陵借园，自号借园主人。通州（今江苏南通）人，著名诗画家。

李方膺出身官宦之家，曾任乐安县令、兰山县令、潜山县令、代理滁州知州等职，为官时“有惠政，人德之”，后因遭诬告被罢官，去官后寓南京借园，常往来扬州卖画。与李鱓、金农、郑燮等往来，工诗文书画，擅梅、兰、竹、菊、松、鱼等，注重师法传统和师法造化，能自成一格，其画笔法苍劲老厚，剪裁简洁，不拘形似，活泼生动。画梅以瘦硬见称，老干新枝，欹侧蟠曲。用间印有“梅花手段”，著名的题画梅诗有“不逢摧折不离奇”之句。还喜欢画狂风中的松竹。又能诗，后人辑有《梅花楼诗草》，仅 26 首，多数散见于画上。有《风竹图》《游鱼图》《墨梅图》等传世之作。

汪士慎（1686—约 1762），字近人，号巢林，别号溪东外史、晚春老人等。原籍安徽歙县，居扬州，清朝画家。

汪士慎尤擅画梅，常到扬州城外梅花岭赏梅、写梅。所作梅花，以密蕊繁枝见称，清淡秀雅，金农说：“画梅之妙，在广陵得二友焉，汪巢林画繁枝，高西唐画疏枝。”但从他存世画梅作品看，并非全是繁枝，也常画疏枝。不论繁简，都有空裹疏香、风雪山林之趣。54 岁时左眼病盲，仍能画梅，工妙腾于示瞽时，刻印曰：左盲生、尚留一目著梅花。67 岁时双目俱瞽，但仍能挥写狂草大字，署款：心观，所谓盲于目，不盲于心。代表作品有《画梅题记》，诗作著有《巢林诗集》。

罗聘（1733—1799），字遁夫，号两峰，又号衣云，别号花之寺僧、金牛山人、洲渔父、师莲老人。江苏甘泉（今扬州）人，清代著名画家。

罗聘寓居扬州，曾住在彩衣街弥陀巷内，自称住处谓“朱草诗林”。其代表作有《物外风标图》《两峰蓑笠图》《丹桂秋高图》《成阴障日图》《 谷清吟图》《画竹有声图》等。

其为金农入室弟子，未做官，好游历。画人物、佛像、山水、花果、梅、兰、竹等，无所不工。笔调奇创，超逸不群，别具一格。他又善画《鬼趣图》，描写形形色色的丑恶鬼态，无不极尽其妙，借以讽刺当时社会的丑态。兼能诗，著有《香叶草堂集》。亦善刻印，著有《广印人传》。金农死后，他搜罗遗稿，出资刻版，使金农的著作得以传于后世。其妻方婉仪，亦擅画梅兰竹石，并工于诗。子允绍、允缵，均善画梅，人称“罗家梅派”。

“扬州八怪”有独特的绘画风格，概括之有如下几点：

1. 独辟蹊径的立意。“八怪”（金农、汪士慎、黄慎、李鱓、郑燮、李方膺、高翔、罗聘）不愿走别人已开创的道路，而是另辟蹊径。他们创造出“掀天揭地之文，震惊雷雨之字，呵神骂鬼之谈，无古无今之画”，来自立门户，就是要不同于古人，不追随时俗，风格独创。他们的作品有违人们欣赏习惯，人们觉得新奇，也就感到有些“怪”了。正如郑燮自己所说：“下笔别自成一家，长于诗文。”在生活上大都历经坎坷，最后走上了以卖画为生的道路。他们虽然卖画，却是以画寄情，在书画艺术上有更高的追求，不愿流入一般画工的行列。他们的学识、经历、艺术修养、深厚功力和立意创新的艺术追求，已不同于一般画工，达到了立意新、构图新、技法新的境界。

2. 不落窠臼的技法。中国绘画历史悠久，源远流长，其中文人画自唐宋兴盛起来，逐步丰富发展，形成一套完整的理论体系，留下大量的作品，这是中国绘画的骄傲。明清以来，中国各地出现了众多的画派，各具特色，争雄于画坛。影响最大的莫过于以“四王”为首的虞山、娄东画派，而在扬州，则形成了以金农、郑燮为首的“扬州八怪”画风。这些画家都继承和发扬了我国的绘画传统，但他们对于继承传统和创作方法有着不同的见解。虞山、娄东等画派，讲求临摹学习古人，以遵守古法为原则，以力振古法为己任，并以“正宗”自命。他们的创作方法，如“正宗”画家王翚所说，作画要“以元人笔墨，运宋人丘壑，而泽以唐人气韵，乃为大成”。

3. 挥洒自如的笔锋。“扬州八怪”诸家也尊重传统，但他们与“正宗”不同。他们继承了石涛、徐渭、朱耷等人的创作方法，“师其意不在迹象间”，不死守临摹古法。如郑板桥推崇石涛，他向石涛学习，也“撇一半，学一半未尝全学”。石涛对“扬州八怪”艺术风格的形成有重要影响。他提出“师造化”“用我法”，反对“泥古不化”，要求画家到大自然中去吸收创作素材，强调作品要有强烈的个性。他认为“古之须眉，不能生在我之面目；古代肺腑，不能安入我腹肠。我自发我之肺腑，揭我之须眉”。石涛的绘画思想，为“扬州八怪”的出现，奠定了理论基础，并为“扬州八怪”在实践中加以运用。“扬州八怪”从大自然中去发掘灵感，从生活中去寻找题材，下笔自成一家，不愿与人相同，在当时是使人耳目一新的。人们常常把自己少见的东西，视为怪异，因而对“八怪”那种抒发自己心灵、纵横驰骋的作品，感到新奇，称之为怪。也有一些习惯于传统的画家，认为“八怪”的画超出了法度，就对八怪加以贬抑，说他们是偏师，属于旁门左道，说他们“示崭新于一时，只盛行于百里”。赞赏者则夸他们的作品用笔奔放，挥洒自如，不受成法和古法的束缚，打破当时僵化局面，给中国绘画带来新的生机，影响和孕育了后来像赵之谦、吴昌硕、齐白石、徐悲鸿等艺术大师。

4. 特立高标的品行。他们对当时盛行于官场的卑污、奸恶、趋炎附势、奉承等作风深恶痛绝。八人中除郑板桥、李方膺做过小小的知县外，其他人均一生以“鲁连”“介之推”为楷模，至死不愿做官。就是做过官的郑板桥也与其他官不同。他到山东上任时，首先在旧官衙墙壁上挖了百十个孔，通到街上，说是“出前官恶俗气”，表示要为官清廉。“扬州八怪”一生的志趣大都融汇在诗文书画之中，绝不粉饰太平。他们用诗画反映民间疾苦、发泄内心的积愤和苦闷、表达自己对美好理想的追求和向往。郑板桥的《悍类》《抚孤行》《逃荒行》就是如此。“八怪”最喜欢画梅、竹、石、兰。他们以梅的高傲、石的坚冷、竹的清高、兰的幽香表达自己的志趣。其中罗聘还爱画鬼，他笔下的鬼形形色色，并解释说“凡有人处皆有鬼”，鬼的特点是“遇富贵者，则循墙蛇行，遇贫贱者，则拊膺蹴足，揶揄百端”。这哪是在画鬼，分明是通过鬼撕下了披在那些趋炎附势、欺压贫民的贪官污吏身上的人皮，还了他们的本来面目。在封建制度极端残酷又大兴文字狱的时代，他们却敢于与众不同，标新立异，无怪乎当时一督抚摇头直称“怪哉，怪哉”。

中国现代著名学者邓拓在咏清代著名画家郑板桥时曾写道“歌吹扬州惹怪名，兰香竹影伴书声”，可以算作对他们“怪”之特点的总结。

吴敬梓

吴敬梓（1701—1754），字敏轩，号粒民，安徽全椒人，后又因移居江苏南京秦淮河畔，故称“秦淮寓客”。又因家有“文木山房”，所以晚年自称“文木老人”。清代伟大的讽刺小说家。

吴敬梓所处的年代恰逢清康、雍、乾“盛世”，成长于“一门三鼎甲，四代六尚书”的官宦门第，科举世家。天资颖异，文章过目辄能背诵。他除精读百家经史典籍外，还广泛涉猎稗官野史、诗词曲赋，因之学识渊博，见解过人，诗文援笔立就。吴敬梓 13 岁丧母，14 岁随父至江苏赣榆任所。吴敬梓也曾几次参加乡试，但都榜上无名。父母的见背，家道的中落，妻奴的亡散，科场的失意，世俗的白眼，对吴敬梓的刺激很大，于是动了离乡的念头。雍正十一年（1733）二月，33 岁的吴敬梓怀着“逝将去汝”的满腔激愤，决然离开乡全椒，移家南京，寓居于秦淮水亭。

吴敬梓一生创作了大量的诗歌、散文和史学研究著作，有《文木山房诗文集》12 卷，今存 4 卷，其余作品失传。确立他在中国文学史上杰出地位的，是他创作的长篇讽刺小说《儒林外史》。

吴敬梓 20 年呕心沥血所著的《儒林外史》，是根据切身的体验，从多方面揭露士大夫的丑恶面貌。儒林外史对科举制度和封建礼教进行深刻的批判，对清代社会充满了辛辣的批评，是中国古典讽刺小说的典范。这部小说大约用了他 20 年时间，直到 49 岁时才完成。

《儒林外史》是我国文学史上一部杰出的现实主义的章回体长篇讽刺小说。作者通过强盛的外表，从隐藏在社会现实各种矛盾中的读书人这一层面切入，通过对这个群体中形形色色的人物的深入解剖，以讽刺的笔法刻画了一群围绕八股取士而活动着的读书人，通过发生在这群读书人身上的故事生动表现了科举对知识分子的诱惑力和支配力。全书故事情节虽没有一个主干，可是有一个中心贯穿其间，那就是反对科举制度和封建礼教的毒害，讽刺因热衷功名富贵而造成的极端虚伪、恶劣的社会风习。这样的思想内容，在当时无疑是有其重大的现实意义和教育意义的。加上它那准确、生动、洗练的白话语言，栩栩如生的人物形象塑造，优美细腻的景物描写，出色的讽刺手法，艺术上也获得了巨大的成功。当然，由于时代的局限，作者在书中虽然批判了黑暗的现实，却把理想寄托在“品学兼优”的士大夫身上，宣扬古礼古乐，看不到改变儒林和社会的真正出路，这是应该加以批判的。

《儒林外史》是我国古代讽刺文学的典范，吴敬梓对生活在封建末世和科举制度下的封建文人群像的成功塑造，以及对吃人的科举、礼教和腐败事态的生动描绘，使他成为我国文学史上批判现实主义的杰出作家之一。《儒林外史》不仅直接影响了近代谴责小说，而且对现代讽刺文学也有深刻的启发。现在，《儒林外史》已被译成英、法、德、俄、日等多种文字，成为一部世界性的文学名著。有的外国学者认为：这是一部讽刺迂腐与卖弄的作品，然而却可称为世界上一部最不引经据典、最饶诗意的散文叙述体之典范。它可与意大利薄伽丘、西班牙塞万提斯、法国巴尔扎克等人的作品相抗衡。

曹雪芹

曹雪芹（约1715—约1763），名霑，字梦阮，号雪芹，又号芹圃、芹溪。先祖为中原汉人，满洲正白旗包衣出身，出生于江宁府（今南京）。清代著名文学家，小说家。

曹雪芹的曾祖父曹玺任江宁织造；曾祖母孙氏做过康熙帝玄烨的保母；祖父曹寅做过康熙皇帝的伴读和御前侍卫，后任江宁织造，兼任两淮巡盐监察御使，极受康熙宠信。康熙下江南，其中四次由曹寅负责接驾，并住在曹家。康熙五十一年（1712）曹寅病故，其子曹颙、嗣子曹頫先后继任江宁织造。他们祖孙三代四人担任此职约达六十年之久。

曹雪芹自幼就在这秦淮风月之地的繁华锦绣之乡生活长大的，少年时代过着富贵奢华生活。雍正初年，由于封建统治阶级内部政治斗争的牵连，曹家遭受一系列打击。曹頫以“行为不端”“骚扰驿站”和“亏空”等罪名革职，家产抄没，曹雪芹随全家迁回北京居住。曹家从此一蹶不振，日渐衰微。经历了生活的重大转折，曹雪芹深感世态炎凉，对封建社会有了更清醒、更深刻的认识，他蔑视权贵，远离官场，过着贫困如洗的艰难日子。晚年，曹雪芹移居北京西郊，生活更加穷苦，他以坚毅不屈的精神，专心致志地从事《红楼梦》的写作和修订。因家庭的衰败饱尝人世辛酸，后以坚忍不拔之毅力，历经多年艰辛，终创作出极具思想性、艺术性的伟大作品《红楼梦》。

曹雪芹生于荣华，后经巨变，历尽沧桑，于世态况味甚深，而又博学通识，才华富赡，胸多波澜，笔无滞碍，才得成此绝世之作。乾隆二十七年（1762），幼子夭亡，他陷于过度的忧伤和悲痛，卧床不起，大约除夕（1763年2月12日），于贫病中逝世。

曹雪芹所著长篇小说《红楼梦》，代表了中国古典小说的最高成就，在《红楼梦》中，共出现四百多个人物，而每个人都有自己鲜明的特色。此名著思想深刻，艺术精湛。曹雪芹面对家庭的大起大落，写出了著名的被称为“中国封建社会百科全书”的《红楼梦》。这部巨著耗尽了他毕生的心血，但全书尚未完稿，他就因爱子夭折悲伤过度而一病不起，“泪尽而逝”，终年还不到50岁。

《红楼梦》原名《石头记》，基本定稿只有八十回，曾以手抄本的形式流传三十年。乾隆五十六年（1791）程伟元和高鹗第一次以活字排印出版，这已是一百二十回本，书名也改为《红楼梦》。后四十回一般认为是高鹗所作。

高鹗，字兰墅，别号“红楼外史”，乾隆进士，做过内阁侍读等官职。高鹗写的后四十回，虽不如曹雪芹写的前八十回，但高鹗保留了原作的悲剧结尾，其中黛玉之死、袭人改嫁等，也写得形象生动，精彩感人。

康熙末年，皇子们分朋树党，争权谋位。最后是四皇子胤禛夺得了帝位，这就是雍正皇帝。雍正即位后，立即开展了一场穷治政敌的凶残斗争。曹雪芹的嗣父曹頫就是因跟皇室派别斗争有牵连被罢官、抄家。曹雪芹写《红楼梦》，是以自己和亲戚家庭的败落为创作素材的，因此带有一定的回忆性质；但他创作的《红楼梦》是小说而不是自传，不能把《红楼梦》作为曹雪芹的自传看待。

《红楼梦》一书所反映的是清代康熙、雍正、乾隆时代的社会生活画面，正是历史上的所谓康乾盛世，其实在王朝鼎盛的背后存在着种种的矛盾，也隐藏着重重的危机。《红楼梦》通过悲剧性的爱情故事，通过一个贵族大家庭的兴衰变化，揭露了封建统治阶级的奢靡、丑恶，展示出封建社会必然走向崩溃的历史命运。《红楼梦》是在极端困苦的条件下创作的，“字字看来皆是血，十年辛苦不寻常”。该书以贾宝玉和林黛玉的爱情故事为主线，展现了封建社会大家族由盛而衰的历史，刻画了众多性格鲜明的人物。

由于曹雪芹对诗词、金石、书画、医学、建筑、烹调、印染等各门学问都十分精通，所以在描写贵族家庭的饮食起居，园林建筑，家具器皿，服饰摆设，车轿排场时，都真实而细腻。

《红楼梦》，它不但在国内家喻户晓，在世界文坛上也是举世公认的文学名著。该书内容丰富，思想深刻，艺术精湛，把中国古典小说创作推向最高峰，在文学发展史上占有十分重要的地位。

近现代篇

龚自珍

龚自珍（1792—1841），字瑟人，号定盦，后更名易简，字伯定；又更名巩祚。仁和（今浙江杭州）人，清代思想家、文学家及改良主义的先驱者。

龚自珍一生可分3个阶段。20岁以前，在家学习经学、文学。他自幼受母亲教育，好读诗文。从8岁起学习“经史”、《大学》。12岁从段玉裁学《说文》，并搜辑科名掌故；以经说字、以字说经；考古今官制；为目录学、金石学等。同时，在文学上，也显示了创作的才华。13岁，作《知觉辨》，“是文集之托始”；15岁，诗集编年；19岁，倚声填词；到21岁，编词集《怀人馆词》3卷、《红禅词》2卷。这可以说是对龚自珍20岁以前学习的概括总结。

20岁至28岁，应乡试至入仕时期。嘉庆丨五年（1810），龚自珍19岁，应顺天乡试，由监生中式副榜第28名。二十三年（1818）又应浙江乡试，始中举，主考官为著名汉学家高邮王引之。次年应会试落选，嘉庆二十五年（1820）开始入仕，为内阁中书。

29岁至去世。嘉庆二十四年（1819）会试落选后，他又参加5次会试。道光九年（1829），第六次会试，始中进士，时年38岁。在此期间，他仍为内阁中书。道光十五年（1835），迁宗人府主事。改为礼部主事祠祭司行走。两年后，又补主客司主事。这类官职都很卑微，困厄下僚。48岁，辞官南归（道光十九年，1839）。50岁，暴卒于丹阳云阳书院（道光二十一年，1841），时为鸦片战争第二年。这时期，他对政治现实认识日益深刻，提出不少改革建议，写出许多著名评论，如《西域置行省议》《东南罢番舶议》《阮尚书年谱第一序》《送钦差大臣侯官林公序》和历史、哲学论文如《古史钩沉论》等。

龚自珍著有《定盦文集》，留存文章300余篇，诗词近800首，今人辑为《龚自珍全集》。龚自珍的文学创作，表现了前所未有的新特点，开创了近代文学的新篇章。其著名诗作《己亥杂诗》共315首。《己亥杂诗》是一组自叙诗，写了平生出处、著述、交游等，题材极为广泛。

龚自珍的诗作特色主要有以下几个方面：其一，政论、抒情和艺术统一。他的许多诗既是抒情，又是议论，但不涉事实，议论亦不具体，而只是把现实的普遍现象，提到社会历史的高度，提出问题，抒发感慨，表示态度和愿望。他以政论作诗，但并不抽象议论，也不散文化。

其二，丰富奇异的想象。在他的诗中，“月怒”“花影怒”“太行怒”“太行飞”“爪怒”“灵气怒”等，习见的景物变得虎虎有生气，动人耳目，唤起不寻常的想象。又如《西郊落花歌》描写落花，使引起伤感的衰败的景物，变为无比壮丽的景象，更高出寻常的想象之外。“落红不是无情物，化作春泥更护花”（《己亥杂诗》），则从衰败中看出新生。“天命虽秋肃，其人春气腴”（《自春徂秋，偶有所触，得十五首》），从没落的时代中，也看到新生的一面。

其三，形式多样，风格多样。诗人自觉地运用古典诗歌多种传统形式，“自周迄近代之体，皆用之；自杂三四言，至杂八九言，皆用之”（《跋破戒草》）。实际他写得多的还是五七言“古体诗”，七言的“近体诗”，而以七言绝句为大宗。一般趋向是不受格律的束缚，自由运用，冲口而出。这也以七言绝句表现得最突出。作于道光十九年（1839）的《己亥杂诗》，独创性地运用了七言绝句的形式，内容无所不包，诗人的旅途见闻，以及生平经历和思想感情的发展变化，历历如绘，因而成为一种自叙诗的形式。由于作者这种充分地、富于创造性地运用，自然地使七言绝句成为一种最轻巧、最简单、最集中的描写事物、表达思想感情的形式。复杂深刻的思想内容，多种多样的语言形式，是龚诗风格多样化的基础。他的古体诗，五言凝练，七言奔放；近体诗，七言律诗含蓄稳当，绝句则通脱自然。

其四，语言清奇多彩，不拘一格。语言有瑰丽，也有朴实；有古奥，也有平易；有生僻，也有通俗。一般自然清丽，沉着老练，有杜韩的影响，有些篇章由于用典过繁或过生，或含蓄曲折太甚，不免带来艰深晦涩的缺点。

龚自珍先进的思想是他许多优秀诗篇的灵魂，思想的深刻性和艺术的独创性，使龚诗别开生面，开创了诗的一个新的历史时代，不同于唐宋诗，实开近代诗的新风貌。龚诗在当时欣赏的人不多，它的影响始于大约晚清，主要由于它突出的思想性和政治性，使抒情与思想政治内容结合，又不落于以文字、学问、议论为诗。

龚自珍的文在当时比诗有名，更遭到一般文士的非议，视为禁忌，不敢逼视，有些则是直接对清王朝腐朽统治的揭露和批判，如《明良论》；还有各种积极建议的篇章，如《平均篇》《西域置行省议》《对策》《送钦差大臣侯官林公序》等。另一类是讽刺性的寓言小品，如《捕蜮》《病梅馆记》等。还有许多记叙文，记人、记事、记名胜、记地方，如《杭大宗逸事状》《书金伶》《王仲瞿墓志铭》《书居庸关》《己亥六月重过扬州记》等，内容不同，都富有现实意义。

在著名的《己亥杂诗》中，龚自珍不仅指出外国资本主义势力对中国的侵略和危害，统治阶级的昏庸堕落，而且也看到了人民的苦难，表示了深切的同情和内疚，反映了当时社会的主要矛盾，具有深刻的现实意义和历史意义。如其作品《病梅馆记》，思想尤为深刻，文章借文人画士不爱自然健康的梅，偏爱梅的病态“美”，致使梅横遭肆虐，备受摧残，而不敢说出他们的隐衷为实例，讽喻清朝严酷的思想统治与压制摧残人才的罪恶，揭露反动统治凶恶的本质与虚伪的伎俩，决心甘受诟厉，做治梅的工作，表现对被损害者的同情，敢于反抗的战斗精神与渴望追求自由解放的主张。龚自珍在写作方法上运用讽喻手法影射现实政治，寓意深刻；用“文人画干”喻清朝统治者，用种种癖好喻统治者的种种暴政，讽喻精当，含蓄而深刻；语句运用中，又恰到好处地采用许多排比句式，更增加了文章的表达效果。

龚自珍更多的抒情诗，表现了诗人深沉的忧郁感、孤独感和自豪感。在沉寂黑夜的山野景观中，寄托着诗人清醒的志士孤愤，抒发着对天下死气沉沉的深忧。作于道光元年（1821）的《能令公少年行》是一首七言古诗，相当集中地表现了诗人思想中的矛盾，诗中有逃向虚空的消极因素，更多的积极意义在于诗人对无可奈何的现实社会环境的极端厌恶和否定，因而在《己亥杂诗》“少年尊隐有高文”“九州生气恃风雷”二诗中，他确信前所未有的、巨大时代变化必然到来，希望“风雷”的爆发，以扫荡一切的迅疾气势，打破那令人窒息、一片死气沉沉的局面。

龚自珍的文学创作，表现了前所未有的新特点，开创了近代文学的新篇章。龚自珍的诗和他的诗论是一致的，打破了清中叶以来诗坛的模山范水的沉寂局面，绝少单纯地描写自然景物，而总是着眼于现实政治、社会形势，发抒感慨，纵横议论。他的诗饱含着社会历史内容，是一个历史学家、政治家的诗，其诗作在中国文学史上有着深刻的影响。

何绍基

何绍基（1799—1873），字子贞，号东洲，别号东洲居士，晚号蝯叟。湖南道州（今道县）人，晚清诗人、画家、书法家。

何绍基出身于书香门第，其父何凌汉曾任户部尚书，是知名的书法家、教育家、学者、藏书家。何绍基兄弟 4 人均习文善书，人称“何氏四杰”。幼年家境贫寒，8 岁随父母入京，早年是阮元、程恩泽门生。18 岁应京兆试，取誊录。道光十一年（1831）取优贡生。十五年（1835）中举人，次年中进士，授翰林院编修。历任文渊阁校理、国史馆提调等职，曾充福建、贵州、广东乡试正副考官。咸丰二年（1852）任四川学政。为官仅两年，次年因条陈时务得罪权贵，被斥为“肆意妄言”，受谗言所害，降官调职。遂辞去官职，咸丰六年（1856），由四川出发，经陕西等地到达济南，主讲于山东泺源书院。讲学之余，尽游济南大明湖、趵突泉、珍珠泉、千佛山等处，留下许多诗句。咸丰十年（1860），受长沙城南书院之邀离开济南赴长沙。前后在山东和长沙城南书院教书达十多年。晚年主持苏州、扬州书局，校刊《十三经注疏》，主讲浙江孝廉堂，往来吴越，教授生徒。一生豪饮健游，多历名山胜地，拓碑访古。同治十二年（1873），病逝于苏州省寓，葬于长沙南郊。

何绍基博涉群书，尤精“小学”，工书法，以颜真卿为基础，又杂以上古篆籀、隶等风格，骏发雄强，独具面貌，亦善篆刻。著有《惜道味斋经说》《东洲草堂诗钞》《东洲草堂文钞》等。

何绍基是近代提倡宋诗的重要人物之一。论诗主张“人与文一”“先学为人”，而后直抒性情，“说自家的话”。他作诗“宗李、杜、韩、苏诸大家”，不名一体，随境触发，较为真挚，为“宋诗派”重要倡导者之一。他有过讥刺时政的诗作，如《沪上杂书》中“愁风闷雨人无寐，海国平分鬼气多”，对外国侵略者盘踞租界深为愤慨。但由于仕途挫折，性情拘检，他说“一切豪诞语、牢骚语、绮艳语、疵贬语，皆所不喜，亦不敢也”（《东洲草堂诗钞·自序》），而强调“温柔敦厚”的诗教。所以诗作大都是登临唱和、书画题跋及抒写个人生活感受，很少涉及社会政治内容。另外，他的山水诗善于以平实自然的语言白描客观景物，颇有特色，如《山雨》《望飞云洞》等。

何绍基的书法成就也很高，各体书熔铸古人，自成一家。其楷书取颜字结体的宽博而无疏阔之气，同时还掺入了北朝碑刻以及欧阳询、欧阳通书法险峻茂密的特点，还有《张黑女墓志》和《道因碑》的神气，从而使他的书法不同凡响。其小楷兼取晋代书法传统，笔意含蕴，行草书熔篆、隶于一炉。他的篆书，中锋用笔，并能掺入隶笔，而带行草笔势，自成一格。何绍基书法，早年秀润畅达，徘徊于颜真卿、李邕、王羲之和北朝碑刻之间，有一种清刚之气。中年其书法渐趋老成，笔意纵逸超迈，时有颤笔，醇厚有味。

何绍基精通金石书画，以书法著称于世，誉为清代第一。早年由颜真卿、欧阳通入手，上追秦汉篆隶。他临写汉碑极为专精，《张迁碑》《礼器碑》等竟临写了一百多遍，不求形似，全出己意。进而“草、篆、分、行熔为一炉，神龙变化，不可测已”。至今存临本仍然不少。中年潜心北碑，用异于常人的回腕法写出了个性极强的字。在晚清宋诗派中他也是一位健将，擅长于描绘山川，如其七律《元象》中有“石根水怒水根石，天外山惊山外天”一联，上句比喻人世风波之复杂、险恶，下句又展示人类进步之不可限量，耐人咀嚼。

刘熙载

刘熙载（1813—1881），字伯简，号融斋，晚号寤崖子。江苏兴化人。晚清文学家、文艺理论家、语言学家。

刘熙载嘉庆十八年（1813）正月癸巳出生于一个清寒知识分子家庭，自幼孤贫，但有志于学，曾师从张秉衡、徐子霖、姚瑟餘、戎烛斋、解如森、查咸勤诸先生。道光十九年（1839），赴南京乡试中举。道光二十四年（1844）春，赴北京参加会试，中进士，以文章与书法均优，改翰林院庶吉士，授编修。咸丰三年（1853），皇帝召对称旨，旋奉命入值上书房，为诸王师。咸丰七年（1857）请假到山东作客，在禹城开馆授徒为生。咸丰九年（1859）底返京。同治五年（1866），刘熙载督学广东3年任期未满，请长假回到故乡兴化，从此脱离宦海。同治六年（1867），刘熙载主讲上海龙门书院。光绪六年（1880）夏，刘熙载因疾返归故里。光绪七年（1881）二月乙未，其卒于古桐书屋，享年69岁。刘熙载博学多能，身兼学者与导师，治经无汉、宋门户之见，毕生事业主要在治学与教学两方面，两者相辅相成。

刘熙载著有《艺概》《昨非集》《四音定切》《说文双声》《古桐书屋六种》《古桐书屋续刻三种》。其中以《艺概》最为著名，是近代一部重要的文学批评论著。《艺概》共6卷，分为《文概》《诗概》《赋概》《词曲概》《书概》《经义概》，分别论述文、诗、赋、词、书法及八股文等的体制流变、性质特征、表现技巧和评论重要作家作品等，是刘熙载多年来玩味品鉴传统文化艺术的心得之谈。

刘熙载的文艺思想主要表现在以下6个方面：

1. 刘熙载将美和艺术的本质概括为“诗为天人之合”。实际上就是合道器为一的“天之心”与合理性为一的“人之心”的相融合。概而言之：诗是天人合一的结晶、情理合一的产物。即美和艺术作为审美对象是审美客体与审美主体的辩证统一，这是刘熙载文艺美学思想的核心。

2. “艺者道之形”。这里的“道”就是“意”，就是“六经”所宣扬的“圣人之旨”；“艺”是指“六艺”与“文章名类”；“形”就“象”，就是艺术形象。首先，“道”是“艺”的本质。“道”是第一位的。“艺”是用来体现“道”的，它“莫不当根及于道”。“艺”是“道”的外形。强调内容美的重要性，又注意形式的独立性，并不忽视或排斥形式美。“形”是“道”与“艺”的和谐统一。

3. “作诗不必多，所贵肝胆真。”这一思想表现在文艺欣赏方面，就是要以艺术家是否在其创作中表现真情实感，作为衡量作品优劣的标准。

4. “物一无文”与“物无一则无文”。刘熙载谈文论艺，总是充满着辩证法的光辉。他提出的“物一无文”与“物无一则无文”相统一的思想，最为典型。

5. “文之道，时为大。”他认为一代文风也好，一代书风也好，总是与一代人风和这个时代人们的审美情趣、伦理观念、时代风尚相联系，不同时代的艺术作品，总是不同时代精神的反映。艺术随时代而发展变化，是艺术发展的规律。

6. “诗品出于人品。”刘熙载非常重视艺术家的主体修养，并认为作诗作文，不仅要有高超的艺术修养，更要有高尚的人格修养。这一思想对于促使艺术家注重内在修养、追求人格完善，促使批评家知人论世、对批评对象作出比较全面准确的把握，都有积极意义。

《清史稿·儒林传》评刘熙载：“平居尝以‘志士不忘在沟壑’‘遁世不见知而不愠’二语自励。自少至老，未尝作一妄语。表里浑然，夷险一节。”

俞樾

俞樾（1821—1907），字荫甫，自号曲园居士。浙江德清人。清末著名文学家、经学家、古文字学家、书法家。

道光三十年（1850）庚戌科，俞樾中进士第十九名。他不善应对，不会做官，仅当了一任河南学政便被御史弹劾，削职归田。俞樾回到江南，在苏州租屋住下，杜门撰述，“原本经典”，而向文本深处求义理，他自称这段生活是“闭户曾穷皓首经”。咸丰十年（1860）春，俞樾主讲于苏州紫阳书院，鼎脔亲炙，桃李亲栽，由于著作等身，声誉日隆，不少书院都慕名请他授课，一时“门秀三千士，名高四百州”，其中也包括德清前溪书院与德清学子。光绪三十二年（1907），俞樾86岁，以“美名”谢世，葬杭州右台山，其墓朝东，面向西湖，尽享湖光山色。观俞樾一生著述，以经学为主，旁及诸子、史学、训诂，乃至戏曲、诗词、小说、书法，搜罗甚富，后集所著汇编为《春在堂全书》，凡468卷。近世200年无出此公右者。

俞樾曾经追求科举成名的人生理想，因官场不顺，故大半生出世治学却因祸得福，勤奋治学使他满腹经纶，使他的人生达到更高境界而成为一代朴学大师。简朴的生活，艰难的人生，使晚年俞樾的平静蕴含着深沉的凝重，可凝重的宁静更能闪烁出人格的魅力。一如他的曲园小而简朴，形如曲尺，却喻示着“曲则全”的哲理。小园同样能以一草一木展示生命的蓬勃，孤亭、小池一样可引清风飘荡，容月光流洒。

俞樾在通俗小说方面的重要贡献是修改《三侠五义》，使这部小说得以广泛流传。赵景深在1956年1月所作的《三侠五义》前言中说：《三侠五义》原名《忠烈侠义传》，出现于光绪五年（1879）。1889年俞樾初见此书，认为第一回狸猫换太子“殊涉不经”，便参考《宋史》和《默记》等加以删改；他还认为书中所叙不只三侠，“南侠、北侠、丁氏双侠、小侠艾虎，则已得五侠矣。而黑妖狐智化者，小侠之师也；小诸葛沈仲元者，第一百回中盛称其从游戏中生出侠义来。然则此两人非侠而何？即将柳青、陆彬、鲁英等人概置不数，而已得七侠矣”。就改名为《七侠五义》，与《三侠五义》并行流传。这里反映了俞樾关于小说的学术观，可供历史小说创作时参考。

他对小说的艺术研究也很精湛，赵景深又说，俞樾对于这书的评话特性也有极好的比喻：“事迹新奇，笔意酣恣，描写既细入毫芒，点染又曲中筋节。正如柳麻子说《武松打店》，初到店内无人，蓦地一吼，店中空缸空甏皆瓮瓮有声；闲中着色，精神百倍。如此笔墨，方许作评话小说；如此评话小说，方算得天地间另一种笔墨。”如果有人写一部《中国俗小说史》，不可不提到俞樾。

俞樾长于经学研究，一生著述丰富。所著《群经平议》《诸子平议》《古书疑义举例》等书，为乾嘉学派后期代表作；《春在堂随笔》《茶春室丛钞》等笔记，搜罗甚广，保存了丰富的学术史和文学史资料。

俞樾工书法有江声之风，以篆、隶法作真书，善以隶笔作楷书，别具一格。寻常书札，率以隶体书之，尤工大字。如清末光绪三十二年（1906），江苏巡抚陈龙重修寒山寺时，有感于沧桑变迁，古碑不存，便请俞樾手书了第三块《枫桥夜泊》石碑。其时，俞樾已86岁高龄，仍以其饱满的情怀，稳重的章法，浑圆的笔意，挥洒淋漓，一气呵成。俞樾作书后数十天，便倏然长逝了。所题诗碑成为绝笔。这块由俞樾补书诗碑名擅当时，拓本流传甚广，古雅拙朴。

俞樾被认为近代中国主张废除中医的第一人，他提出“医可废，药不可尽废”的观点。他在治经之余，对中医药学也有所研究，且能处方治病。在《春在堂全书·读书余录》中，有“内经素问”篇48条，乃俞氏校读《素问》所做的札记，也是他用考据学方法对中医经典著作《黄帝内经》进行“探赜索隐”“辨讹正误”的结晶。基于对中医的理解，为他的“废医存药”思想的产生埋下理论的根苗。这一思想主要体现在他的两篇论著《废医论》和《医药说》中。《废医论》和《医药说》基本涵盖了俞樾的医学观点，即“医可废，药不可尽废”的结论，实际上构成了近代“废医存药”思想的滥觞。家庭的不幸成为俞樾愤而议废医的直接原因，而晚年的病弱和无助又是促成他撰写《医药说》的重要动机。

虚谷

虚谷（1823—1896），俗姓朱，名怀仁，一名虚白，号紫阳山人，别号倦鹤，室号觉非庵，出家后用虚谷名。原籍新安（今安徽歙县）。清代著名画家。

虚谷曾任清军参将，后因不愿奉命打太平天国而出家为僧。曾在上海、苏州等地以卖画为生，声望极重，为“海上画派”杰出代表人物，是晚清画坛的巨子，被誉为“晚清画苑第一家”。虚谷携笔墨、着僧装，“闲中写出三千幅，行乞人间作饭钱”。虚谷一生极为清苦，却云游四海，其行程之广、作品之多，为当时所罕见。他一生穿过儒服、戎装、官服、袈裟，最后静静地睡在沪上关帝庙的画案上，乘黄鹤西归。

虚谷为书画全才，早年学界画，工人物写照。他继承新安派渐江、程邃画风并上溯宋元，又受华新罗等扬州画家影响，作画笔墨老辣而奇拙。工山水、花卉、动物、禽鸟，尤长于画松鼠及金鱼。所作金鱼、松鼠、花果等活泼清新，富于动感，简练夸张，极富个性和装饰趣味，在海派中独树一帜。他亦擅写真，工隶书。作画有苍秀之趣，敷色清新，造型生动，落笔冷峭，别具风格。代表作《瑞莲放参图》《重建光福寺全景图》《梅花金鱼图》《松菊图》《葫芦图》《蕙兰灵芝图》《枇杷图》等，还有《春波鱼戏图》《松鼠伏砚图》《猫》《游鱼戴花》《松鼠跳踯图》《猫菊纨扇》等。虚谷作品，苍秀清新，造型生动，偏锋爽劲，冷峻奇巧，别具特色。描绘夸张而传神，善用苍劲的线条。另外，虚谷的许多作品幅式都很小，造型极为简略。但他的用笔设色细腻动人，既注意物性又注意画面的节奏和章法上的新颖，因此其画能超然象外，耐人寻味。

虚谷亦擅诗，临终还写过一首《除夕》诗“儿声爆竹隔邻家，户户欢呼庆岁华。明日此时新岁月，春风依旧度梅花”，痛苦之中依然倾吐对炽热生活的留恋。他的书法伟峻高格，冷峭中透出刚毅的气息，亦喜用焦墨干笔，虚实札生见神采，著有《虚谷和尚诗录》。

虚谷的绘画师法弘仁、程邃清脱苍劲一路，好用干笔画线，很多几乎是白描起稿，然后敷以淡彩。运笔清劲利落，具有节奏感。他善用侧笔逆势，行线秀劲并见，犹如刀削而下，刚健而不流滑。虚谷这种清脱苍劲的用笔方法，不单表现在山水画里，也运用在花鸟画的创作上，给花鸟画一种崭新的格调。虚谷的画有海派画家所共有的笔墨清新的一面，然而最可宝贵的还在他表现物象形体的敏感上。无论垂柳、秋林，或是松鼠、金鱼，往往能抓住对象最为本质的体态和表情。对象的形象动态在他画里不是如实反映，而是经过艺术创造上一种美的处理。他吸取前人观察事物和如何表现的长处，继承了弘仁的清劲，新罗的技巧，金农的朴实。虚谷对物象形体的处理，近似欧洲现代绘画之父塞尚，很注意对象的体积感，不同的是他的意匠具有东方艺术的性格特色。固然，形式是绘画艺术表现的关键，但它必须来自画家在客观具象世界真实的感受，笔墨因人而异，随时代而新。因循守旧也是形式主义创作方法的一种表现。

虚谷的人物造型奇特，章法与众不同。他善于调理把握章法的中、偏、正欹、平奇、虚实、轻重、藏露与布白，使画面空灵，有强烈的空间感。这在长条幅画上表现尤为明显，横斜排列巧妙，气势浩大，敢于突破常规。平中求奇，从而达到静中有动，虚实相生，生意盎然。

虚谷的画富有趣味，善于巧妙的夸张，变形是他的一大创造。同时我们还可以从真、舍、直三方面来赏析他的艺术。“真”就是在对本质的东西把握基础上又能加以大胆的主观夸张，以达到更传神的高超的艺术境界。“舍”就是对造型的大胆取舍，虚谷的舍，来得狠，舍得妙，手法高明。“直”又是虚谷用笔用线的一个明显特点，其简练的线条凝重，做到神似、传种，而不是形似。他作画行笔用线是宁方勿圆，顿中见力，见棱见角，下笔肯定，有着强烈的个性。

虚谷敷色淡雅，重视色调的统一与淳朴的美感。他还善于在色纸古金笺上使用白粉，使其白色荷花、仙鹤毛片和白粉含石绿的折枝兰花等显得栩栩如生。

虚谷的艺术实践，证明了对生活的探索感受是艺术形式能够发展的关键，他画的一花一木，给人清新的形式美。这里有对传统的理解，更有对客观自然真实的会心之处。他承古创新，另辟捷径，广集素材，勤奋垦作，终成一代巨擘。因虚谷独特的艺术生涯，他生前创作的作品并不多。又因“其性孤峭，非相知深者，未易得其片纸也”，传世的作品就更少了，有人估测而今虚谷真迹的存世量只有 300 幅左右，《紫绶金章》也不过五六幅。

赵之谦

赵之谦（1829—1884），初字益甫，号冷君，后改字㧑叔，号悲盦、梅盦、无闷等。浙江绍兴人。清代著名的书画家、篆刻家。

赵之谦自幼读书习字，博闻强识，曾以书画为生。参加过三次会试，皆未中。44 岁时任《江西通志》总编，任鄱阳、奉新、南城知县，卒于任上。擅人物、山水，尤工花卉，初画风工丽，后取法徐渭、朱耷、“扬州八怪”诸家，笔墨趋于放纵，挥笔泼墨，笔力雄健，洒脱自如，色彩浓艳，富有新意。其书法初师颜真卿，后取法北朝碑刻，所作楷书，笔致婉转圆通，人称“魏底颜面”；篆书在邓石如的基础上掺以魏碑笔意，别具一格，亦能以魏碑体势作行草书。赵之谦篆刻初摹西泠八家，后追皖派，参以诏版、汉镜文、钱币文、瓦当文、封泥等，形成章法多变，意境清新的独特风貌，并创阳文边款，将诗、书、画、印有机结合，在清末艺坛上影响很大。著有《国朝汉学师承续记》《补环宇访碑录》《勇庐闲话》《二金蝶堂印谱》等。

在书法方面，赵之谦作品最多、传世最广的是行书。35 岁前作品多行书，皆自颜体，细审之，与何绍基有同出一辙者，温文尔雅，雄浑而洒脱。35 岁时，在四月为厚夫作行书七言联："参从梦觉痴心好，历尽艰难乐境多。"还依然颜风，而在一个月之后为子莼作行书八言联："春云乍阴，窗外疑夕；午睡未足，枕中游仙。"则开始疏远"颜风"了，在十月作篆书四言联为魏稼孙补款时，则字形由长方变方扁，虽然点画还未完全脱离"颜风"，却已由量变开始质变，36 岁之后此种颜体行书便再不复作。37 岁前后以北碑法试作行书，多牵强之处，其自评之"起讫不干净"五字病，在这一时期可以明显看得出，转折不自然，笔力亦靡弱。从某种意义上讲，其行书作品的完全成熟要晚于正书、篆书以及隶书，是最后才得以羽化成形的。45 岁以后，心手双畅，已能随心所欲，故而一任自然，纵笔驱毫，挥洒自如。从整体着眼，他的行书笔墨腴润，风致潇洒，有着强烈个人风格的"创新"一面，又有着符合大众欣赏习惯的"从俗"一面，可谓推陈出新、雅俗共赏。

在绘画领域，赵之谦长于分析综合，他把恽南田的没骨画法与"扬州八怪"的写意画法相结合，汲取李复堂（鱓）小写意的手法，以"南田"设色出之，将清代两大花鸟画流派合而为一，创造出新的风格。由于他书法功力深厚，线条把握精到，以这种富有金石气的笔法勾勒，粗放厚重而妙趣横生。运用各体字题款，长于诗文韵语，这也是他高出其他清末画家，成为绘画巨匠的一个重要因素。综观赵之谦的传世画作，最令人赞叹的就是他的绘画题材，画前人所未画。33 岁时为避战乱而客居温州一带，在那儿见到了新奇的花卉和海产品，他将所见一一写入画中，从而大大开拓了绘画的题材。他的《异鱼图》《瓯中物产卷》《瓯中草木图四屏》等，成了中国绘画史上不朽的杰作。

在篆刻方面，赵之谦初学邓石如，而后上溯汉碑。以他的性格，不死守一法，更不拘于某家某体，甚至某碑，故其师法汉隶，终成自家面貌。

其初期作品能见到的约35岁前后作，尚欠火候，或形似古人而已。中年《为幼堂隶书七言联》（40岁）、《隶书张衡灵宪四屏》（40岁）、《为煦斋临对龙山碑四屏》（41岁），则已入汉人之室，而行笔仍有邓石如遗意。晚年如正书，如篆书，沉稳老辣，古朴茂实。笔法则在篆书与正书之间，中锋为主，兼用侧锋。行笔则寓圆于方，方圆结合。结体扁方，外紧内松，宽博自然。平整之中略取右倾之势，奇正相生。

杨守敬

杨守敬（1839—1915），字惺吾，晚年自号邻苏老人。湖北宜都（今枝城）人。清末民初杰出的历史地理学家、金石文字学家、目录版本学家、书法艺术家、泉币学家、近代大藏书家。

杨守敬出身于宜都陆城一个商人家庭。他11岁习商，自幼好学，19岁参加府试，五场皆第一。24岁中举人，25岁进京应会试，七试皆不中，开始厌倦科名而专心著述。42岁应召赴日本国任驻日钦使随员。46岁回国就任黄冈教谕。61岁担任两湖书院教习，三年之后为勤成学堂总教长。光绪二十九年（1903）开经济特科，杨守敬前往应试名居第一。68岁时被选任安徽霍山知县。他以“年老，不耐簿书”而辞之。次年，被咨举为礼部顾问官，曾参与《湖北通志》纂校。民国三年（1914）袁世凯聘其为顾问，虽多次拒绝，但还是被迫迁居北京，任参政院参政。逝世后葬于宜都龙窝。

杨守敬是清末杰出的大学者，集舆地、金石、书法、藏书、碑版目录学之大成于一身，学识渊博，著述宏富，成就显赫。

杨守敬最大的成就是舆地学，即历史地理学，代表作《水经注疏》《历代舆地沿革图》2301幅，军用图《历代舆地沿革险要图》71幅，绘有《水经注图》304幅，以及《隋书经籍志补正》《晦明轩稿》《汉书地理志补校》等20多部。世人评价最高、最多是《水经注疏》。清朝学者罗振玉将其为代表的历史地理学与光绪时李善兰的算学，王念孙、段玉裁的“小学”并誉为当朝的三大绝学。当代学者朱士嘉说：“迄于清末，杨惺吾先生崛起楚北，竭数十年精力于此，集诸家之大成，盖近百年来治历史地理者无能出其右焉。”即没有人能超过杨守敬的成就。毛泽东曾提议出版杨守敬的《历代舆地沿革图》。我国著名语言学家、教育家、社会活动家许嘉璐也评价道：“《水经注疏》为杨氏用力最勤成就最大之玺皇巨制，其于郦学可谓前无古人。”《水经注疏》使我国沿革地理学达到高峰，是郦学史上的一座丰碑。它将郦学所引之书，皆注出典；所叙之水，皆详其迁流。集当时研究郦学及地理各家之长于一书，正误纠谬；旁征博引，疏图互证。它既是史地学的，也是水利学的、农学的、民俗学的和文学的巨著。全书40卷200余万字，论述河流3000余条。

杨守敬第二大成就即金石文字学。重点研究的是铜、石器物上面古文字，如古代石碑、古铜币、青铜器等古代文物上面的文字，其代表著作有《湖北金石志》《日本金石志》《古泉薮》《望堂金石》等10多部。他特别注意金石文字在治学中的作用，考证前人著作，《隋书经籍志补证》运用金石考证订正错误达20多处。

杨守敬第三大成就即版本目录学研究。其著作成果颇多，如《丛书举要》《杨守敬藏书目录》《留真谱》《古刻源流考》等。

杨守敬第四大成就是书法。他的书法碑帖并重，重侧锋，打破了固有模式，“既有碑刻的苍劲，如刀劈斧削，又有法帖的秀逸，颇有英姿，而无媚骨”。留给后世的作品精，特别是对日本书法影响深远，他被日本书道界称为“日本现代书道之祖”。

杨守敬第五大成就是藏书。他的藏书量达40万卷，其中宋元精本、孤本2万卷。特别是在日期间，他以个人之力，收藏中国流落到日本的古籍10多万册。为妥善保护藏书，他在宜都修建“飞清阁”，在黄冈筑“邻书园”，在武昌筑“观海堂”用于藏书，后来他任民国政府顾问，将藏书运往北京，在他去世前又遗命将书捐给政府，收藏于北海松坡图书馆和北京故宫博物院等机构。

杨守敬一生专心致志，刻心学习，一丝不苟，严谨治学，既是他的成功之道，也是他留给后人的宝贵精神财富。

蒲华

蒲华（1832—1911），原名成，字作英，亦作竹英、竹云，号胥山野史、种竹道人；一作胥山外史，室名九琴十砚斋、芙蓉庵、剑胆琴心室等。浙江省嘉兴人。晚清民国时著名书画家。

蒲华幼时，从外祖父姚磐石读书，后曾师事林雪岩。1853 年人庠为秀才。蒲华在嘉兴时，家境贫寒，曾租居城隍庙，潜心于绘画，为人朴厚，淡于名利。22 岁结婚，与妻贫困相守，情感至深。1863 年秋，相依 10 年的妻子病逝，对注重感情的蒲华来说打击沉重，悲恸万分。他 1864 年到台州，10 多年间，先后在太平（今温岭）县署、新河（温岭属）粮厅和海门（今椒江）海防同知府当幕僚。他不善官场应酬，更不耐案头作楷，曾自行弃幕，又叠遭辞退。穷途无路，寄寓温岭明因寺、新河三官堂，开始卖画生涯。中年的绘画，纵横潇洒，水墨淋漓，光彩照人。他画花卉，也画山水，尤擅画竹。他的墨竹，百年间无人可与伦比。1894 年冬，定居上海登瀛里（今汉口路、西藏路间），居室名“九琴十砚斋”。交往多名家，同吴昌硕尤为密切。1911 年夏天的一个晚上，醉归寓所，寝睡不起，逝去。蒲华无子，一女在乡，吴昌硕等为其治丧。蒲华的一生，贫困潦倒，极不得志，吴昌硕在他的墓志铭上题“富于笔墨穷于命”，道出其一生经历。

蒲华与虚谷、吴昌硕、任伯年合称“清末海派四杰”。传世作品有《倚篷人影出菰芦图》《荷花图》《桐荫高士图》。

蒲华能诗善书，擅画山水，花卉，尤爱画竹，一生勤操笔墨，画笔奔放，纵横满纸，风韵清隽。师承陈淳、徐渭、郑板桥、李鱓的风格，在传统基础上创造出自己的风格。所作山水大轴或册页，虽多山居、读书等传统题材，但构思、布局新颖，诗意盎然，笔力雄健奔放，如天马行空，善用湿笔，水墨淋漓，线条流畅凝练，柔中寓刚。

他性格放荡不羁，有豪壮的一面，也有落拓的一面。他的写意花卉，多作梅、兰、竹、菊、荷花等，或画秋菊凌霜，或写墨竹，一竿数枝，挺立直上，或作虬枝老梅，繁花怒放；笔墨流畅，凝练着色清丽、生气蓬勃，似阵阵芬芬迎面扑鼻。他的墨竹画，潇洒奇逸。吴昌硕题为：“墨沉淋漓，竹叶如掌，萧萧飒飒，如疾风振林，听之有声，思之成咏，其襟怀之洒落逾恒人也。”蒲华的画，主要体现在一股不可遏止的“气”，作画一气呵成，不事琢磨。蒲华不讲究纸的好坏，逢纸即画，有时还画在糊窗纸上，时人戏称为“蒲邋遢”，有所谓“平素不自矜惜，有索辄应，得钱黄垆买醉，斗酒为乐”。吴昌硕在《石交集》中说：“蒲作英善草书、画竹，自云学天台傅啸生，苍莽驰骤，脱尽畦畛。家贫，鬻画自给，时或升斗不继，陶然自得。余赠诗云：蒲老竹叶大于掌，画壁古寺苍崖琏。墨汁翻衣吟犹着，天涯作客才可怜。朔风卤酒助野哭，拔剑斫地歌当筵。柴门日午叩不响，鸡犬一屋同高眠。”蒲华纵情书画几十年，练就了扎实的功力，他的书画取法乎上，不流时俗。

蒲华书法以帖学为根基，参以碑法，所作草书能别开生面，既流畅又稚拙，苍莽驰骤，用笔看似乱头粗服，逸笔草草，多不经意，实则意境高古，雅逸潇洒，生机勃勃，颇得不衫不履之趣，毫不夸张地说，蒲华的书法即使放在历代书法大师作品中也是毫不逊色的。

蒲华的书画艺术能够取得极高的成就，缘于他深厚的学养、扎实的功力和率真的个性。蒲华具有诗人的浪漫气质，他将自己的喜怒哀乐融化于诗词，又将诗词融汇于书画。因此，他的书画作品蕴有诗一样优美的韵律和意境，格调高雅，空灵脱俗。清末书坛，从赵之谦、吴昌硕、康有为，以至稍后的沈寐叟、李瑞清、曾熙等，几乎都是北碑、篆、隶派一统天下，以这样的背景来看蒲华，确有南帖之风，他为帖学注入了新鲜的审美因素，脱尽畦畛，他立足于碑，致力于帖的观念和方法，对现代书法的发展也起着不小的作用，其价值在今人看来也是令人瞩目的。

蒲华工花卉和山水，其花卉上承“白阳青藤”而自辟蹊径，山水取法“石涛石溪”而加以变化。蒲华画竹名气最大，人称“蒲竹”，百年间罕有匹手。他的诗集《芙蓉庵燹余草》中的联句注语，就有“时作英画花竹数种”。初期的风格仍未脱尽吴镇、石涛的路数，后来改师文徵明，也曾受浙东画家林壁人、傅啸生、姚燮和赵之谦等的影响。他曾在自己一部墨竹集册上题了“文苏余韵”四字，可见他崇尚宋代文同、苏轼的画风，但又自创风格，近百年来画竹者几乎无与伦比。蒲华曾与吴昌硕合作，一画梅，一写竹，昌硕题了“岁寒交”三个字。蒲华也写上“死后精神留墨竹，生前知己许寒梅”。蒲华的《霜蒲秋容图》，以菊花为主，用花青染叶，菊花之前有巨石、枯枝，红花绿叶穿插其间，构图、用笔及设色，皆与吴昌硕颇为相近。谢稚柳先生说：“蒲华的花竹与李复堂、李方膺是同声相应的，吴昌硕的墨竹，其体制正是从蒲华而来。”（《海上名画》前言）

作为同代人，蒲华的艺术个性和艺术见解对吴昌硕影响颇大，吴昌硕常向蒲华问艺，二人关系在师友间。蒲华晚年笔老墨精，超迈绝伦，其绘画燥润兼施，烂漫而浑厚，苍劲而妩媚，尤喜画大幅巨幛，苍苍莽莽，蔚然大观。蒲华生性豁达，淡泊名利，不求润金多寡，只求痛快淋漓，他的性格一直到晚年都保留着儿童的天真，所以他的作品能够散发绝尘脱俗、天真烂漫的气息。正是由于蒲华有深沉之学识，磊落之胸襟，深厚之功底，过人之天赋，才能使他作品下笔如天马行空，自由驰骋，了无滞碍，进入了自由的王国。

任伯年

任伯年（1840—1895），初名润，后改名颐，字伯年。浙江山阴（今绍兴）人。晚清著名画家。

任伯年自幼善画，受民间版画影响深刻。十五六岁时在上海卖画，模仿任熊作品沿街出卖，恰逢任熊路过，非但不怒，反而赏识其才华，招为弟子，传为逸话。1864 年，迁往宁波卖画为生。28 岁时结识画家胡远、沙馥。1868 年冬，前往上海，此后长期在上海卖画为生，住于豫园附近的三牌楼。开设扇子店“古香室”，与虚谷、张熊、高邕等画家及收藏家毛树征成为友人。1883 年，经高邕介绍结识吴昌硕。1887 年，出版《任伯年先生真迹画谱》。光绪二十一年（1895）十一月初四日，因绍兴资产丢失心痛及吸食鸦片引发肺炎离世。

任伯年 20 多年的绘画创作，留下了数以千计的作品，是历史上少见的多产画家。最早的作品是同治四年（1865）作的，最晚的作品为光绪乙未年（1895）冬十月，去世的前一个月作的。重要作品如同治七年（1868）仿《陈小蓬斗梅图》，现藏故宫博物院。光绪三年（1877）作《五十六岁仲英写像》《雀屏图》。光绪七年（1881）作《牡丹双鸡图》，收入日本《支那名画宝鉴》；《渔归图》，收入《陆氏藏画集》；仿《宣和芭蕉图》，收入《南画大成》。次年作《人物册》，收入《南画大成》。十一年（1885）作《壮心不已图》《墨笔人物山水册》，为外祖赵德昌夫妇写像。

任伯年是海派中的佼佼者，其绘画发源于民间，重视继承传统，吸收西画技法，形成风姿多采的独特画风。擅人物、花鸟、山水，用笔用墨，丰富多变，构图新巧，主题突出，疏中有密，虚实相间，浓淡相生，富有诗情画意，清新流畅是他的独特风格。其人物画取材广泛，作品能反映现实生活，针砭社会，寄托个人情怀，具有一定思想性。往往寥寥数笔，便能把人物整个神态表现出来，着墨不多而意境深远，其线条简练沉着，有力潇洒，生动传神，手法多变。山水画虽不多作，但也构图布局变化多端，笔墨技巧能跳出传统窠臼，别具一格。他的绘画在当时及现当代具有极大影响，被认为是“仇十洲（仇英）后中国画家第一人”。有《苏武牧羊》《女娲炼石》《关河一望萧索》《树荫观刀》《群仙祝寿》及大量的花鸟、山水等作品传世。其花鸟画，总是把花与鸟连在一起，禽鸟显得很突出，花卉有时只作背景，他于传统的笔墨之中掺以水彩画法，淡墨与色彩相交融，风格明快、温馨、清新、活泼，极富创造性。整个画面充满了诗的意境，简约自然，达到炉火纯青的佳境。

任伯年以他在清末传统中国人物画创作上的独特成就，成为近代中国传统人物画别开生面的主要代表。无疑，在清末乃至19世纪的近代中国绘画历史上，任伯年是以人物画（尤其是“写真”画像即肖像画）而显示其别具一格的意义的。其中国人物画不仅是中国近代海派绘画在人物画方面的代表，还是现代“海派人物画”与其他学派人物画直接与间接的共同源头。而就任伯年本人并以他的创作实绩而言，他不仅应当被视为中国传统人物绘画从古代向现代转变的推动者与启蒙者，还应当视为开辟通向20世纪中国画全面复兴之路，特别是人物画复兴之路的先驱者。这是任伯年的人物画在中国绘画史上的意义。

吴昌硕

吴昌硕（1844—1927），原名俊，字昌硕，别号缶庐、苦铁等。浙江安吉人。民国时期著名画家、书法家、篆刻家。

吴昌硕生于浙江省孝丰县鄣吴村一个读书人家。幼时随父读书，后就学于邻村私塾，10余岁时喜刻印章，其父加以指点，初入门径。后来家道败落，便发奋读书，中了秀才，因自幼喜欢文艺，如金石、书法、绘画等，便决然放弃功名，不再参加科举考试。29岁时，吴昌硕移居苏州，结识了诸多海派艺林名宿，如饥似渴地阅历了大量名人墨迹，艺事大进。后定居上海，广收博取，诗、书、画、印并进。晚年风格突出，篆刻、书法、绘画三艺精绝，声名大震，公推艺坛泰斗，成为“后海派”艺术的开山代表，是近代中国艺坛承前启后的一代巨匠。

吴昌硕的艺术另辟蹊径、贵于创造，最擅长写意花卉，他以书法入画，把书法、篆刻的行笔、运刀、章法融入绘画，形成富有金石味的独特画风。吴昌硕的绘画、书法、篆刻作品集有《吴昌硕画集》《吴昌硕作品集》《苦铁碎金》《缶庐近墨》《吴苍石印谱》《缶庐印存》等，诗文作品有《缶庐集》。

在绘画方面，吴昌硕的画以泼墨花卉和蔬果为主要题材，兼顾人物山水。他的作品公认为“重、拙、大”。用笔沉着有力，没有浮滑轻飘之意，是为重；自然却无斧凿之痕，稚气洋溢，天真一派，是为拙；气势磅礴，浑然大家，是为大。吴昌硕画得最多的是梅花，《梅石图》等多作于吴昌硕古稀之年，不止一幅。其中一幅作于75岁，梅为主，石为客，交相辉映。运用篆法，疏阔纵放，气势捭阖。点点梅花，疏密有致，极富节奏之变。焦墨枯笔，顺来逆去。枝丫纵横，曲中求直，苍劲之极。花以焦墨圈勾，精细而怒张，仿佛想要从枝上挣脱，凌空而去。观者仿佛置身于月色轻笼、花影横斜的意境之中。诗曰：“梅溪水平桥，乌山睡初醒。月明乱峰西，有客泛孤艇。除却数卷书，尽载梅花影。”诗画珠联璧合，互补其境，令人悠然忘返。

从题画诗文也可以看出吴昌硕的文笔修养非同一般。他为《梅花》题曰："寒香风吹下东碧，山虚水深人绝迹。石壁矗天回千尺，梅花一枝和雪白。和羹调鼎非救饥，置身高处犹待时。冰心铁骨绝世姿，世间桃李安得知?"这些诗文，无不精神饱满，文气盎然，想象丰富，读来酣畅淋漓。充分体现了吴昌硕的国学功底、文学涵养和艺术才华。

在书法方面，吴昌硕的行书学习黄庭坚、王铎风格。楷书遍临《汉祀三公山碑》《张迁碑》《嵩山石刻》《石门颂》等汉碑。中年以后，博览众多金石原件及拓本，选择石鼓文为主要临摹对象。数十年间，反复钻研，并不以刻意模仿徒求形似为满足，参以秦权铭款、琅琊台刻石、泰山刻石等文字的体势笔意，故所作石鼓文凝练遒劲，自出新意，风格独特。60岁后所书尤精，圆熟精悍，刚柔并济，喜将石鼓文字集语书写对联。晚年以篆隶笔法作草书，笔势奔腾，苍劲雄浑，不拘成法。

吴昌硕也善作诗文，苦吟数十年，未尝间断。作为一个受过浓重的封建思想熏染的知识分子，吴昌硕对当时人民的革命斗争缺乏正确的见地，但同时却不得不受到时代浪潮的冲击。他出身于中间阶层，目击上层统治阶级生活的穷奢极侈与他们对广大人民的厌殊求欲，心中感到非常不满，同时又由于个人找不到出路，更感到苦闷和彷徨，迫切要求发泄自己胸中积压着的一股郁勃不平之气。在怀才不遇的情况下，集中自己毕生精力从事于文学艺术活动，希望能在这一方面有所表现于当世。其所作诗篇以傲兀奇崛古朴隽永见长，一般地说用典较多，不甚通俗，但有些绝句纯用白描手法，活泼自然，接近口语，具有明丽俊逸的特点，风格上与民歌很相近。所作题画诗寄托深远，颇有浪漫主义气息，评论前人书画，尤多独到见地。早年所作五古，有一部分含有讽刺意味，揭露了当时黑暗社会某些不平现象。他的散文作品写得不多，大都是序跋、考证和题画小品之类，写得都很朴质淳厚，平易近人，抒发生活实感，鞭挞丑恶现象，颇能以少胜多，读时依稀与作者一灯相对，娓娓而谈，意味非常深长。

吴昌硕的篆刻是从"浙派"入手，后专攻汉印，受邓石如、吴攘之、赵之谦等人的影响，成为一代宗师。他的画大起大落，善于留白，或对角欹斜，气象峥嵘，构图块面体积感极强。他的篆书个性极强，印中的字饶有笔意，刀融于笔。所以他的篆刻常常表现出雄而媚、拙而朴、丑而美、古而今、变而正的特点。篆刻方面吴昌硕上取鼎彝，下挹秦汉，创造性地以“出锋钝角”的刻刀，将钱松、吴攘之切、冲两种刀法相结合治印。所以他的篆刻作品，能在秀丽处显苍劲，流畅处见厚朴，往往在不经意中见功力，对后世篆刻艺术影响深远。日本篆刻家河井荃庐从1898年开始就向吴昌硕请教，并向日本篆刻界介绍，产生了极大的影响。

吴昌硕的名言有“学我，不能全像我。化我者生，破我者进，似我者死”；“今人但奢摹古昔，古昔以上谁所宗？书画有真意，贵能深造求其通”；“读书破万卷，道行志不二”。

齐白石曾这样评价吴昌硕：“青藤雪个远凡胎，缶老衰年别有才；我欲九原为走狗，三家门下转轮来。”

刘鹗

刘鹗（1857—1909），原名梦鹏，又名孟鹏，谱名震远，字云抟、公约，又字铁云，笔名洪都百炼生。江苏丹徒（今镇江）人。著名小说家。

刘鹗出身于封建官僚家庭，从小得名师传授学业。他学识博杂，精于考古，且在算学、医道、治河等方面均有出类拔萃的成就，并留心近代科学。他个性放旷不拘，所见不同于流俗，观察时事尤其犀利。早年曾于扬州行医，后改行经商（刘鹗28岁曾在江苏淮安开过菸草店，31岁又在上海开过书店，但都因经营不善而倒闭）。光绪十四年（1888）黄河决口于郑州，便投效河督吴大澂，山东巡府张曜，协助治河，后因治河有功，声誉大起，被保荐以知府任用。曾上书建议修筑铁路，利用外资开采山西煤矿，兴办实业（指工商企业），以利民生，时人不解其用心，交相指责，视为“汉奸”。光绪二十六年（1900）义和团事起，八国联军入侵北京，太仓粟（京师官方谷仓里的粮食）为俄兵所据，他向联军以低价购得太仓粟，赈济饥民，全活甚众，却因被控私购太仓粟，流放新疆，住在一座寺庙的戏台底下，靠为人治病度日，最后病死于迪化（今乌鲁木齐）。

刘鹗涉猎众多领域，著述颇丰，为后世留下丰富的文化遗产，被海内外学者誉为“小说家、诗人、哲学家、音乐家、医生、企业家、数学家、藏书家、古董收藏家、水利专家、慈善家”。他所著《老残游记》备受世人赞誉，是十大古典白话长篇小说之一，又是晚清四大谴责小说之一。还有数学著作《勾股天元草》《弧角三术》；治河著作《历代黄河变迁图考》《治河七说》《治河续说》；收藏甲骨文，辑有《铁云藏龟》；还辑有《铁云藏陶》《铁云藏印》。

刘鹗的写作动机本为助人，但他生当乱世，目睹国事糜烂，再加上自己一生事业上的失败以及政治理想的幻灭，《老残游记》事实上也是他个人情感的寄托。他曾在书中自叙：“吾人生今之时，有身世之感情，有国家之感情，有社会之感情，有宗教之感情，其感情愈深者，其哭泣愈痛，此洪都百炼生所以有《老残游记》之作也。棋局已残，吾人将老，欲不哭泣也得乎？”由此可知，《老残游记》为当时中国社会之缩影，更是作者一部以文字代替哭泣的著作。作品写一个被人称作老残的江湖医生铁英在一路游历中的见闻和行动，展示了清朝末年山东一带的社会生活面貌，着重揭示了封建官吏大逞淫威、肆意虐害百姓的种种行为，突出揭露了所谓的“清官”的暴政，作者的立意在于“谴责”朝政。

刘鹗收购刻辞甲骨，前后藏有近 5000 片。1903 年刘鹗将收藏的刻辞甲骨拓印了 1058 片，在早期收集甲骨卜辞的藏家罗振玉的鼓励下，出版了中国第一部甲骨文书籍——《铁云藏龟》。虽然该书在对于甲骨文研究上的建树不多，但是他却是首度将私人收集的甲骨公诸于世，以供同好研究，这种分享的心胸与情操，使得甲骨学在很短的时间内就有长足的进展。

齐白石

齐白石（1864—1957），原名纯芝，字渭清，后改名璜，字濒生，号白石、白石山翁。湖南湘潭人。近现代国画大师，世界文化名人。曾任中央美术学院名誉教授、中国美术家协会主席等职。

齐白石生于湖南湘潭县白石镇杏子坞星斗塘。他出身贫寒，做过木匠，于1888年起开始学画，曾任龙山诗社社长。1890年26岁时转从萧芗陔、文少可学画像。自40岁起，离乡出游，五出五归，遍历陕、豫、京、冀、鄂、赣、沪、苏及两广等地，饱览名山大川，广结当世名人。55岁避乱北上，两年后定居北京。抗日战争期间，表示“画不卖于官家”。1946年重操卖画治印生涯，同年赴南京、上海举办个展，并任北平艺专名誉教授。齐白石80岁之后，画虾技术颇为精湛。

齐白石主要作品有《借山吟馆诗草》《白石诗草》《白石印草》《白石老人自传》《齐白石全集》等各种画集近百种，有《白石诗草》《白石印草》《齐白石作品选集》《齐白石作品集》等传世。

齐白石主张艺术“妙在似与不似之间”，衰年变法，绘画师法徐渭、朱耷、石涛、吴昌硕等，形成独特的大写意国画风格，开红花墨叶一派，尤以瓜果菜蔬花鸟虫鱼为工绝，兼及人物、山水，名重一时，与吴昌硕共享“南吴北齐”之誉。他的绘画，以其淳朴的民间艺术风格与传统的文人画风相融合，达到了中国现代花鸟画最高峰。他专长画鸟，笔酣墨饱，力健有锋；但画虫则一丝不苟，极为精细；他还推崇徐渭、朱耷、石涛、金农，尤工虾蟹、蝉、蝶、鱼、鸟，水墨淋漓，洋溢着自然界生气勃勃的气息；山水构图奇异不落旧蹊，极富创造精神。篆刻独出手眼，书法卓然不群，蔚为大家。

齐白石的画，反对不切实际的空想，他经常注意花、鸟、虫、鱼的特点，揣摩它们的精神。他曾说：为万虫写照，为百鸟张神，要自己画出自己的面目。他的题句非常诙谐巧妙，他画的两只小鸡争夺一条小虫，题曰“他日相呼”。一幅《棉花图》题曰：“花开天下暖，花落天下寒。”《不倒翁图》题：“秋扇摇摇两面白，官袍楚楚通身黑。”其篆刻，初学丁敬、黄小松，后仿赵抝叔，并取法汉印，见《祀三公山碑》《天发神谶碑》，其篆法一变再变，印风雄奇恣肆，为近现代印风嬗变期代表人物。其书法，广临碑帖，历宗何绍基、李北海、金冬心、郑板桥诸家，尤以篆、行书见长。

齐白石绘画最大的特色就是一生不搞妄作，没见过的东西，没有仔细研究过的东西，他不画。第二大特色就是崇尚自然，入他画的大都是自然界中极普通，但对平民百姓“贡献”最大的东西。齐白石画虾，画萝卜，虽然受到当时所谓正统画家的嘲笑，但深得平民百姓的欢迎和喜爱。诗不求工，无意唐宋，师法自然，书写性灵，别具一格。

齐白石是我国当代杰出艺术家，他继承了中国民族艺术的优秀传统，在绘画、书法、刻印上都有着非凡的成就，创造出自己独特的艺术风格。他的画无论山水、花卉或虫草，都能给人明朗、清新、简练、生气勃勃之感，并且具有鲜明的民族特色，达到了形神兼备、情景交融的境界。其创作继承我国传统绘画的表现方法，吸收民间绘画艺术之营养，通过对生活现象的深入观察，加以融会提炼，形成了自己特有的艺术风范。他的作品以写意为主，题材从人物、山水到花鸟、鱼虫、走兽几乎无所不画，笔墨奔放奇纵，雄健浑厚，挥写自如，富有变化，善于把阔笔写意花卉与工笔细密的写生虫鱼巧妙结合，造型简练质朴，色彩鲜明强烈，画面生机蓬勃、雅俗共赏，独树一格。齐白石从民间画工转变为文人画家，经过了“变法”。他将富有农民生活气息的民间艺术情趣融入文人画中，这不仅扩展了文人画表现的题材，而且也更新了文人画的艺术境界，开创了具有时代精神和生活气息的写意花鸟画的新篇章。

西班牙艺术大师毕加索曾这样说：“我不敢去你们中国，因为中国有个齐白石。齐白石是我们所崇敬的大师，是东方一位了不起的画家！齐白石真是你们东方了不起的一位画家！……中国画师神奇呀！齐先生水墨画的鱼儿没有上色，却使人看到长河与游鱼。那墨竹与兰花更是我不能画的。”

吴研人

吴研人（1866—1910），原名沃尧，又名宝震，字小允，又字茧人，后又改研人，笔名中尤以“我佛山人”最为著名。广东南海佛山镇（今佛山市）人。清代谴责小说家。

吴沃尧幼年丧父，十七八岁至上海谋生，曾在茶馆做伙计及在江南制造局担任抄写工作，常为报纸撰写小品文。1897 年开始在上海创办小报，先后主持过《字林沪报》《采风报》《奇新报》《寓言报》等，其中尤以

《寓言报》最为著名。光绪二十九年（1903）始，在《新小说》杂志上先后发表《电数奇谈》《九命奇冤》《二十年目睹之怪现状》等，其中《二十年目睹之怪现状》轰动一时。

吴沃尧的著作很多，以小说最著名。长、短篇小说约有30多种。其中较重要的，长篇有《二十年目睹之怪现状》《痛史》《瞎骗奇闻》《恨海》《新石头记》《九命奇冤》《糊涂世界》《劫余灰》《上海游骖录》《发财秘诀》《近十年之怪现状》等，短篇有《黑籍冤魂》《立宪万岁》《光绪万年》《平步青云》等。

《二十年目睹之怪现状》是吴沃尧的代表作，最初在《新小说》上连载，从光绪二十九年（1903）至三十一年（1905），共发表45回，署“我佛山人”撰。光绪三十二（1906）年起，由上海广智书局出版单行本，至宣统二年（1910）出齐8册，共108回。全书以主人公“九死一生”的经历为干线，从他奔父丧开始，至其经商失败终止，通过这个人物20年间的遭遇和见闻，广泛地揭露了从光绪十年（1884）中法战争前后至光绪三十一年（1905）左右的清末社会的黑暗现实，并从侧面描绘出帝国主义的疯狂侵略。作品写了200来件“怪现状”，勾画出一个到处充斥着“蛇鼠”“豺虎”“魑魅”的鬼蜮世界。在清末小说中，它反映的生活面较广，除官场之外，还包括商场、洋场，兼及医卜星相、三教九流，揭露当时的政治状况、社会风尚、道德面貌和世态人情，所以发表时标为“社会小说”。

《新石头记》先于光绪三十一年《南方报》上连载11回，光绪三十四年（1908）上海改良小说社刊印单行本，共40回。小说实际是借《红楼梦》主人公的名号，另作新小说。作品以贾宝玉再次入世的经历为线索，前半部反映庚子事变前后的社会现实，后半部写“文明境界”，描绘作者心目中的理想社会，并在其中展现许多饶有趣味的科幻故事。作者自称它是“兼理想、科学、社会、政治而有之者”。小说对了解作者的政治主张和晚清社会思想，很有价值。

《痛史》，共27回，未完，署“我佛山人”撰。发表于光绪二十九年（1903）至三十二年（1906）《新小说》，是一部长篇历史小说。作品演述南宋亡国历史，痛斥权臣贾似道的欺君误国和投降变节分子的屈膝事敌，歌颂文天祥等抗敌英雄的民族气节，特别是着力描写了谢枋得“攘夷会”诸盟友的活动。小说第一回明言“是借古鉴今的意思”，表现了作者在瓜分危机日深形势下反帝救国的热情。

《恨海》写于光绪三十一年，有光绪三十二年广智书局刊本。作者自称为“写情小说”。故事以庚子事变为背景，写工部主事陈戟临夫妻被害后，两个儿子和未婚儿媳的遭遇。书中以大儿子的未婚妻张棣华为主人公。她历经了颠沛流离，而始终贞烈多情，最后削发为尼，情节悲惨动人，然而不脱封建道德范围。小说曾被改编为戏剧，摄制成电影，影响甚大。

吴沃尧耿介自立，愤世嫉俗，有“救世”之志。他不满清末政治的腐败，官僚们的腐朽，社会风气的堕落，帝国主义的侵略，尤其憎恶惧洋媚外思想，在小说中一一予以揭露鞭挞。他主张要开化，要进步，要维新，力求借小说以“改良社会”，“佐群治之进化”，挽救“道德沦亡”的浇风（《〈月月小说〉序》），思想有合乎新潮流的一面。但他受旧道德影响较深，主张“恢复旧道德”（《自由结婚评语》），给他的小说带来局限。又加上看不到前途，“救世之情竭，而后厌世之念生”（李葭荣《我佛山人传》），他的小说往往带有悲观感伤色彩。吴沃尧的很多作品表现了作者对腐朽政治的激愤，也反映了思想领域的新变化。作品能够生动地揭露斗方名士、洋场才子的本相，虽然作者站在旧道德立场上，怀着义愤和惋叹心情描写这些怪现状，却也真实地暴露了封建大厦即将倒塌时人们精神支柱的崩溃。小说表现了改良社会、重致富强的愿望。但其办法仅仅是“把读书人的路改正”，像外国人那样，“讲究实学”，读有用的书，如《经世文编》《富国策》之类，对付外国也只是“上下齐心协力的认真办起事来，节省了那些不相干的虚糜，认真办起海防、边防”，希望则是寄托在“英年的人，巴巴的学好”，没有触及封建制度的根本问题，甚至以为澄清吏治，改革弊病，在于恢复旧道德，所以是软弱无力的。

罗振玉

罗振玉（1866—1940），字叔蕴、叔言，号雪堂、贞松老人。江苏淮安人。中国近代金石学家、语言文字学家、考古学家、文物收藏家、目录学家、农学家。

罗振玉出身于一个小官吏家庭，5 岁入私塾，跟随乾嘉朴学的传人李岷山读书，15 岁举秀才。清光绪十六年（1890）在乡间为塾师并著书。二十二年（1896）与蒋斧等在上海创立农学社，开办农报馆。二十四年（1898）创办东文学社。二十六年（1900）应鄂督张之洞之邀，任湖北农务局总监兼农务学堂监督。二十八年（1902）任南洋公学虹口分校监督，次年入两广总办岑春煊幕参议学务。三十年（1904）受江苏巡抚端方委任，创办江苏师范学堂，任监督。三十二年（1906）入京任学部二等咨议官。宣统元年（1909）补参事官兼京师大学堂（今北京大学）农科监督。1911 年辛亥革命爆发，与王国维等避居日本，从事学术研究，1919 年归国，住天津，1921 年，参与发起组织“敦煌经籍辑存会”。1924 年奉溥仪之召，入值南书房。1928 年迁居旅顺。“九一八事变”后，参与策划成立伪满洲国，并任多种伪职。

罗振玉对中国文化、学术颇有贡献，参与开拓中国的现代农学、保存内阁大库明清档案、从事甲骨文字的研究与传播、整理敦煌文卷、开展汉晋木简的考究、倡导古明器研究。他一生著作达 189 种，校刊书籍 642 种。

罗振玉著作中有《南宗衣钵跋尾》《南宗衣钵跋尾卷二》《甲云窗漫稿》《雪堂金石文字跋尾序》《雪堂金石文字跋尾》。他是最早在甲骨学研究方面取得主要进展的学者，是甲骨学的奠基者，“甲骨四堂”（即罗振玉、王国维、董作宾、郭沫若）之一。他从 1906 年起收集甲骨，总数近 2 万片，是早期收藏最多的藏家。除鼓励刘鹗编集《铁云藏龟》外，还亲自访求，判明甲骨的真实出土地——小屯。

罗振玉是典型的鉴藏大家，他收藏的书画、青铜器、古籍、简牍、明器、清宫档案等，称山海之富。藏品曾编成《三代吉金文存》《明吴门四君子法书》《贞松堂历代名人法书》《高昌壁画精华》等，其抢救内阁大库明清档案及文渊阁藏书，贡献巨大。

李伯元

李伯元（1867—1906），又名宝凯，字宝嘉，别号南亭亭长，笔名游戏主人、讴歌变俗人等。江苏武进（今常州）人。晚清小说家。

李宝嘉出身于世宦之家，他祖父、父亲、伯父都是科第出身，有的在地方任牧令、监司，有的在京城官居枢要。他出生于山东，3 岁时，父亲去世，由堂伯抚养。李宝嘉自幼聪慧好学，兴趣广泛，每当夜深人静之际，淡月孤灯之下，攻读不止。他擅长制艺诗赋，善于绘画篆刻，懂得金石考据，可谓多才多艺。少年时期就考取了秀才，名列第一，但始终未能考中举人，仕途失意，这对他后来思想的变化，痛感官场黑暗，敢于起来加以揭露鞭挞，是有重要意义的。

19 世纪 90 年代的中国社会状况，使青年时代的李宝嘉不胜忧愤，思图改革。他是晚清上海小报的创始人，对于清朝末年的官场及社会上的种种腐朽现象，以嬉笑怒骂之笔，绘声绘色，揭露无遗，受到各界人士的欢迎，发行颇广。后来仿效者甚多，纷纷办起各种小报，但都没有他办的报纸发行量大。光绪二十七年（1901），清政府举办经济特科，这时李宝嘉在上海写小说成了名，侍郎曾慕涛保荐他参加经济特科考试，他却加以拒绝，没有去参加考试，人们赞扬他志趣高尚。但终因积劳成疾，英年早逝。

李宝嘉是多产作家，他构思之敏、写作之快，是极为少见的。他先后写成《庚子国变弹词》《官场现形记》《文明小史》《中国现在记》《活地狱》《海天鸿雪记》，以及《李莲英》《海上繁华梦》《南亭笔记》《南亭四话》《滑稽丛话》《尘海妙品》《奇书快睹》《醒世姻缘弹词》等书 10 多种。其中《官场现形记》更是晚清谴责小说的代表作。作品涉及的官僚十分广泛，外官从“未入流”的佐杂，到州府长吏、直至督抚方面大员；内官从小京官到部司郎曹，直至位居中枢的军机、大学士。这些大大小小的官僚胥吏，为了升官发财，无不蝇营狗苟，迎合、钻营、蒙混、罗掘、倾轧，极尽卑污苟贱之能事。作品还揭露了统治阶级对帝国主义奴颜婢膝的丑态和丧权辱国的劣迹。外国人打死中国小孩子，当地官员迫于群众压力，将凶手判处监禁5年。而清政府的总理衙门，却按照“同外国人打交道”“只有顺着他办”的逻辑，依照外国公使的要求，将巡抚撤换，并由他们指定继任巡抚（第57、58回）。徐大军机糊糊涂涂地在出卖安徽省矿产的契约上签字，将国家主权拱手献给洋人（第52回）。这些描写充分地揭示出朝廷大小官吏惧怕外国人的无耻嘴脸。

李宝嘉在晚清小说史上占有重要地位。鲁迅《中国小说史略》中说：清末的谴责小说以“南亭亭长与我佛山人名最著”。

章太炎

章太炎（1869—1936），原名学乘，后名炳麟，字枚叔，号太炎。浙江余杭（今杭州市余杭区）人。清末民初思想家、史学家、朴学大师。

章太炎出身于书香门第，家庭富有，有藏书楼，医学方面还有家传。幼年受祖父（章鉴）及外祖（朱有虔，汉学家）的民族主义熏陶，通过阅读《东华录》《扬州十日记》等书，不满于清廷 的外族统治，奠定了贯穿其一生的华夷观念，并在后来与《春秋》的夷狄观以及西方的现代民族主义观点相结合，形成具有其个人特色的民族主义观。光绪十七年（1891）章太炎遵从父亲章睿（古文经学家）遗命入杭州诂经精舍，师从俞樾、谭献等。早年关注经、子之学，著有《膏兰室札记》《春秋左传读》等。他富于民族思想，先后担任《时务报》《昌言报》等报编辑，并创爱国学社，鼓吹革命。后因发表《驳康有为论革命书》和《革命军·序》，坐《苏报》案被捕入狱。1905年出狱后，东渡日本，参加同盟会，主持《民报》。辛亥革命后，参加孙中山的军政府，旋因反对袁世凯称帝而被幽禁。辛亥革命后，日渐脱离政治，专意治学。在经学、史学、文字音韵和文学诸方面都有深湛造诣。晚年主张读经，并据《春秋》“非我族类，其心必异”之义，力主对日强硬。章太炎一生著述甚丰，被尊为经学大师，著作版本繁多，后辑为《章太炎全集》。

章太炎是近代大学问家，其研究范围涉及文学、历史、哲学、政治等，著述甚丰，约有400余万字，著述除刊入《章氏丛书》《章氏丛书续编》外，遗稿刊入《章氏丛书三编》。

章太炎思想受到多方影响，因为变化的历程相当繁复，依其《菿汉微言》中的自述，是以“始则转俗成真，终则回真向俗”12字予以归结。大抵而言可以1908年（光绪二十四年）著成《齐物论释》为界。在此之前，章氏先习朴学、诸子学以及西方进化论和社会学，在因《苏报》案入狱之后，则改习法相宗，而后思想便以唯识学为尚，认为先秦诸子之学皆不足比拟，固可谓“转俗成真”。自《齐物论释》著成之后，章太炎受齐物思想的启示，不再仅以唯识为唯一标准，转而认为凡“外能利物，内以遣忧”之学皆有价值，开始对古今中外的学术思想进行重估，即进入“回真向俗”的境界。

章太炎思想主要来自4个方面：一为受乾嘉考证学的影响，讲求客观实证；二为跟随晚清诸子学兴起的潮流，对荀子、庄子、老子三家思想加以揄扬，“尊子贬孔”；三为受到严复的影响，在其早年的文章中尤其多以进化论作为理论架构；四为佛学，尤其是佛学中的唯识论，是章氏后期思想的支柱，使其思想体系中充满个体主义、相对主义的色彩。除了这四大渊源外，顾炎武、王夫之的民族思想，章学诚、戴震、孙诒让、康有为等人的思想也对章太炎具有相当的影响力。

章太炎一生在文学、史学、语言学等方面均有成就。他宣扬革命的诗文，影响很大，但文字古奥难解，所著《新方言》《文始》《小学答问》，上探语源，下明流变，颇多创获。关于儒学的著作有：《儒术新论》《订孔》等。章太炎主笔的有《时务报》《昌言报》《经世报》《实学报》《译书公会报》《亚东时报》《台湾日日新报》《民报》《国粹学报》《大共和日报》《华国》《制言》等。章太炎也精通医学，著有《霍乱论》《章太炎医论》（原名《猝病新论》）。

梁启超《清代学术概论》（1922年）称章太炎为清学正统派的“殿军”。鲁迅在1936年临终时回忆其师章太炎：“考其生平，以大勋章作扇坠，临总统府之门，大诟袁世凯的包藏祸心者，并世无第二人；七被追捕，三入牢狱，而革命之志终不屈挠者，并世亦无第二人。这才是先哲的精神，后生的楷范。”

曾朴

曾朴（1872—1935），原名朴华，字太仆，又字小木，号铭珊，笔名东亚病夫。江苏常熟人。清末民初小说家、出版家。

曾朴出身于书香世家，曾家是常熟望族之一，祖上世代为官。曾朴自幼聪慧好学，他表面上受着科举应试的教育，实际上常常背着他人沉浸在文艺书籍中，他文学的基石在无形中得以奠定。光绪十七年（1891）曾朴中举。次年赴京参加会试，以墨污考卷出场。弄污考卷事件发生后，其父曾之撰为了不让曾朴过于难堪，斥资给他捐了个内阁中书。在京任职的曾朴，翩翩风华才子，交游广阔，豁达不羁，他留京几年，终觉得小京官生涯不足以偿其志，遂愤然出都，脱离宦海。曾朴虽是个旧式举人，但却十分厌恶封建科举制度，在其少时所作《赴试学院放歌》中就痛切揭露清廷科场视士子如盗贼的现象，对那些孜孜不倦攻读八股文章钻营功名利禄的文士表示鄙夷。戊戌变法前夕，曾朴居上海，原是秉承父命拟创办实业，但在沪时常与改良派人物谭嗣同、林旭、唐才常、杨深秀等交往，畅谈维新，筹措变法活动。次年，变法失败，改良派六君子被杀，曾朴适回常熟料理父丧，幸未罹难。辛亥革命前夕，曾朴参加江苏省教育会，与黄炎培、沈信卿辈相往还。光复以后，他当选为江苏省议员，继而先后担任江苏省官产处长、沙田局会办、财政厅长、政务厅长等职，在这十几年的宦海生活之中，曾朴严拒加征捐税，力争教育专款，反对苏省执政军阀孙传芳呈征亩捐未果，而称病请辞。在这期间，曾朴对于国家大事仍是颇为关心的。他对于袁世凯恢复帝制竭力反对，袁世凯称帝时，与蔡锷等为友，并资助陈其美等人反袁。曾朴于 1935 年病逝。

曾朴的著作有长篇小说《孽海花》，自传体小说《鲁男子》第一部《恋》；戏曲《雪昙梦》院本；《补〈后汉书·艺文志〉》《补〈后汉书·艺文志〉考证》等。诗文集及读书札记多种，均未刊印，已发表的单篇散见于《小说林》《真美善》杂志及《曾公孟朴纪念特辑》等。主要代表作为《孽海花》。《孽海花》是近代小说中思想和艺术成就都比较高的一部。

全书写了200多个人物，反映的社会生活面相当广，在选材、结构、语言方面都独具特色。《孽海花》思想倾向是进步的，取材是现实的。首先，曾朴是居高临下，观察清廷内外处境，来反映30年来中国政局的。小说又具体描绘了在列强环伺不断侵凌下的清廷十年两败，上层士大夫的崇尚空谈、醉生梦死，为日趋崩溃的危局提供了惊心动魄的验证。在述说政潮变化消长方面，凡洋务运动从兴起到失败，改良主义的崛起，资产阶级革命派初露头角，在小说里均有了比较清晰的反映。如此巨大的概括力，实是其他3部谴责小说所不及的。

曾朴的视野极其广阔。《孽海花》这部小说的情节竟超越了中国现实社会的领域，描写了德国、俄国和日本的政治生活，尤其是以热情赞颂的态度述说了日本革命者和俄国“虚无主义者”革命运动的一些章节。小说中也出现了伟大的俄罗斯作家赫尔岑、车尔尼雪夫斯基、托尔斯泰的名字，并且述说了他们与俄国初期革命运动的关系；也借俄国人毕叶的话，宣扬了“天赋人权，万物平等”的民主主义启蒙思想。如此广博的见闻和精锐的眼光，且在当时小说家中实为罕见，极显惊人的胆识。

在20世纪初的谴责小说中，《孽海花》是第一部以同情的态度来描写民主革命与民族革命的作品。曾朴精辟地提醒大家正视中国的现状，并表示痛恨“专制政体”。他又写史事来启发国人觉醒：“只要看元世祖是个蒙古游牧的部落，酋长的国度，一朝霸占了中国，我们同胞也自帖耳摇尾的顺服了九十余年，你们想想如今五洲万国，那里有这种好说话的百姓，本国人不管，倒教外国人来耀武扬威，多数人退后，倒被少数人把持宰割”，这还只是以“蒙古”影射清朝，甚至在描写革命党人演说的情节中更露骨地提出“现在的革命，要组织我黄帝子孙民族共和的政府”的召唤。在清廷淫威之下，竟公开宣扬如此强烈的种族革命主张，实在是不寻常的。《孽海花》中还塑造了孙中山、陈千秋等革命者形象，热情歌颂了他们的活动，这在晚清谴责小说中实是个大胆的创举。此外，《孽海花》里关于中法战争、中日战争的描写中，显豁地表明了作者反对帝国主义侵略的爱国意识。曾朴借书中人物薛淑云在味莼园谈瀛会上的谈话，探讨了中国处于列强环伺的危殆处境，并且强调指出“现在各国内力充满，譬如一杯满水，不能不溢于外，侵略政策，出自天然”。可见，他对帝国主义本质的认识是比较清醒的。谈论“力图自强”之道时，又说到“今闻海军衙门军需要款，常有移作别用的。一国命脉所系，岂容儿戏”，隐指慈禧太后挪移海军经费为她建造颐和园以供享乐之事，这种言论，在当时大胆的令人咋舌。

另外，曾朴描写达官名士，不同于刘鹗、李伯元和吴趼人，他并不着眼于描写其凶残或贪鄙，而是着重刻画他们精神颓废的要害。曾朴描绘的多是貌似方正的人物，有些更是敢于直谏的“清流”人物，但他们或崇尚空谈，或师心自用，或沉溺考据，或癖嗜古董，或自命风雅，其实是迂腐自守、不学无术、矫揉造作之徒，这些人置国运民瘼于不顾，醉生梦死。曾朴入木三分地描摹出这群人物的精神世界，也就映现出了末代王朝崩溃前夜的图景。

梁启超

梁启超（1873—1929），字卓如，一字任甫，号任公，又号饮冰室主人、饮冰子。广东新会（今江门新会区）人。中国近代文学家、思想家、政治家、教育家、史学家。

梁启超自幼在家中接受传统教育，1889 年中举。1890 年赴京会试，未中。回粤路经上海，看到介绍世界地理的《瀛环志略》和上海机器局所译西书，眼界大开。同年结识康有为，投其门下，后来与康有为一起领导了著名的“戊戌变法”，变法失败后出逃，在海外推动君主立宪，辛亥革命之后一度入袁世凯政府，担任司法总长，之后对袁世凯称帝、张勋复辟等严词抨击，并一度加入段祺瑞政府。他倡导新文化运动，支持五四运动。1929 年 1 月 19 日因肾病动手术失败，病逝于北京协和医院，时京沪开追悼会，与会者甚众。

梁启超的著作编为《饮冰室合集》，包括影响后世深远的《中国近三百年学术史》《中国历史研究法》《少年中国说》。名言有：“六经不能教，当以小说教之；正史不能入，当以小说入之；语录不能谕，当以小说谕之；律例不能治，当以小说治之”；“患难困苦，是磨炼人格之最高学校”；“少年智则国智，少年富则国富，少年强则国强，少年独立则国独立，少年自由则国自由，少年进步则国进步，少年胜于欧洲则国胜于欧洲，少年雄于地球则国雄于地球”。

梁启超在《饮冰室合集》《夏威夷游记》中推广“诗界革命”，批判了以往那种诗中运用新名词以表新意的做法，提出“以旧风格含新意境”的进步诗歌理论，对中国近代诗歌的发展起了指导作用。梁启超在自己的诗歌创作中也努力实践新的诗歌理论，他的诗作留存不多，多数创作于流亡日本时期，但是用语通俗自由，敢于运用新思想、新知识入诗，诗风流畅。《爱国歌四章》《志未酬》等诗感情真挚，语言明白晓畅，是其诗论的较好体现。梁启超于提出“诗界革命”口号后，又提出“小说界革命”的口号，并在创作上进行了积极的有意义的尝试。以他于1896年《时务报》到1906年《新民丛报》10年内发表的一组散文为标志，完成了资产阶级改良派在散文领域的创举——新文体的确立（亦称“新民体”）。

梁启超在散文的内容与形式上都进行了重大突破，他的散文或揭露批判黑暗丑恶的现实，或为祖国的现状忧心忡忡，或引进西方先进的思想与科技，积极呼吁变法自强，将散文作为其变法思想的宣传工具。在形式上，他的散文议论纵横、气势磅礴，笔端常带感情，极富鼓动性，语言半文半白，代表作《少年中国说》，针对中国现状分析透彻，说理条理清楚，运用一连串比喻、排比等修辞手法，行文一泻千里，文章呈现出大气磅礴的风格，故梁启超散文的影响极大。以梁启超散文为代表的新文体是对“桐城派”以来散文的一次解放，它的出现为中国古典散文向现代散文，尤其是“五四”时期的白话文转化做了必要的准备。

梁启超在文学理论上引进了西方文化及文学新观念，首倡近代各种文体的革新。文学创作上亦有多方面成就：散文、诗歌、小说、戏曲及翻译文学方面均有作品行世。梁启超的文章风格，世称“新文体”。这种带有“策士文学”风格的“新文体”，成为“五四”以前最受欢迎、模仿者最多的文体，而且至今仍然值得学习和研究。

梁启超是近代中国一代大学者，学术研究涉猎广泛，不止在文学，在哲学、史学、经学、法学、伦理学、宗教学等领域均有建树。他一生勤奋，著述宏富，在将近36年而政治活动又占去大量时间的情况下，每年平均写作达39万字之多，各种著述达1400多万字。他有多种作品集行世，以《饮冰室合集》为完备，共148卷，1000余万字。1901年、1902年，先后撰写了《中国史叙论》和《新史学》，批判旧史学，发动“史学革命”。欧游归来之后，以主要精力从事文化教育和学术研究活动，研究重点为先秦诸子、清代学术、史学和佛学，指导范围为“诸子”“中国佛学史”“宋元明学术史”“清代学术史”“中国文学”“中国哲学史”“中国史”“史学研究法”“儒家哲学”“东西交流史”等。这期间著有《清代学术概论》《墨子学案》《中国历史研究法》《中国近三百年学术史》《情圣杜甫》《屈原研究》《先秦政治思想史》《中国文化史》《变法通议》等，成为多方面卓有成就的学者大师。

在书法艺术方面，梁启超早年研习欧阳询，后从学于康有为，宗汉魏六朝碑刻，也是独树一帜。

王国维

王国维（1877—1927），字伯隅、静安，号观堂、永观。浙江海宁盐官镇人。近代享有国际盛誉的著名学者，近现代文学、古文字学、考古学、美学、史学、哲学等各方面成就卓著的学术巨子。

王国维一生著述甚丰，有《海宁王静安先生遗书》《红楼梦评论》《宋元戏曲考》《人间词话》《观堂集林》《古史新证》《曲录》《殷周制度论》《流沙坠简》等62种。

王国维家世代清寒，幼年为中秀才苦读。早年屡应乡试不中，遂于戊戌风气变化之际弃绝科举。1898年，22岁的他进上海《时务报》馆充书记校对。利用公余，他到罗振玉办的“东文学社”研习外交与西方近代科学，结识主持人罗振玉，并在罗振玉资助下于1901年赴日本留学。1902年王国维因病从日本归国。后又在罗振玉推荐下执教于南通、江苏师范学校，讲授哲学、心理学、伦理学等，复埋头文学研究，开始其“独学”阶段。1906年随罗振玉入京，任清政府学部总务司行走、图书馆编译、名词馆协韵等。其间，著有《人间词话》等名著。1911年辛亥革命后，王国维携3种生平著述，眷随儿女亲家罗振玉逃居日本京都，从此以前清遗民的身份处世。其时，在学术上穷究于甲骨文、金文、汉简等方面。

1924年，冯玉祥发动“北京政变”，驱逐溥仪出宫。王国维引为奇耻大辱，愤而与罗振玉等前清遗老相约投金水河殉清，因家人阻而未果。1925年，王国维受聘任清华研究院导师，教授《古史新证》《尚书》《说文》等，与梁启超、陈寅恪、赵元任、李济（一说吴宓）被称为“五星聚奎”的清华五大导师，桃李门生、私淑弟子遍充中国史学界几代。1927年，王国维于颐和园昆明湖鱼藻轩自沉，原因说法不一，后葬于福田公墓。

王国维与梁启超、陈寅恪和赵元任号称清华国学研究院的“四大导师”。他第一个试图把西方美学、文学理论融于中国传统美学和文学理论中，构成新的美学和文学理论体系。从某种意义上说，他既集中国古典美学和文学理论之大成，又开中国现代美学和文学理论之先河，在中国美学和文学思想史上，他是从古代向现代过渡的桥梁，起到了承上启下、继往开来的作用，被誉为“中国近三百年来学术的结束人，最近八十年来学术的开创者”。此外，他精通英文、德文、日文，使其在研究宋元戏曲史时独树一帜，成为用西方文学原理批评中国旧文学的第一人。

除此之外，王国维也是将甲骨学由文字学演进到史学的第一人，他撰写的《殷卜辞中所见先公先王考》《殷卜辞中所见先公先王续考》《殷周制度论》《殷虚卜辞中所见地名考》《殷礼徵文》以及《古史新证》等，将地下的材料甲骨文同纸上的材料中国历史古籍对比来研究，用卜辞补正了书本记载的错误，而且进一步对殷周的政治制度作了探讨，得出崭新的结论，他的考证方法极为缜密，因而，论断堪称精审。他自己称以上考证方法为“二重证据法”，即以地下的材料与纸上的材料相比较考证古史的真相。这种考证方法既继承了乾嘉学派的考据传统，又运用了西方实证主义的科学考证方法，使两者有机地结合起来，在古史研究上开辟了新的领域，创造了新的方法，取得了巨大的成就。

此外，王国维在《人间词话》里谈到治学经验，形成众所周知的学术“三境界”说：

第一种境界：“昨夜西风凋碧树。独上高楼，望尽天涯路。”这词句出晏殊的《蝶恋花》，原意是说，“我”上高楼眺望所见的更为萧飒的秋景，西风黄叶，山阔水长，案书何达？在王国维句中解成，做学问成大事业者，首先要有执着的追求，登高望远，瞰察路径，明确目标与方向，了解事物的概貌。

第二种境界：“衣带渐宽终不悔，为伊消得人憔悴。”这引用的是北宋柳永《凤栖梧》（《蝶恋花》别称）最后两句词，原词是表现作者对爱的艰辛和爱的无悔。若把“伊”字理解为词人所追求的理想和毕生从事的事业，亦无不可。王国维则别具匠心，以此两句来比喻成大事业、大学问者，不是轻而易举，随便可得的，必须坚定不移，经过一番辛勤劳动，废寝忘食，孜孜以求，直至人瘦带宽也不后悔。

第三种境界：“众里寻他千百度，蓦然回首，那人却在，灯火阑珊处。”是引用南宋辛弃疾《青玉案》词中的最后四句。梁启超称此词“自怜幽独，伤心人别有怀抱”。这是借词喻事，与文学赏析已无交涉。王国维已先自表明，“吾人可以无劳纠葛”。他以此词最后的四句为“境界”之第三，即最终最高境界。这虽不是辛弃疾的原意，但也可以引出悠悠的远意，做学问、成大事业者，要达到第三境界，必须有专注的精神，反复追寻、研究，下足功夫，自然会豁然贯通，有所发现，有所发明，就能够从必然王国进入自由王国。

李叔同

李叔同（1880—1942），又名李息霜、李岸、李良；谱名文涛，幼名成蹊，学名广侯；字息霜，别号漱筒；剃度为僧后，法名演音，号弘一，晚号晚晴老人，后被人尊称为弘一法师。浙江平湖人，出生于天津。我国著名的音乐、美术教育家，书法家，戏剧活动家，是中国话剧的开拓者之一。

李叔同出身于天津官宦富商之家。童年时，他常见僧人来家中诵经和拜忏，即与年纪相仿的侄儿李圣章以床罩做袈裟，扮成和尚，口诵佛号。1901 年入南洋公学（上海交通大学的前身），受业于蔡元培。1905 年东渡日本留学，在东京美术学校攻油画，同时学习音乐。1910 年李叔同回国，任天津北洋高等工业专门学校图案科主任教员。翌年任上海城东女学音乐教员。1918 年 8 月 19 日，在杭州虎跑寺剃度为僧，云游温州、新城贝山、普陀、厦门、泉州、漳州等地讲律，并从事佛学南山律的撰著。1942 年九月初四日圆寂于福建泉州。

李叔同音乐作品主要分 3 类。一是爱国歌曲，如《祖国歌》《我的国》《哀祖国》《大中华》等；二是抒情歌曲，如《幽居》《春游》《早秋》《西湖》《送别》等；三是哲理歌曲，如《落花》《悲秋》《晚钟》《月》等。目前存留的画作有《自画像》《素描头像》《裸女》以及《水彩》《佛画》等。

在音乐方面，李叔同是作词、作曲的大家，也是国内最早从事乐歌创作取得丰硕成果并有深远影响的人。他主编了中国第一本音乐期刊《音乐小杂志》。国内第一个用五线谱作曲的也是他。他在国内最早推广西方“音乐之王”钢琴。他在浙江一师讲解和声、对位，是西方乐理传入中国的第一人，还是“学堂乐歌”的最早推动者之一。他所创作的《送别歌》，历经几十年传唱经久不衰，成为经典名曲。《送别》曲调取自约翰.P.奥德威作曲的美国歌曲《梦见家和母亲》。李叔同在日本留学时，日本歌词作家犬童球溪采用《梦见家和母亲》的旋律填写了一首名为《旅愁》的歌词。而李叔同作的《送别》，则取调于犬童球溪的《旅愁》。《送别》不涉教化，意蕴悠长，音乐与文学的结合堪称完美。歌词以长短句结构写成，语言精练，感情真挚，意境深邃。歌曲为单三部曲式结构，每个乐段由两个乐句构成。第一、三乐段完全相同，音乐起伏平缓，描绘了长亭、古道、夕阳、笛声等晚景，衬托出寂静冷落的气氛。第二乐段第一乐句与前形成鲜明对比，情绪变成激动，似为深沉的感叹；第二乐句略有变化地再现了第一乐段的第二乐句，恰当地表现了告别友人的离愁情绪。这些相近甚至重复的乐句在歌曲中并未给人以繁琐、絮叨的印象，反而加强了作品的完整性和统一性，赋予它一种特别的美感。“长亭外，古道边，芳草碧连天。晚风拂柳笛声残，夕阳山外山……”淡淡的笛音吹出了离愁，幽美的歌词写出了别绪，听来让人百感交集。歌词中，如“夕阳”“笛声残”“长亭”等词语都象征着离别之意，不舍之情，词与美国歌曲《梦见家和母亲》曲调搭配和谐，可谓是中西合璧的经典之作。这首广为传唱的歌曲就是李叔同的代表作，被誉为20世纪最优美的歌词。

李叔同是中国油画之鼻祖，是最早在中国介绍西洋画知识的人，也是第一个聘用裸体模特教学的人。他同教育家、作家夏丏尊共同编辑了《木刻版画集》。他是中国现代版画艺术的最早创作者和倡导者。他广泛引进西方的美术派别和艺术思潮，组织西洋画研究会，其撰写的《西洋美术史》《欧洲文学之概观》《石膏模型用法》等著述，皆创下同时期国人研究之第一。他在学校美术课中不遗余力地介绍西方美术发展史和代表性画家，使中国美术家第一次全面系统地了解了世界美术大观。

作为艺术教育家，李叔同在浙江一师授课采用现代教育法，培养出丰子恺、潘天寿、刘质平、吴梦非等一批负有盛名的画家、音乐家。他不仅大胆地引入西方美术，而且十分重视中国传统绘画理论和技法，尤其善于将西洋画法与中国传统美术融为一体。他与弟子丰子恺合作的《护生画集》，诗画合璧，图文并茂，为世人所称道。

李叔同在书法艺术上的成就为世人所瞩目。他的书法早期脱胎魏碑，笔势开张，逸宕灵动。后期则自成一体，冲淡朴野，温婉清拔。特别是出家后的作品，更充满了超凡的宁静和云鹤般的淡远。这是绚烂至极的平淡、雄健过后的文静、老成之后的稚朴，恰如他自我表白的那样："朽人之字所示者，平淡、恬静、冲逸之致也。"

李叔同对佛学有不菲的贡献，主要体现在他对律宗的研究与弘扬上。他为振兴律学，不畏艰难，深入研修，潜心戒律，著书说法，实践躬行。他是近世佛教界备受尊敬的律宗大师，也是国内外佛教界著名的高僧。

中国近百年文化发展史中，李叔同是学术界公认的通才和奇才，作为中国新文化运动的先驱者，他最早将西方油画、钢琴、话剧等引入国内，且以擅书法、工诗词、通丹青、达音律、精金石、善演艺而驰名于世，在近代文艺领域里无不涉足，诗词歌赋音律、金石篆刻书艺、丹青文学戏剧皆具才名。而他在皈依佛门之后，一洗铅华，笃志苦行，成为世人景仰的一代佛教宗师。他被佛教弟子奉为律宗第十一代世祖。他传奇的一生为我国近代文化、艺术、教育、宗教领域里贡献了13个第一，堪称卓越的文艺先驱。

林语堂曾评价说：“李叔同是我们时代里最有才华的几位天才之一，也是最奇特的一个人，最遗世而独立的一个人。”张爱玲说：“不要认为我是个高傲的人，我从来不是的，至少，在弘一法师寺院围墙的外面，我是如此的谦卑。”

周树人

周树人（1881—1936），字豫才，原名樟寿，字豫山、豫亭，以笔名“鲁迅”闻名于世。浙江绍兴人。20世纪中国著名文学家、思想家，中国现代文学的奠基人。

鲁迅生于浙江绍兴城市东昌坊口新台门周家，在南京求学时学名为“周樟寿”。至38岁，使用“鲁迅”为笔名。二弟周作人，三弟周建人，合称为“周氏三兄弟”。鲁迅1902年考取留日官费生，赴日本进东京的弘文学院学习。1904年9月，入仙台医学专门学校。后弃医从文学，回到本国从事文艺译著工作，希望用以改变国民精神。1905—1907年，参加革命党人的活动，发表了《摩罗诗力说》《文化偏至论》等论文。其间，曾奉母命回国结婚，夫人朱安。1909年，与其弟周作人一起合译《域外小说集》，介绍外国文学。同年回国，先后在杭州绍兴等地担任教师。1936年10月19日鲁迅因肺结核病逝于上海，上海上万名民众自发举行公祭、送葬，葬于虹桥万国公墓。1956年，鲁迅遗体移葬虹口公园，毛泽东为重建的鲁迅墓题字。

1918年到1926年间，鲁迅陆续创作出版了短篇小说集《呐喊》《彷徨》，杂文集《坟》《热风》《华盖集》《而已集》《二心集》，散文诗集《野草》，回忆性散文集《朝花夕拾》（又名《旧事重提》）等专集。其中，1921年12月发表中篇小说《阿Q正传》。从1927年到1936年，创作了历史小说集《故事新编》中的大部分作品和大量的杂文，收集在《坟》《而已集》《三闲集》《二心集》《南腔北调集》《伪自由书》《准风月谈》《花边文学》《且介亭杂文》《且介亭杂文二编》《且介亭杂文末编》《集外集》和《集外集拾遗》等。

鲁迅的小说作品数量不多，意义却十分重大。鲁迅把目光集中到社会最底层，描写这些底层人民的日常生活状况和精神状况，表现人生、改良人生的创作目的，使他描写的主要是华老栓、单四嫂子、阿Q、祥林嫂、爱心这样一些最普通人的最普通的悲剧命运。这些人生活在社会的最底层，最需要周围人的同情和怜悯、关心和爱护，但在缺乏真诚爱心的当时的中国社会中，人们给予他们的却是侮辱和歧视、冷漠和冷酷。在《孔乙己》里，有恶意嘲弄孔乙己这样的长衫顾客；在《阿Q正传》中，别人欺侮阿Q，阿Q则欺侮比自己更弱小的小尼姑；在《祝福》中，鲁镇的村民把祥林嫂的悲剧当作有趣的故事来欣赏……所有这一切，让人感到一股透骨的寒意。

在写作《呐喊》《彷徨》的同时，鲁迅还创作了散文集《朝花夕拾》和散文诗集《野草》。如果说《呐喊》《彷徨》中的小说是鲁迅对现实社会人生的冷峻的刻画，意在警醒沉睡的国民；《朝花夕拾》中的散文则是鲁迅温馨的回忆，是对滋养过他的生命的人和物的深情的怀念。幼时的保姆长妈妈，在备受歧视的环境中给予过他真诚的关心的藤野先生，一生坎坷、孤傲不羁的老友范爱农，给过他无限乐趣的“百草园”，吸引着他的好奇心的民间戏剧和民间娱乐活动……

最充分体现鲁迅创造精神和创造力的还应该首推他的杂文。杂文古已有之，在外国散文中也能找到类似的例证，但只有到了中国现代文化史上，到了鲁迅的手中，杂文“是匕首、是投枪”，这种文体才表现出它独特的艺术魅力和巨大的思想潜力。从“五四”起，鲁迅就开始用杂文的形式与反对新文化的各种不同的论调进行斗争，但那时他还是不自觉的，到了后来，有些人开始嘲笑他是一个“杂文家”，他才更明确地意识到“杂文”的力量，并且开始自觉地从事杂文的创作。鲁迅说，杂文是“感应的神经”，它能够“对于有害的事物，立刻给以反响或抗争”，从而为新文化、新思想的发展在旧文化、旧思想的荆棘丛莽中开辟出一条蜿蜒曲折的道路，使之能够存在，能够发展，能够壮大。

鲁迅在短篇小说、散文、散文诗、历史小说、杂文等各种类型的创作中，都有自己全新的创造。他是现代中国杰出的文学家和思想家，他所创作出来的文章都体现了当时的文学思想和社会形式。

鲁迅的一生是为民族生存和发展挣扎奋斗的一生，他用自己的笔坚持社会正义，反抗强权，保护青年，培育新生力量。鲁迅还是现代思想革命的先觉者和建设者，他是以挣脱传统思想的束缚，争得做人的地位和价值为目标进行文学创作。他“敢于直面惨淡的人生，敢于正视淋漓的鲜血”。他的反叛思维和战斗精神建筑了现代思想文化的大厦，为中国现代文学贡献了最宝贵的精神财富。

鲁迅身后，得到诸多评价。毛泽东评价：“鲁迅是中国文化革命的主将，他不但是伟大的文学家，而且是伟大的思想家和伟大的革命家”；叶圣陶评价：“与其说鲁迅先生的精神不死，不如说鲁迅先生的精神正在发芽滋长，播散到大众的心里”；郑振铎评价：“鲁迅先生的死，不仅使中国失去了一个青年的最勇敢的领导者，也使我们失去了一个最真挚最热忱的朋友”。

胡適

胡適（1891—1962），原名嗣穈，学名洪骍，字希疆、適之，笔名天风、藏晖等。安徽绩溪人。现代著名思想家、文学家、历史学家、哲学家。

胡適5岁启蒙，在绩溪老家上庄受过9年私塾教育，打下了一定的古文基础。1904年，他到上海新式学校，接受《天演论》等新思潮，并开始在《竞业旬报》上发表白话文章，后任该报编辑。1906年考入中国公学，1910年考取“庚子赔款”第二期官费生赴美国留学。1915年入哥伦比亚大学研究院，师从哲学家杜威，接受了杜威的实用主义哲学，并一生服膺。胡適拥有32个博士头衔，后经袁同礼考证，胡適共获得博士学位36个。

1917年夏，胡適回国，任北京大学教授，加入《新青年》编辑部。抗日战争初期，出任国民党“国防参议会”参议员，1938年被任命为中国驻美国大使。抗日战争胜利后，于1946年任北京大学校长。1949年寄居美国，致力于《水经注》的考证等工作，后来去往台湾。1957年，出任“中央研究院”院长。

胡適一生治学，著述丰厚，著作有《中国哲学史大纲》（上）、《尝试集》《胡適文存·一集》《胡適文存·二集》《胡適文存·三集》《胡適文存·四集》《胡適自述》《戴东原的哲学》《白话文学史》《胡適文选》《胡適论学近著》《四十自述》《藏晖室札记》《胡適日记》《齐白石年谱》，以及《先秦名学史》等英文论著。

1919年起，胡適翻译都德、莫泊桑、契柯夫等人的短篇小说，先后编辑为两集《短篇小说》出版，以及拜伦的长诗《哀希腊》、易卜生的剧本《娜拉》（与罗家伦合译）等。

《红楼梦》研究是胡適古典文学研究的重点之一，其意义重大、影响深远，因而胡適也被认为是新红学的开山鼻祖。20世纪初，新文化运动蓬勃发展，科学与民主两大思潮逐步深入人心。胡適是新文化运动的旗手，也是科学精神的传播者。胡適的《红楼梦》研究是其科学精神在古典文化领域的重要实践。胡適研究《红楼梦》，主要运用的是科学的考证方法。他指出《红楼梦》应当重视史料的收集整理，从作者、作者家世以及《红楼梦》的版本进行研究考证。胡適《红楼梦》研究的成果十分丰富。

胡適在中国现代学术方面，是较早引入西方方法来研究中国学术的。他首先采用了西方近代哲学的体系和方法研究中国先秦哲学。他以其博士论文《先秦名学史》为基础，编写了《中国哲学史大纲》（上），仅写到先秦，虽然一生也没有写下卷，被讥是“善著上卷书”，但却起到了抛砖引玉的作用。蔡元培赞扬胡適《中国哲学史大纲》的长处是“证明的方法、扼要的手段、平等的眼光及系统的研究”，称其为“第一部新的哲学史”。冯友兰多次肯定《中国哲学史大纲》，认为它表明“在中国哲学史研究的近代化工作中，胡適创始之功，是不可埋没的”。

胡適深受赫胥黎与约翰·杜威的影响，自称赫胥黎教他怎样怀疑，杜威教他怎样思想。因此胡適毕生宣扬自由主义，提倡怀疑主义，并以《新青年》月刊为阵地，宣传民主、科学才能救中国，毕生倡言“大胆地假设，小心地求证”“言必有证”的治学方法。胡適并不盲目崇拜孔子和儒学，他认为，“现在大多数明白事理的人已打破了孔教的迷梦”（《新思潮的意义》）。辛亥革命后的中国社会进步，“不是孔夫子之赐，是大家努力革命的结果，是大家接受一个新世界的新文明的结果。只有向前走是有希望的，开倒车是不会成功的（《写在孔子诞辰之后》）”。对儒家强调的“三纲五常”持批判态度，说“三纲五伦”的话，古人认为是真理，因为这种话在古时宗法社会很有点用处。(《实验主义》)

胡適因提倡文学改良而成为新文化运动的领袖之一，是第一位提倡白话文、新诗的学者，致力于推翻两千多年的文言文，与陈独秀同为五四运动的轴心人物，对中国近代史产生了较为深远的影响。胡適兴趣广泛，著述丰富，在文学、哲学、史学、考据学、教育学、伦理学、红学等诸多领域都有深入的研究。1939 年还获得“诺贝尔文学奖”的提名。

郭沫若

郭沫若（1892—1978），原名开贞，字鼎堂，号尚武。笔名沫若、麦克昂、郭鼎堂、石沱、高汝鸿、羊易之等。四川省乐山人。著名文学家、剧作家、诗人，中国新诗奠基人之一。同时，他还是古文字学家、书法家、历史学家、社会活动家。中国科学院首任院长。

郭沫若早年赴日本留学，后接受斯宾诺莎、惠特曼等人思想，决心弃医从文。与成仿吾、郁达夫等组织“创造社”，积极从事新文学运动。这一时期的代表作诗集《女神》摆脱了中国传统诗歌的束缚，充分反映“五四”时代精神在中国文学史上开拓了新一代诗风，是当代优秀的革命浪漫主义诗作。1923 年后系统学习马克思主义理论，提倡无产阶级文学。1926 年参加北伐，任国民革命军政治部副主任。1927 年蒋介石清党后，参加了南昌起义，后加入中国共产党。1928 年 2 月因被国民党政府通缉，流亡日本，埋头研究中国古代社会。1937 年抗日战争爆发后回国，任军事委员会政治部第三厅厅长，后改任文化工作委员会主任，团结进步文化人士从事抗日救亡运动。中华人民共和国成立后，当选为中华全国文学艺术界联合会主席，1958 年 9 月至 1978 年 6 月任中国科技大学首任校长。历任政务院副总理兼文化教育委员会主任、全国人民代表大会常务委员会副委员长等职。

郭沫若是伟大的文学家、卓越的诗人。文学代表作有《女神》《长春集》《星空》《潮汐集》《骆驼集》《东风集》《屈原》《蔡文姬》《新华颂》《迎春曲》等。诗歌代表作品：《天狗》《凤凰涅槃》《战声》《罪恶的金字塔》《天上的街市》等。其中《屈原》《蔡文姬》被排成剧作，搬上舞台和银幕，产生了长期而巨大的影响。

郭沫若是我国现代诗歌的先驱。他的早期诗歌创作量丰富，激情迸发，主要有《女神》《星空》《瓶》《前茅》《恢复》等。这些作品依照风格可分为三类：（1）豪放类：气势宏伟，境界开阔，充满了无所畏惧的破坏精神和顶天立地的创造精神。（2）婉约类：风格阴柔。（3）革命类：大多写于壮怀激烈的革命运动之中，诗人以诗歌作武器，进行革命的斗争。

《女神》是郭沫若诗歌的代表作。其以爱国主义为主题，表现了反抗、叛逆、破旧创新的“五四”时代精神。对光明、美好理想的追求和对大自然的歌颂，大胆地抒写自我，有着泛神论的精神和个性解放的思想。《女神》的成功在于时代的需要与诗人创作个性的统一。狂飙突进的“五四”时代需要用高昂热情的浪漫主义来表现。《女神》是“五四”时代诗的宣言。在艺术上，诗句想象大胆奇特，色彩瑰丽；大量地采用历史和神话题材，境界开阔，文化韵味深厚而神奇；大胆地借鉴西方近代自由体诗，做到形式自由奔放，实现了诗体的大解放；大量地采用设问、排比、反复、重奏的手法，使诗情酣畅淋漓。在中国新诗史上具有独特的意义。

郭沫若从来就没有把诗歌作为上流社会的贵族艺术理解，也没有在诗歌中“以理性驾驭情感，以理智节制想象”，而是尽可能地发挥其丰富的想象力，最大限度地放纵感情。更重要的是，郭沫若也不是以诗的艺术形式去涤净读者的灵魂世界，而主要是以热烈的感情激动读者，让诗歌走进民间成为大众读物。

郭沫若也是考古学家、古文字学家。他对中国历史考古学、中国古文字学有精深的造诣。他是甲骨学四堂之一：鼎堂，著作如《甲骨文字研究》《卜辞通纂》《青铜时代》。

郭沫若对中国古代哲学、历史均有深入研究，有《十批判书》《奴隶制时代》《甲申三百年祭》等重要著作。

郭沫若曾以歌德自况，如周扬曾对郭沫若说："你是歌德，但你是社会主义时代新中国的歌德。"沙叶新则引用恩格斯对歌德的评价指出郭沫若作为伟大天才和凡庸公民的两面。相较于专业的研究者对于他的极度推崇，一般的社会民众中间存在对于郭沫若因为不了解，对他性格和心理的误读以及对这位天才型人物的苛求而产生的轻视。北京大学中文系主任温儒敏教授等一些严肃的研究学者将这种"学院派"中和社会民众间对郭沫若截然相反的态度称之为"两极阅读"。

赵元任

赵元任（1892—1982），字宣仲，又字宜重。江苏武进（今常州武进区）人，生于天津。中国现代语言和现代音乐学先驱。

赵元任的父亲是清朝举人，善吹笛，母亲善诗词及昆曲。1910 年赵元任考取了留学美国的官费生，在康乃尔大学主修数学，选修物理、音乐。1920 年赵元任回国担任清华大学讲师。1921 年赵元任夫妇到了美国，赵在哈佛大学任哲学和中文讲师并研究语言学。1929 年 6 月底被中央研究院聘为历史语言研究所研究员兼语言组主任，同时兼任清华中国文学系讲师，授"音韵学"等课程。从 1947 年到 1962 年退休为止，赵元任在伯克利加州大学教授中国语文和语言学。1945 年赵元任当选为美国语言学学会主席。1981 年，丧妻不久的赵元任应邀回国探亲，并接受了北京大学授予的名誉教授称号。1982 年 2 月 24 日赵元任逝世于美国马萨诸塞州坎布里奇。加州大学为他设立了赵元任基金会，4 月 4 日隆重举行了赵元任逝世纪念会。

赵元任的主要著作有《国语新诗韵》《现代吴语的研究》《广西瑶歌记音》《粤语入门》（英文版）、《中国社会与语言各方面》（英文版）、《中国话的文法》《中国话的读物》《语言问题》《通字方案》，出版有《赵元任语言学论文集》等。其中，他的歌曲作品，音乐形象鲜明，风格新颖，曲调优美流畅，富于抒情性，既善于借鉴欧洲近代多声音乐创作的技法，又不断探索和保持中国传统文化和音乐的特色。他十分注意歌词声调和音韵的特点，讲究歌词字音语调与旋律音调相一致，使曲调既富于韵味，又十分口语化，具有独特的风格。此外，他在创作中还注意吸收民间音乐语言，如《听雨》是将常州地方吟诵古诗的音调加以扩展；《卖布谣》是在无锡方言音调基础上创作的以五声音阶为主的曲调；《教我如何不想他》吸收了京剧西皮原板过门的音调；《西洋镜歌》采用了民间拉洋片小调作素材。他也十分注意钢琴伴奏在歌曲整体中共同塑造形象和刻画意境的作用。

赵元任先生博学多才，他是数学家、物理学家，在哲学方面也有高深造诣。他的主要成就是以语言学家蜚声于世。他从 1920 年执教清华至 1972 年在美国加州大学退休，前后从事教育事业 52 年。中国著名语言学家王力、朱德熙、吕叔湘等都是他的学生，可谓桃李满天下。“赵先生永远不会错”，这是美国语言学界对他充满信赖的一句崇高评语。赵元任是中国第一位用科学方法做方言和方音调查的学者。他的耳朵能辨别各种细微的语音差别。在 20 世纪二三十年代期间曾亲自考察和研究过吴语等近 60 种方言。

阿炳

阿炳（1893—1950），原名华彦钧。江苏无锡人。著名的民间音乐家。

阿炳出生在无锡雷尊殿旁“一和山房”，4 岁时丧母，由同族婶母抚养长大。25 岁时父亲去世，他继为雷尊殿的当家大道士。后因交友不慎开始吸食鸦片和嫖妓，后来患眼疾而导致双目失明，无力参加法事劳动，遂以街头卖艺为生。他一生共创作和演出了 270 多首民间乐曲，留存有二胡曲《二泉映月》《听松》《寒春风曲》，琵琶曲《大浪淘沙》《龙船》《昭君出塞》6 首。

无锡惠山的一泓清泉，世称“天下第二泉”。阿炳以“二泉映月”为乐曲命名，将人引入夜阑人静、泉清月冷的意境。《二泉映月》的曲体结构是一首传统的变奏曲。音乐一开始，短短的引子，音阶下行的旋律，犹如一声百感交集的轻轻的叹息，把人们带进了一个深沉的意境中去。主题从开始时的平静深沉逐渐转为激动昂扬，深刻地揭示了作者内心的生活感受和顽强自傲的生活意志。他在演奏中绰注的经常运用，使音乐略带几分悲恻的情绪，这是一位饱尝人间辛酸和痛苦的盲艺人的感情流露。《二泉映月》就是在上述音调的多次变奏下逐渐展开构成全曲的，它通过变奏使音乐形象得到层层深化，使人感受到阿炳怀着难以抑制的感情，一遍又一遍地向人们诉说他种种苦难和遭遇。乐曲的后半部分，音乐获得更进一步的发展，积聚起来的感情迸发了，乐曲推向高潮，强烈而激愤，显示了阿炳特有的气质和魄力。这是作者对旧社会愤怒控诉的声音，它深刻地反映了阿炳倔强、刚毅的性格，表达了他对黑暗势力不妥协的反抗和斗争。《二泉映月》层次分明而又浑然一体，旋律动听而又质朴苍劲，音乐感人但更促人激愤。它是中国一位穷苦盲艺人的传世杰作，深受国内外听众喜爱。

《二泉映月》自问世以来流传至今，在中国社会各阶层的男女老少中几乎是无人不知，无人不爱；在国外也有广泛的影响。新中国成立后，曾由中央音乐学院音乐研究所派出音乐史家杨荫浏、曹安和等去无锡对阿炳的音乐作品进行了录音、记谱、整理，并由有关部门出版、广播。自此，《二泉映月》更焕发出勃勃生机和动人的光彩：先后被改编成小提琴独奏、民乐合奏、民乐重奏、旋乐四重奏、西洋旋乐合奏、二胡与乐队、高胡与竖琴等演奏形式，无不绚丽多彩，各得其趣。此曲后来又被搬上银幕，成为电影《二泉映月》的主题音乐。

《二泉映月》自始至终流露的是一位饱尝人间辛酸和痛苦的盲艺人的思绪情感，作品展示了独特的民间演奏技巧与风格，以及无与伦比的深邃意境，显示了中国二胡艺术的独特魅力，它拓宽了二胡艺术的表现力，获“20 世纪华人音乐经典作品奖”。

音乐家贺绿汀也对《二泉映月》有论：“《二泉映月》这个风雅的名字，其实与他的音乐是矛盾的。与其说音乐描写了二泉映月的风景，不如说是深刻地抒发了瞎子阿炳自己的痛苦身世。”

梅兰芳

梅兰芳（1894—1961），名澜，又名鹤鸣，乳名裙姊，字畹华，别署缀玉轩主人，艺名兰芳。祖籍江苏泰州，生于北京。近代杰出京昆旦行演员，“四大名旦”之首，享有国际盛誉的京剧表演艺术大师。

梅兰芳出身于梨园世家，8 岁学戏，9 岁拜吴菱仙为师学青衣，也常跟着秦稚芬和胡二庚学花旦戏，10 岁登台。工青衣，兼演刀马旦。在艺术上的卓越成就引起了国外人士的重视，曾于 1949 年前先后赴美国、苏联演出，并荣获美国波摩那学院和南加州大学的荣誉文学博士学位。

新中国成立后，梅先生历任中国京剧院院长、中国戏曲研究院院长、中国戏剧家协会副主席。代表戏京剧有《贵妃醉酒》《霸王别姬》等；昆曲有《游园惊梦》《断桥》等。所著论文编为《梅兰芳文集》，演出剧目编为《梅兰芳演出剧本选集》。1959 年以 65 岁高龄排演最后一出新戏《穆桂英挂帅》。

梅兰芳在以丰富多彩的艺术刻画各种不同类型的人物，反映千变万化的客观世界之时，认真继承，不断发展，勇于革新的精神，始终是贯穿在他的艺术生活中的一条红线。从梅兰芳的舞台实践中，证明他确是一位承先启后、继往开来的艺术大师。当前戏曲舞台上许多推行已久、流传广泛的几乎被新观众认为来自传统的事物，往往出自梅兰芳的创造。只以舞蹈一项而论，剑舞、绸舞、盘舞、羽舞、袖舞……都是伴随着《霸王别姬》《天女散花》等节目创造出来的。

在化妆上，目前流行的“古装发型”，就是梅兰芳当年钻研了中国古典绘画的仕女装束，精心设计出来的。弦乐伴奏加“二胡”，“吹腔”伴奏加“笙”；乐队移入边幕，并复以纱屏，这些也是由梅兰芳首倡，打破了传统的惯例。他敢于大胆地尝试各种不同风格的布景，并把灯光运用到京剧舞台。特别是早在几十年前，他就受了进步思潮的影响放手革新，以《孽海波澜》《邓霞姑》《一缕麻》《童女斩蛇》等剧目，反映了当时的生活，并且尝试表演上困难重重的“时装”。

梅兰芳在表演艺术上不断精进，他的唱念做打，表演身段，服装扮相，一方面根据剧情、人物、生活场景需要而变化；另一方面，却始终让人感到熨帖、自然，本色当行，毫无生硬粗糙之感。正由于梅兰芳掌握了戏曲艺术的表演规律，在适应的基础上加以发展和革新，于是就能使观众在不知不觉之中接受他的改革。

在50多年的舞台生涯中，梅兰芳的艺术成为近千年来中国戏曲史中的高峰之一。他一生的艺术实践为中国戏曲发展的历史树立了一座丰碑。特别是梅兰芳对于京剧旦角表演艺术的贡献，是前代与同代的旦行演员无法比拟的。有文章认为梅兰芳有四方面的卓越贡献：即梅兰芳个人人格、品质、精神的贡献和超越；梅兰芳对中国京剧艺术的继承和发展；梅兰芳戏剧体系——世界三大戏剧体系中最丰富、生动的戏剧体系；梅兰芳留给中国京剧的宝贵遗产——唱片集、戏曲艺术片和文字资料。

民初以来京剧的兴盛与发展，正是由于梅兰芳和杨小楼、余叔岩、程砚秋、周信芳等杰出的京剧艺术家，以其精湛的表演艺术，使京剧艺术日益丰富完美，深入群众，从而达到前所未有的鼎盛时期。梅兰芳站在这批艺术家的前列，继承、吸取前辈艺人的表演艺术和美学思想，不断丰富自己，同时学习、借鉴海派艺术，从京剧剧目、唱腔、舞蹈、服饰、化妆直至布景灯光，进行全面的改革和创新。从这个意义上说，梅兰芳起到了承前启后的关键作用。

梅兰芳在促进我国与国际间文化交流方面也做出了卓越的贡献。他是我国向海外传播京剧艺术的先驱。他曾于1930年访问美国，1935年和1952年两次访问苏联进行演出，获得盛誉，并结识了众多国际著名的艺术家、戏剧家、歌唱家、舞蹈家、作家和画家，同他们建立了诚挚的友谊。他的这些活动增进了各国人民对中国文化的了解，也使我国京剧艺术跻入了世界戏剧之林。

叶圣陶

叶圣陶（1894—1988），原名绍钧，字圣陶。江苏苏州人。著名作家、文学出版家、教育家、编辑家、社会活动家。

叶圣陶出生于江苏省苏州市的吴县。他的父亲帮当地一个地主做账房，家境清苦。1911年中学毕业后，成为乡镇小学教师。1916年进上海商务印书馆附设尚公学校执教。1919年加入北京大学学生组织的“新潮社”，开始发表小说、新诗、文学评论和话剧剧本。1923年任商务印书馆编辑。1949年任华北人民政府教科书编审委员会主任。新中国成立后，历任中央人民政府出版总署副署长兼编审局局长，教育部副部长兼人民教育出版社社长和总编辑，教育部顾问，全国文联第一至四届委员，中国作协第二、三届理事、顾问，中华全国文学艺术界联合委员会委员。

叶圣陶创作了我国第一部童话集《稻草人》和中国现代文学史上第一部长篇小说《倪焕之》。其他作品还有：短篇小说集《隔膜》《火灾》《线下》《潘先生在难中》《城中》《未厌集》等以及《圣陶短篇小说集》《叶绍钧选集》。

叶圣陶小说中的小知识分子形象大致有两种类型：一是卑琐和庸俗型。其代表是《饭》中的吴先生和《潘先生在难中》的潘先生；二是正直和理想型。其代表是《城中》的丁雨生、《抗争》中的郭先生，最典型的是《倪焕之》中的倪焕之。其中《倪焕之》被茅盾称为扛鼎之作。结构多变、精于布局，讲究结尾饶有余味，是叶圣陶小说风格的又一方面。叶圣陶对外国小说的借鉴了无痕迹，他的小说文字整饬、严谨、平实、纯正，既无欧化的成分，又没有半文半白的现象，十分讲究规范化。他的文学语言没有“五四”作家常有的欧化气息，深厚的古典文学修养和严肃踏实的写作态度，使叶圣陶的文学作品为中国现代汉语的规范、纯洁、健康作出了贡献。

因为是一名教育家，在叶圣陶的作品中，他记述了许多知识分子，他们中的许多人是被剥削者，是没有能力反抗的社会底层的人。他在自己的小说如《火灾》《线下》和《稻草人》中表达了自己民主的和社会主义的思想。这些文章聚焦于社会底层人民的痛苦生活。他的广受赞誉的小说《倪焕之》就记述了一位知识分子的悲情生活。

叶圣陶小说的突出艺术成就，在于他对“灰色人生”的冷静观察和客观描写，表现了鲜明的现实主义的特征。作家的冷隽、客观的风格色彩并不排斥他的内在热情和主观见解。冷静观察和客观描写，在叶圣陶小说风格的诸因素中最为突出。他带着一双透人的观世的眼，冷静的谛视着蜷伏在旧中国暗陬一角里的被侮辱与被损害者。他的内心蕴含着悲悯之情，而在落笔之际却藏而不露、冷隽含蓄，意常见于言外，情不外露于文中。

叶圣陶的语言简练而感人，他以用恰当的词语表述自己的能力而出名。人物在叶圣陶的笔下鲜明活泼，他深深的洞察到人物的内心世界。知名作家赵景深盛赞叶圣陶是写作界的异数，拥有着杰出且惊人的才能。他的优美文章持久而韵美地留存于世。他表达的情感和感觉构筑了真相与现实的基础，也使他的文章充满无穷的力量。“情感如同忽明忽暗的灯火，但是记述却因为这灯火而引人注目。”叶圣陶说。

事实上，叶圣陶是20世纪20年代第一位写童话的作者。他的作品《稻草人》于1923年出版。这部儿童读物在青少年当中极受欢迎。另一个作品《古代英雄的石像》，讲述了一块石头被雕刻成英雄的形象。这个简单易读的故事背后的寓意是嘲笑专家的傲慢自大与人们的麻木。叶圣陶的学生丁玲曾经称赞他的童话能够启迪人们对社会更多的思考。叶圣陶的童话是简单的，但是却拥有着深刻的内涵。他相信儿童对周围环境拥有个人看法，所以应当提高他们的批判能力。通过叶圣陶的故事，孩子们可以逐渐获得这个社会与他们之间关系的清晰认识。

叶圣陶对现代汉语的研究促进了中国现代新闻业的发展。叶圣陶热切的主张规范现代汉语包含规范的语法、修辞、词汇、标点、简化字和除去异体汉字。他又编纂和规范了出版物的汉字并且规定了汉语拼音方案。他所做的努力帮助改进了编辑工作的质量与组织结构。最重要的是，叶圣陶在出版领域提倡使用白话文。他的杂志和报纸大多使用白话文，这极大地方便了记者和读者的阅读。所有的这些贡献促进了中国新闻事业的发展。

叶圣陶是一位杰出的教育家，同时也是一位伯乐。他教育和发掘了许多杰出的作家：巴金、丁玲、戴望舒等。

叶圣陶是新文学史上最早出现和最有成就的“教育小说家”。暴露旧中国教育界黑暗的内幕，并透过教育界而把批判的矛头指向整个旧社会，是叶圣陶“教育小说”的基调。他以身临其境般的感受和同情，反映了下层知识分子贫穷悲苦的生活状况。与此同时，他对作为知识阶层一部分的教员，也有着严峻的解剖与审视。

徐悲鸿

徐悲鸿（1895—1953），原名寿康。江苏宜兴人。杰出画家和美术教育家。

徐悲鸿在中国现代艺术史上具有里程碑意义。与张书旗、柳子谷三人被称为画坛的“金陵三杰”，被誉为“中国近代绘画之父”。

徐悲鸿出身贫寒，自幼随父亲学习诗文书画。17 岁时便在宜兴女子初级师范等学校任图画教员。1916 年入上海复旦大学法文系半工半读，并自学素描。1917 年留学日本学习美术，不久回国，任北京大学画法研究会导师，并兼职于孔德学院。1919 年赴法国留学，考入巴黎国立美术学校学习油画、素描，并游历西欧诸国，观摩研究西方美术。1927 年回国。抗日战争爆发后，在新加坡、印度等地举办义卖画展，宣传支援抗日。中华人民共和国成立后，任中华全国美术工作者协会（现中国美术家协会）主席、中央美术学院院长等职，为第一届全国政协代表。

徐悲鸿主要作品有《奔马图》《群马》《珍妮小姐画像》《九方皋》《愚公移山图》《田横五百士》《徯我后》《负伤之狮》等。

徐悲鸿擅长素描、油画和中国画。他把西方艺术手法融入到中国画中，创造了新颖而独特的风格。他的素描和油画则渗入了中国画的笔墨韵味。他的创作题材广泛，山水、花鸟、走兽、人物、历史、神话，无不落笔有神，栩栩如生。他的代表作油画《田横五百士》《徯我后》，中国画《九方皋》《愚公移山图》等巨幅作品，充满了爱国主义情怀和对劳动人民的同情，表现了人民群众坚韧不拔的毅力和威武不屈的精神，表达了对民族危亡的忧愤和对光明解放的向往。他常画的奔马、雄狮、晨鸡等，给人以生机和力量，表现了令人振奋的积极精神。尤其他的奔马，更是驰誉世界，几近成了“现代中国画”的“象征”和“标志”。

徐悲鸿擅长以马喻人、托物抒怀，以此来表达自己的爱国热情。徐悲鸿笔下的马是“一洗万古凡马空”，独有一种精神抖擞、豪气勃发的意态。

《奔马图》作于1941年秋季第二次长沙会战期间。此时，抗日战争正处于敌我力量相持阶段，日军想在发动太平洋战争之前彻底打败中国，使国民党政府俯首称臣，故而他们倾尽全力屡次发动长沙会战，企图打通南北交通之咽喉重庆。二次会战中我方一度失利，长沙为日寇所占，正在马来西亚槟榔屿办艺展募捐的徐悲鸿听闻国难当头，心急如焚。他连夜画出《奔马图》以抒发自己的忧急之情。在此幅画中，徐悲鸿运用饱酣奔放的墨色勾勒头、颈、胸、腿等大转折部位，并以干笔扫出鬃尾，使浓淡干湿的变化浑然天成。马腿的直线细劲有力，犹如钢刀，力透纸背，而腹部、臀部及鬃尾的弧线很有弹性，富于动感。整体上看，画面前大后小，透视感较强，前伸的双腿和马头有很强的冲击力，似乎要冲破画面。

徐悲鸿长期致力于美术教育工作。他发现和团结了众多的美术界著名人士。他培养的学生人才辈出，许多已成为著名艺术家，成为中国美术界的中坚骨干。他对中国美术队伍的建设和中国美术事业的发展做出的卓越贡献，无与伦比，影响深远。

郁达夫

郁达夫（1896—1945），原名文，字达夫，幼名阿凤。浙江富阳人。中国现代著名小说家、散文家、诗人。

郁达夫3岁丧父，家庭窘迫。1908年就读于富阳县立高等小学堂。1910年考入杭州府中学堂（与徐志摩同学），后又到嘉兴府中学堂和美国教会学堂等校学习。1913年9月随长兄郁曼陀去日本留学。1914年7月考入日本东京第一高等学校医科部，毕业后被分至名古屋第八高等学校三部。1916年改读法学部政治学科。1921年6月，郁达夫和郭沫若、成仿吾等人组织成立创造社，担任《创造季刊》《创造月刊》《洪水》编辑。1930年3月，中国左翼作家联盟成立，为发起人之一。1936年任福建省府参议。1938年12月至新加坡，主编《星洲日报》等报刊副刊，写了大量政论、短评和诗词。1942年，日军进逼新加坡，与胡愈之、王任叔等人撤退至苏门答腊的巴亚公务，化名赵廉。1945年在苏门答腊牺牲。

郁达夫著名作品有《沉沦》（短篇小说集，1921 年）；《小说论》（理论，1926 年）；《戏剧论》（理论，1926 年）；《文学概说》（理论，1927 年）；《鸡肋集》（《达夫全集》第 2 卷，1927 年）；《过去集》（《达夫全集》第 3 卷，1927 年）；《达夫代表作》（小说、散文合集，1928 年）；《敝帚集》（达夫全集》第 5 卷，1928 年）；《薇蕨集》（《达夫全集》第 6 卷，1930 年）；《达夫自选集》（小说、散文合集，1933 年）；《断残集》（《达夫全集》第 7 卷，1933 年）；《达夫短篇小说集》（上、下册，1935 年）；《郁达夫文集》（小说、散文合集，1948 年）；《郁达夫游记》（散文集，1948）；《郁达夫选集》（小说、散文合集，1951 年）；《郁达夫文集》（1—12 册，1982 年）；《故都的秋》（选自《郁达夫文集》第三卷，1982 年）；《郁达夫小说集》（上、下册，1983 年）。

郁达夫在文学创作上主张“文学作品，都是作家的自叙传”，因此，他常常把个人的生活经历作为小说和散文创作的素材，在作品中毫不掩饰地勾勒出自己的思想感情、个性和人生际遇。郁达夫的自传体小说代表作品是《沉沦》，其在文中大胆地描写了男女性爱、性心理，同时也发出了“祖国呀祖国！我的死都是你害我的！”“你快富起来吧！强起来吧！”“你还有许多儿女在那里受苦呢”的悲号。这篇自传体小说一出版，立即在中国文坛引起了轩然大波，受五四运动洗礼后的青年一代，从他的小说中找到了与自己心灵相撞的东西，那些不敢与封建道德决裂的文人，也把矛头直接指向了郁达夫。郁达夫在自传体小说中，除了反映下层知识分子失意、苦闷外，还有一些作品通过知识分子的视角反映处于社会底层民众的疾苦，表现了对劳苦大众的同情和关怀，如《春风沉醉的晚上》《薄奠》等。郁达夫的小说创作因为对传统道德观念提出了挑战，并且首创了自传体小说这种抒情浪漫的形式，对当时一批青年作家产生了深刻的影响，形成了二三十年代中国文坛一股浪漫派的壮观潮流。

郁达夫的散文创作充满伤感情绪，甚至到无以复加，但他也并没有放弃对理想的追求，无论是伤感压迫得他喘不过气来的时候，还是几乎坠入颓唐境地的时光，他的心中总有一个诱惑着他的理想。这个理想谈不上崇高，也不具备多么深刻的内涵，但对郁达夫来说，却具有巨大的人生魅力，是推动他奋斗、创造的动力，这就是女人的爱。1927 年郁达夫曾在日记中写道："我若能得到王女士的爱，那么此后的创作力更要强些。啊！人生还是值得的，还是可以得到一点意义的。"郁达夫对女性的这神圣、痴想的情感，一方面当然是"自我"理想的表现，另一方面有分明影射着"五四"人的发现的光芒。因此，郁达夫将女性作为自己的理想来追求，这种行为和艺术倾向，虽然在力度、深度上都不具备"崇高"的属性，但反封建的民主意识却是鲜明可见的。

在郁达夫散文中，其强烈的伤感情绪表现为两种形式：一是颓废，一是憎恨。拼命地发泄一个人的本能，竭力要在病态中满足自我，这种情感和行为显然具有消极性，这是郁达夫散文中不健康的内容，却绝不是反动的内容，绝不是与时代思潮格格不入的情调。郁达夫主要是以这种病态来发泄一个从封建礼教羁绊中觉醒了而又找不到出路的青年的苦闷。这种不健康的色彩下面仍有着"五四""人的发现"所寄寓的积极的意味。在这里，这位被伤感折磨得无处解脱的人，将他的所有不幸，所有烦恼，所有悲苦，一齐倾向这个黑暗的时代，向不人道的制度发出了一个哀鸣着的青年的控诉，表现了显而易见的反帝反封建的民主主义倾向，这种倾向虽不能说很深刻，但鲜明的态度、强烈的情绪却也给这种倾向涂上了积极战斗的色彩。这种积极的意味主要表现在两个方面：第一，郁达夫的颓废以及这种颓废的具体表现——性苦闷，不仅是一己的感受，而且是作为一个社会问题提出来的。这种颓废和性苦闷，是当时青年的普遍心态，郁达夫则以自己的感受，集中地表现了这种"时代病"，从而将一个尖锐的问题提到了历史与社会面前，所以，具有积极性。第二，郁达夫的感伤、颓废包含着对封建旧道德的自觉的挑战。正如郭沫若在《郁达夫》中所说："他那大胆的自我暴露，对于深藏在千年万年的背甲里的士大夫的虚伪，完全是一种暴风雨式的闪击，把一些假道学，假才子们要惊得至于狂怒了。为什么？就因为这样露骨的真率，使他们感受着作假的困难。"

郁达夫的一生，胡愈之先生曾作这样的评价：在中国文学史上，将永远铭刻着郁达夫的名字，在中国人民反法西斯战争的纪念碑上，也将永远铭刻着郁达夫烈士的名字。

茅盾

茅盾（1896—1981），原名沈德鸿，字雁冰，笔名茅盾、玄珠、沈仲方等。浙江嘉兴桐乡人。中国现代著名作家、文学评论家、文化活动家以及社会活动家，中国革命文艺奠基人之一。

茅盾出生于浙江桐乡乌镇，是太湖南部的鱼米之乡，是近代以来中国农业最为发达之区，它毗邻着现代化的上海，又是人文荟萃的地方，这里成就了茅盾勇于面向世界的开放的文化心态以及精致入微的笔触。茅盾的启蒙教育开始较早。小学前便读过家塾、私塾。8 岁入乌镇立志小学读书，后转入植材高级小学，成为该校第一班学生。在这里，他不仅读到了国文、修身和算术教科书，并且对绘画发生了兴趣。那时，在一般守旧人的眼光里，小说之类被称为诲淫诲盗的“闲书”，是不准孩子们看的，但茅盾竟得到明达的父母的允许。《西游记》《三国演义》《水浒传》《聊斋志异》和《儒林外史》等，都是他这时爱读的书。

1918 年，茅盾写出了童话《寻快乐》，他的童话作品还有《大槐国》《负国报恩》《树中饿》《驴大哥》《金龟》《飞行鞋》《怪花园》《风雪云》。国共合作破裂之后，自武汉流亡上海、日本，开始写作处女作《蚀》三部曲（《幻灭》《动摇》《追求》）和《虹》，遂拿起小说家的笔。1920 年，茅盾接编并全面革新了老牌的《小说月报》，并于 1921 年 1 月发起成立了“文学研究会”，成为文学研究会的首席评论家。1928 年 7 月，茅盾赴日，1930 年回国后，加入中国左翼作家联盟，任行政书记。在左联期间他写出了长篇小说《子夜》、短篇小说《创造》《林家铺子》、“农村三部曲”（《春蚕》《秋收》《残冬》）。抗战时期，辗转于香港、新疆、延安、重庆、桂林等地，发表了长篇小说《腐蚀》《霜叶红似二月花》《锻炼》和剧本《清明前后》等。他还创作了《白杨礼赞》《风景谈》《森林中的绅士》等散文，以象征手法表达自己复杂的情感。

茅盾的代表作《林家铺子》写在 1932 年，日本帝国主义轰炸了上海，茅盾原来供职的商务印书馆编译所及涵芬楼图书楼，毁于炮火。茅盾陪母亲回乡居住的一段时间，所见所闻所感是一篇20世纪30年代悲剧画面，深深感受到“一·二八”战争像一颗炸弹，把压抑、沉默的人们骤然惊醒。回到上海，恰逢《申报月刊》向茅盾约稿，茅盾立刻想到写一篇反映小镇商人生活的小说。茅盾发现故乡商人勤俭、怯弱、谨慎、奉公守法、缺少决断、有会做生意的个性，是小商店老板的共性。写完之后，茅盾提上“倒闭”二字，交给主编后，主编连夜读完，发现是一篇难得的好小说，作品展现的社会生活丰实、复杂，故事线索脉络清楚而富有个性，林老板形象极有地方特色，语言形象化个性化。但一看题目，觉有不妥，建议修改题目，和茅盾商量之后，起用“林家铺子”这个题目。

因祖母去世，茅盾回乡，进一步熟悉了故乡的状况，加深了他对丰收成灾的感受。茅盾决定用这个内容写一篇小说，就是茅盾的短篇名作《春蚕》。小说通过农民老通宝家境的变迁，深刻反映了旧中国农民在帝国主义和国民党反动派、封建地主、高利贷者联合剥削下的苦难生活。全篇以养蚕为线索，小说结构灵巧又绵密，语言精巧秀丽，恰似一幅江南春蚕风俗图。小说一经发表，立刻引起广泛赞扬。朱自清肯定茅盾的创作路子：“我们现代小说，正应该如此取材，才有出路”；也有读者认为：“作者处处从侧面入手，用强有力的衬托，将帝国主义经济侵略深入到农村，以及数年来一切兵祸、苛捐等种种剥削后的农村的残酷景象，尽量暴露无遗。”故乡农村的艰辛，连上海也都见报了，加上自己对故乡的了解和把握，茅盾便顺着《春蚕》里的情节，在1933年4月，写了《秋收》，写了老通宝的稻子收成好反而又欠债，农民走投无路，自发吃大户；6月间，又写了《残冬》，描写了农村经济破产，农民自发的抗租斗争已经非武力所能压制，爆发了农民的斗争，这三篇小说合称“农村三部曲”。

文学史界公认茅盾是“中国社会剖析派小说”的坛主。这一派来源于19世纪法国、俄国的现实主义小说，又同中国古典世态小说两相结合。我们从《霜叶红似二月花》的“续稿”里可以看得分明。这部写于70年代并未经最后修饰的草稿，它的巴尔扎克、托尔斯泰式的叙事，精细的环境与人物服饰描摹所流露的旧说部的笔趣，是再明显不过了。茅盾代表整整一代的小说，直至80年代现代派的先锋小说兴起，一种更偏于个人内心的新一代叙事风行于世。这并不奇怪，茅盾在本世纪绝大部分时间所充任的，也是这种“新兴”作家的角色。

茅盾以自己的积蓄设立了文学奖金，后定为“茅盾文学奖金”，奖励优秀的长篇小说创作。

徐志摩

徐志摩（1896—1931），原名章垿，字槱森，留学英国时改字志摩，曾经用过的笔名：南湖、诗哲、海谷、谷、大兵、云中鹤、仙鹤、删我、心手、黄狗、谔谔等。浙江海宁人。我国著名现代诗人、散文家。

徐志摩1915年毕业于杭州一中，先后就读于上海沪江大学、天津北洋大学和北京大学。1918年赴美国学习银行学。1921年赴英国留学，入剑桥大学当特别生，研究政治经济学。1924年任北京大学教授。1926年任南京中央大学（1949年更名南京大学）教授。1927年参加创办新月书店。次年《新月》月刊创刊后任主编。并出国游历英、美、日、印等国。1931年初，与陈梦家、方玮德创办《诗刊》季刊，被推选为笔会中国分会理事。同年11月19日因飞机失事遇难。

徐志摩诗歌作品有《志摩的诗》《翡冷翠的一夜》《猛虎集》《云游》共4集；散文集有《落叶》《巴黎的鳞爪》《自剖》《秋》共4集；小说集仅有《轮盘》；戏剧仅有《卞昆冈》；日记有《爱眉小札》　《志摩日记》等。

徐志摩早年留学英美，对当时欧美的各种思潮或流派均有涉猎，尤其他还接触翻译了柯勒律治、华兹华斯以及泰戈尔等人的诗歌，这对他本人的诗歌创作无论是从内容到形式上都有很大的影响。再加上其浪漫的气质和深厚的国文功底，诗作自然轻灵飘逸，在当时的国人眼中煞是招摇。飘逸是“逍遥”的人格境界转化为诗学范畴的代名词，前者是指“一种安闲自得的精神自由状态”，亦指“一种不累于物，超然自得的精神状态”。

徐志摩的人生如此，他的诗文更是如此，诗文与人生达到高度的融合协调，其诗如人，其人如歌。对现实的反叛不仅表现在徐志摩的做人方面，更体现在诗作方面。《爱的灵感》张扬爱、美与自由，《爱眉小札》里的情书写出真挚的情感和鲜活的人性。《自剖集》中《婴儿》一诗颇受推重，其主要原因就是反叛现实渴求新生。

徐志摩的诗文带有很强的个人色彩，往往是个人色彩的汹涌："有一个时期我的诗情真有些象山洪爆发，不分方向的乱冲，那就是我最早写诗那半年……《志摩的诗》初期的汹涌性虽已消减，但大部分还是情感无关拦的泛滥——我的笔本来是最不受羁勒的一匹野马，看到了一多的谨严的作品，我方才憬悟到我自己的野性。《翡冷翠的一夜》可以说是我的生活上的又一个较大的波折的留痕。"由此可知，他的第一本诗集是"情感无关拦的泛滥"，第二本诗集是"生活上的又一个较大的波折的留痕"；他的第三本诗集是"性灵还在那里挣扎"，是"重压下透露出的一些声响"，其中的诗歌都是个人自抒的生活"留痕"和情感的泛滥，是蕴含浪漫气息和个人色彩的，《我不知道风是在哪一个方向吹》《再别康桥》等代表作即是如此。

流沙河在《三柱论》中说诗是"三柱擎起平台，建筑空中花园"。三柱就是情柱、智柱和象柱，分别构成诗魂、诗骨、诗貌。平台就是指语言文本。徐志摩的名诗佳句就像一座空中花园，让人目乱神迷。《再别康桥》一首的摇曳美，顾盼情，飘逸象，宇宙感，无不流露出作者移情入景，借景言情的含蓄和景由心造的自由以及"心为物役"的牵涉，和谐中的矛盾，矛盾中的和谐，由物及人乃至普遍共通的人性、人道，丝丝缕缕串起字字珠玉，编织出光彩夺目的人间胜景。徐志摩的诗往往给人一种共通的人性和人道的感觉，让我们看到的是一种意象和灵魂，这是人性光辉的闪光和流露。

徐志摩被称为"现代诗仙"，主要是指其在现代文学史上的影响地位、诗作风格和个人气质的叠加：一是其创作成就和地位高大，在诗坛里是"巨峰"，在新月诗格律诗乃至同期诗人中是"不争的领袖"，在"诗和人的风格上"和李白相似；二是诗风"轻灵飘逸"，多"灵感"，且往往"佳句天成"，带有明显的浪漫主义倾向，可与诗仙李白的风情媲美；三是信仰"真挚单纯"，染濡西方自由主义、人道精神，个人主观色彩浓厚，极具人性亲和力和人格感染力，"使人想起诗人李白"。

徐志摩作为新月派的代表性诗人，在我国新诗发展史上曾经产生过重要影响，为新诗的发展进行过种种试验和探索。

朱自清

朱自清（1898—1948），原名自华，号秋实，改名自清，字佩弦。原籍浙江绍兴，生于江苏东海，长于江苏扬州，自称“我是扬州人”。现代著名散文家、诗人、学者。

朱自清自幼在私塾读书，深受中国传统文化的影响。1912 年入高等小学，于 1916 年成功考入北京大学预科，1919 年 2 月出版他的处女诗集《睡吧，小小的人》，1920 年于北京大学哲学系毕业。1921 年参加文学研究会，是“五四”时期重要的作家之一。1931 年 8 月，朱自清留学英国，进修语言学和英国文学；后又漫游欧洲五国；1932 年 7 月回国，任清华大学中国文学系主任，与同事闻一多一起论学。1945 年抗战胜利后，国民党政府发动内战，镇压民主运动。1946 年 7 月，朱自清的好友李公朴、闻一多先后遇害，都使他震动和悲愤。1946 年 10 月，他从四川回到北平，于 11 月担任“整理闻一多先生遗著委员会”召集人。在“反饥饿、反内战”的实际斗争中，他身患严重的胃溃疡。1948 年 8 月 12 日，朱自清因患严重的胃病，英年早逝。

朱自清的主要作品：《雪朝》（诗集）、《背影》（散文集）、《欧游杂记》（散文集）、《你我》（散文集）、《伦敦杂记》（散文集）、《国文教学》（论文集）、《经典常谈》（论文集）、《诗言志辨》（诗论）、《新诗杂谈》（诗论）、《标准与尺度》（杂文集）、《语文拾零》（论文集）、《论雅俗共赏》（杂文集）、《朱自清文集》（1—4 卷）、《朱自清古典文学论文集》（上、下册）、《朱自清序跋书评集》（论文集）、《朱自清散文选集》《朱自清全集》（1—3 卷）。

朱自清的散文主要是叙事性和抒情性的小品文。其作品的题材可分为三个系列：一是以写社会生活抨击黑暗现实为主要内容的一组散文，代表作品有《生命的价格：七毛钱》《白种人：上帝的骄子》和《执政府大屠杀记》。二是以《背影》《儿女》为代表的一组散文，主要描写个人和家庭生活，表现父子、夫妻、朋友间的人伦之情，具有浓厚的人情味。三是以写自然景物为主的一组借景抒情的小品，《桨声灯影里的秦淮河》《荷塘月色》和《春》等，是其代表佳作，伴随一代又一代人的喜怒哀乐。后两类散文，是朱自清写得最出色的，其中《背影》《荷塘月色》更是脍炙人口的名篇。其散文素朴缜密、清隽沉郁，以语言洗练、文笔清丽著称，极富有真情实感。

朱自清散文感情的真挚更是有口皆碑。他的《背影》《悼亡妇》等，被称为“天地间第一等至情文学”。在淡淡的笔墨中，流露出一股深情，没有半点矫揉造作，而有动人心弦的力量，尤其是在《背影》中，朱自清对父亲的感情之深让读者感到了一丝丝的怀念和感动。他在《论逼真和如画》《论标语口号》《钟明〈呕心苦唇录〉序》等文章里，强调“真就是自然”，强调“修辞立其诚”，强调“宣传与写作都不能缺少……至诚的态度”。正是这种“至诚的态度”，使他把自己的真情实感都倾注在字里行间，而这种从心灵深处流露出来的喜怒哀乐之情，更容易引起读者的共鸣。

朱自清的散文创作，从清秀隽永到质朴腴厚再到激进深邃，打上鲜明的时代印记，显示出他独特的艺术风格和审美旨趣。郁达夫曾说：“朱自清虽则是一个诗人，可是他的散文仍能够贮满那一种诗意。”应该说，这是对朱自清散文艺术的一个很精到的评价。

朱自清一生勤奋，共有诗歌、散文、评论、学术研究著作 26 种，约 200 多万言。遗著编入《朱自清集》《朱自清诗文选集》等。朱自清以独特的美文艺术风格，为中国现代散文增添了瑰丽的色彩，为建立中国现代散文全新的审美特征创造了具有中国民族特色的散文体制和风格。

闻一多

闻一多（1899—1946），原名家骅，又名多、亦多、一多，字友三、友山。湖北蕲水（今浠水）人，著名诗人、学者，新月派代表诗人。

闻一多出身于一个书香家庭。1912 年考入清华大学，喜欢读中国古代诗集、诗话、史书、笔记等。1916 年开始在《清华周刊》上发表系列读书笔记，同时创作旧体诗。1919 年五四运动时积极参加学生运动，曾代表学校出席全国学联会议。1922 年 7 月赴美国芝加哥美术学院等学校学习。1925 年 5 月回国后，历任国立第四中山大学、武汉大学（任文学院首任院长并设计校徽），曾任北京艺术专科学校教务长、武汉大学文学院长、山东大学文学院长。1937 年抗战开始，他在昆明西南联大任教。1943 年后，因目睹国民政府的腐败，于是奋然而起，积极参加反对独裁，争取民主的斗争。1946 年 7 月 15 日在悼念被国民党特务暗杀的李公朴的大会上，发表了著名的《最后一次演讲》，当天下午返家途中即被国民党特务枪杀。

主要作品有：《冬夜草儿评论》，与梁实秋合著；《红烛》（诗集）；《死水》（诗集）；《闻一多全集》（1—4 册）；《闻一多选集》；《闻一多诗文选集》；《楚辞校补》（古典文学研究）；《神话与诗》（古典文学研究）；《古典新义》（上、下册，古典文学研究）。《七子之歌》是闻一多先生 1925 年 3 月在美国留学期间创作的一组诗，共有 7 首。分别是《澳门》《香港》《台湾》《威海卫》《广州湾》《九龙》和《旅顺、大连》。

闻一多的诗具有极强烈的民族意识和民族气质。爱国主义精神贯穿于他的全部诗作，成为诗歌创作的基调。早在清华学生时代所作的《李白之死》《红荷之魂》等诗中，成功地运用中国传统的诗歌题材和形象词汇歌唱他心中的理想与爱情。留美时期写下的《太阳吟》《洗衣歌》《孤雁》《忆菊》等名篇，表现了他对帝国主义“文明”的鄙视和对祖国的思念。回国初期的诗作《祈祷》《爱国心》《一句话》《我是中国人》《七子之歌》等，用炽热的情感、完整的意象、和谐的音律，表现了诗人的民族自豪感。《死水》时期的诗较之往昔之作题材更广泛，思想更深沉，进一步接触到了中国社会现实。《春光》《荒村》等诗充满了对处于军阀混战中灾难深重的劳动人民的同情；《唁词——纪念三月十八日的惨剧》《天安门》《欺负着了》等诗则直接把笔锋指向了北洋军阀的暴行。在《发现》这首诗中，诗人面对着军阀混战，列强侵略，山河破碎，民不聊生的现实感到困惑与不安，他“追问青天，逼迫八面的风”，但“总问不出消息”。

闻一多的这些诗篇发展了屈原、杜甫创作中爱国主义传统，具有鲜明的时代感以及社会批判的性质。

在创建格律体时，闻一多提出了具体的主张，就是著名的“三美”：“诗的实力不独包括音乐的美，绘画的美，并且还有建筑的美。”音乐美是指诗歌从听觉方面来说表现的美，包括节奏、平仄、重音、押韵、停顿等各方面的美，要求和谐，符合诗人的情绪，流畅而不拗口——这一点不包括为特殊效果而运用声音。绘画美是指诗歌的词汇应该尽力去表现颜色，表现一幅幅色彩浓郁的画面。建筑美是指针对自由体提出来的，指诗歌每节之间应该匀称，各行诗句应该一样长——这一样长不是指字数完全相等，而是指音尺数应一样多，这样格律诗就有一种外形的匀称均齐。

闻一多的诗，是他的艺术主张的实践。他的大多数诗作，犹如一张张重彩的油画，他不仅喜用浓重的笔触描绘形象，渲染气氛，尤擅长于在大胆的想象、新奇的比喻中变幻种种不同的情调色彩，再配上和谐的音节、整饬的诗句这些优美的艺术形式的框架，使他的诗成为一件完整的艺术品。但有时由于刻意雕琢，便失去素朴与自然美的光华。闻一多的诗开创了格律体的新诗流派，影响了不少后起的诗人。

朱自清曾写诗歌颂闻一多：“你是一团火，照彻了深渊；指示着青年，失望中抓住自我。你是一团火，照明了古代；歌舞和竞赛，有力猛如虎。你是一团火，照亮了魔鬼；烧毁了自己！遗烬里爆出个新中国！”

老舍

老舍（1899—1966），本名舒庆春，字舍予；原姓舒舒觉罗氏，一说姓舒穆禄氏。生于北京，满族正红旗人。中国现代著名小说家、文学家、戏剧家。

八国联军进攻北京，其父亲在抵抗联军的入侵时殉国，老舍与母亲相依为命，过着清贫的日子。9 岁时由满族贵族刘寿绵（宗月大师）资助，1913 年考入京师第三中学（现北京三中），数月后因经济困难退学。同年考取公费的北京师范学校，于 1918 年毕业。1918 年至 1924 年间，先后任师公立第17高等小学校兼国民学校校长、天津南开中学教员、北京一中教员。1924年秋季，老舍赴英国，在伦敦大学亚非学院华语学系任华语讲师。1937年，七七事变爆发后，老舍离别家小奔赴国难。抗战结束后，老舍于1946年3月接受美国国务院邀请，赴美讲学。“文革”中，同许多老一辈爱国文艺家一样，老舍遭到了恶毒攻击和迫害。1966年“文革”爆发后，不忍屈辱，含冤自沉于北京太平湖。1968年，获诺贝尔文学奖提名。

老舍主要的作品有《骆驼祥子》《四世同堂》《老张的哲学》《赵子曰》《二马》《文学概论讲义》《小坡的生日》《猫城记》《离婚》《老舍幽默诗文集》《赶集》《樱海集》《蛤藻集》《老牛破车》《三四一》《火车集》《残雾》《文博士》《张自忠》《大地龙蛇》《剑北篇》《归去来兮》《国家至上》《谁先到了重庆》《桃李春风》《贫血集》《火葬》《东海巴山集》《微神集》《月牙儿》《方珍珠》《老舍选集》《春华秋实》《老舍短篇小说》《福星集》《上任》《我这一辈子》。话剧有《茶馆》《龙须沟》等。

老舍的作品大多取材于市民生活。他的写作多采用生活中的繁琐小事。他善于描绘城市贫民的生活和命运，尤其擅长刻画浸透了封建宗法观念的保守落后的中下层市民，在民族矛盾和阶级搏斗中，在新的历史潮流冲击下，惶惑、犹豫、寂寞的矛盾心理，和进退维谷、不知所措的可笑行径。他喜欢通过日常平凡的场景反映普遍的社会冲突，笔触往往延伸到民族精神的挖掘或者民族命运的思考，让人从轻快诙谐之中品味出生活的严峻和沉重。

老舍的作品另一个特点，是表现出鲜明的反帝爱国的题旨。他的第一篇习作《小铃儿》，通过小学生带有稚气的行动，表达了反抗外国侵略者的民族意识。茅盾从老舍最早的作品中深切地感受到“对于祖国的挚爱和热望”（《光辉工作二十年的老舍先生》）。写于20世纪60年代初的话剧《神拳》（又名《义和拳》），再现北京居民抗击八国联军的壮烈情景。后期作品强烈地表现了中国人民当家做主、自立自强于世界的喜悦和自豪。对于社会主义祖国的热爱，使他的爱国主义增添了新的内容和光彩，达到新的思想高度，强烈的民族自尊感和炽热的爱国主义，是老舍的高贵品格，也是他作品中宝贵的精神遗产。

话剧《茶馆》是老舍先生的不朽名著，也是老舍在语言艺术上成就最高的作品。该作脍炙人口，在戏剧界是有名的“一句台词勾画一个人物”的好戏。《茶馆》不仅作为中国的戏剧经典长演不衰，而且翻译成多种文字，在外国上演，也深受有着不同文化背景的人们的欢迎，并引起轰动。

老舍一生创作了大量的小说（尤其是长篇小说）、剧本、散文、诗歌（新式之外包括歌词、古词和旧体诗等），几乎涉及各种形式。已出版的《老舍文集》19 卷，总共有 1000 万字之多。有评论称：谈现代长篇小说的生成，你不能超越他；回顾现代讽刺幽默精神，离不开他；讲到中国话剧的民族化，自然不可绕开老舍；而要认认真真地总结中国现代白话的历史，想象我们每个人今天嘴里说的或笔下写的现代语言文字，更是不可忽视他的存在。可以说，老舍的作品的确称得上是“经典”：他的以一挡百、一以挡千的无可争辩的分量；他在历史上有不可或缺的地位，无法逾越的典范性、代表性；产生的时候是重要的，之后又拥有持久的影响力，一代一代有他的读者，甚至迷恋者。他值得人们再三回味，可以不断感受，不断验证，不断有新的发现，即所谓说不完的莎士比亚，具有永恒的魅力。

张大千

张大千（1899—1983），别号大千居士。祖籍广东番禺，出生于四川内江。著名国画家、书法家，20 世纪中国画坛最具传奇色彩的人物。

张大千生于四川省内江市市中区城郊的一个书香门第的家庭，排行第八，7 岁启蒙课读，9 岁习画，12 岁能画山水、花鸟和人物，见者呼为神童。13 岁就读于新式学堂，至 19 岁与仲兄张泽留学日本京都，学习绘画与染织。1919 年，返上海，拜曾熙、李瑞清为师。1924 年，在上海首次举行个人画展。1935 年，应南京中央大学校长罗家伦、艺术系主任徐悲鸿之邀，任中央大学艺术系教授，转年即辞职，专事创作。1940 年赴敦煌临摹历代壁画，前后凡两年零七个月。抗战胜利后，张大千的作品先后在巴黎、伦敦、日内瓦和国内各地展出。1974 年获美国加州太平洋大学名誉人文博士学位。1976 年移居台北，晚年思乡而不得归。1983 年 4 月 2

日因心脏病逝世。

张大千作品有《湖畔风景》《可以横绝峨嵋巅》《青城天下幽》《长江江静濑船秋水钓鱼》《阔浦遥山系列》《摩耶精舍外双溪》《台北外双溪摩耶精舍》《人家在仙堂》《春云晓霭》《水殿幽香荷花图》《水墨红荷图》等作品。

张大千是全能型画家，其创作达“包众体之长，兼南北二宗之富丽”，集文人画、作家画、宫廷画和民间艺术为一体。于中国画人物、山水、花鸟、鱼虫、走兽，工笔无所不能，无一不精。诗文真率豪放，书法劲拔飘逸、外柔内刚，独具风采。张大千的画风，在早、中年时期主要以临古仿古居多，花费了一生大部分的时间和精力，从清朝一直上溯到隋唐，逐一研究他们的作品，从临摹到仿作，进而到伪作。张大千的画风，先后曾经数度改变，晚年时历经探索，在 57 岁时自创泼彩画法，是在继承唐代王洽的泼墨画法的基础上，糅入西欧绘画的色光关系，而发展出来的一种山水画笔墨技法。可贵之处，是技法的变化始终能保持中国画的传统特色，创造出一种半抽象墨彩交辉的意境。

张大千的绘画艺术可分为三个时期：古典作风期、转变期和高峰期。60 岁前，张大千集中精力临摹，由石涛、朱耷追徐渭、陈淳及宋元诸家，直至敦煌壁画，其画风亦由近似石涛、朱耷而变为晋唐宋元风范；60 岁到 70 岁，历经十年探索，融泼彩于泼墨、勾皴法，创造雄奇壮丽的新风貌；以 70 岁所作《长江万里图》为标志，迈入创造性的高峰期，泼彩成为最富个性的画法。其晚年这一突变，不仅将其艺术从古典画风引向了现代画风，也将其个人推上了中国画革新大家的行列。

张大千的绘画风格，经历“师古”“师自然”“师心”的三阶段：30 岁以前的画风属“清新”，50 岁近于“瑰丽”，60 岁以后达“苍深渊穆”之境，80 岁后气质淳化，笔简墨淡，所创泼墨山水，奇伟瑰丽，与天地融合，增强了意境的感染力和画幅的整体效果。40 岁前“以古人为师”，40 岁至 60 岁之间以自然为师，60 岁后以心为师。60 岁后独创新法，使其绘画艺术在深厚的古典艺术底蕴中独具气息。

张大千他在亚、欧、美举办了大量画展，蜚声国际，被誉为“当今最负盛名之国画大师”。徐悲鸿说：“张大千，五百年来第一人。”

冰心

冰心（1900—1999），原名谢婉莹，笔名冰心。福建福州长乐横岭村人。著名诗人、翻译家、儿童文学作家、社会活动家。

冰心出生于福州三坊七巷谢家大宅，该宅院也是林觉民故居。1918年入读上海协和女子大学理科，开始向往成为医生，后受“五四”影响，转文学系学习，曾被选为学生会文书，投身学生运动，此期间著有小说《斯人独憔悴》、诗集《繁星·春水》，短篇小说《超人》。1923 年进入燕京大学。毕业后，到美国波士顿的威尔斯利学院（宋美龄也毕业于该校）攻读英国文学，专事文学研究。1926 年获硕士学位后回国，冰心相继在燕京大学、清华大学国文系任教。1929 年 6 月与社会学家吴文藻结婚。先后去美、法、英等地访问。“文化大革命”后冰心受冲击，被抄家并进了“牛棚”，烈日下接受“造反派”批斗。

冰心的主要作品有散文集《超人》《归来以后》《再寄小读者》《我们把春天吵醒了》《樱花赞》《拾穗小札》《晚晴集》《三寄小读者》等。小说散文集《小橘灯》《往事》《南归》，散文集《关于女人》，以及《冰心全集》《冰心文集》《冰心著译选集》等，诗集《繁星·春水》《闲情》等。曾任中国文联副主席，中国作家协会名誉主席、顾问，中国翻译工作者协会名誉理事等职。

1922 年冰心出版第一部诗集《繁星》。由 164 首小诗组成。冰心一生信奉“爱的哲学”，她认为“有了爱，便有了一切”。在《繁星》里，她不断唱出了爱的赞歌。她最热衷于赞颂的，是母爱。除了挚爱自己的双亲外，冰心也很珍重手足之情。她爱自己的三个弟弟。她在后来写作的一篇散文《寄小读者》，《通讯十三》里，还把三个弟弟比喻成三颗明亮的星星。冰心赞颂母爱，赞颂人类之爱，赞颂童心，同时她也赞颂大自然，尤其是赞颂她在童年时代就很熟悉的大海。歌颂大自然，歌颂童心，歌颂母爱，成为冰心终生创作的永恒主题。其中《纸船》被评为现代诗终生荣誉奖，为无标题的自由体小诗，以“自然”“童真”与“母爱”为主题，被著名作家茅盾称为“繁星格”“春水体”。

冰心散文的语言“清丽”“典雅”。她善于提炼口语，使之成为文学语言，她能把古典文学中的词章、语汇吸收融化，注入到现代语言中去。远在“五四”初期，冰心就以语体白话文从事创作。在行云流水般的文中，在引诗援典或遣词造句中时而出现某些文言词语。然而，并非文白相加，而是经过精心提炼、加工，使之相互融合，浑然一体，形成独特的语言艺术：即凝练明快，清新婉丽。或色彩鲜明，或素缟淡雅，都带有浓重的抒情性，给人以如诗似画的美感。其错落有致的长短相间的句式以及排比、对句等的恰当穿插，更增强了语言的音乐性。广大读者对这种语言交口称赞，以致把后来的既表现出白话文的流畅、明晰，又有文言文的洗练、华美的语言，统称之为“冰心体”语言。

冰心在人民心中拥有很高的地位，她逝世后，人民给她以高度的评价，称她为“二十世纪中国杰出的文学大师”；巴金评价她：“一代代的青年读到冰心的书，懂得了爱：爱星星、爱大海、爱祖国，爱一切美好的事物。我希望年轻人都读一点冰心的书，都有一颗真诚的爱心。”郁达夫评价冰心作品：“是以一种奇迹的模样出现，生着翅膀，飞到各个青年男女的心上去，成为无数欢乐的恩物，冰心女士的名字，也成为无人不知的名字了。”

冰心是世纪同龄人，一生都伴随着世纪风云变幻，一直跟上时代的脚步，坚持写作了75年。她是新文学运动的元老。她的写作历程，显示了从“五四”文学革命到新时期文学的中国现当代文学发展的伟大轨迹。她开创了多种“冰心体”的文学样式，进行了文学现代化的扎扎实实的实践。她是我国第一代儿童文学作家，1995年曾因此经黎巴嫩共和国总统签署授予国家级“雪松勋章”。她的文学影响超越国界，作品被翻译成各国文字，得到海内外读者的赞赏。

1990年“冰心奖”创立，由著名作家韩素音女士倡导，并得到国内外文学、出版等各界人士大力支持。十几年来，它由最初的单一儿童图书奖，发展为包括图书、新作、艺术等多项奖项的综合性大奖，目的在于鼓励儿童文学作品的创作出版，发现、培养新作者，支持和鼓励儿童艺术普及教育的发展。连续颁发多年的冰心奖，在社会各界和海内外都产生了巨大影响，为促进我国当代先进文化的建设发挥积极作用。

俞平伯

俞平伯（1900—1990），原名铭衡，字平伯。祖籍浙江德清县，生于吴兴（今湖州）。现代诗人、作家、“红学”家。与胡適并称“新红学派”的创始人。

俞平伯是清代朴学大师俞樾曾孙，早年参加五四新文化运动，为新潮社、文学研究会、语丝社成员。1919 年毕业于北京大学。曾赴日本考察教育。1947 年加入“九三”学社。新中国成立后，历任北京大学教授，中国社会科学院文学研究所研究员，“九三”学社中央委员、顾问，中国文联第一至第四届委员，中国作协第一、二届理事。

俞平伯最初以创作新诗为主。1918 年，以白话诗《春水》崭露头角。次年，与朱自清等人创办我国最早的新诗月刊《诗》。至抗战前夕，先后结集的有《冬夜》《西还》《忆》等。他亦擅词学，曾有《读词偶得》《古槐书屋词》等。在散文方面，先后结集出版有《杂拌儿》《燕知草》《杂拌儿之二》《古槐梦遇》《燕郊集》等。1921 年，俞平伯开始研究《红楼梦》。陆续发表了《红楼梦辨》《红楼梦研究》《红楼梦简论》等，还著有《论诗词曲杂著》《红楼梦八十回校本》，及《俞平伯散文选集》等。

俞平伯的散文属周作人的“美文”一派。其 20 世纪的散文集有《燕知草》和《杂拌儿》。《桨声灯影里的秦淮河》《陶然亭的雪》《西湖六月十八夜》都是散文中的名篇。《桨声灯影里的秦淮河》的描写情景交融，景色朦胧，是他散文的代表作。《陶然亭的雪》中，冬日黄昏的迟暮，为静穆凄清之情浸染，在记叙、抒情中又生发一些悠闲的意想，情、景、理、趣水乳交融、笔浓而意淡。《西湖六月十八夜》用细腻的笔触描绘出倦意朦胧的西湖的变幻的美，造成一种空灵的意境。俞平伯的散文很少触及重大现实问题，而以独抒性灵见长。用笔细腻、意境朦胧而灵动、闲适而伤感，语言运用透出古代文学的深厚传统的影响，被周作人誉为“近来的第三派新散文的代表”。

俞平伯的代表作《红楼梦辨》，写成于1922年。全书共3卷：上卷是考证后40回的文字，中卷论前80回，下卷是其他续书的考证及杂论。其写作的目的是要“渐渐把读者的眼光转移，使这本书的本来面目得以显露”，即“从高鹗的意思，回到曹雪芹的意思”，“开辟出一条道路，一条还原的道路”。在辨伪存真的考据工作中，俞平伯的功绩是抹杀不了的。他根据《红楼梦》前80回的原文和脂评，研究曹雪芹原稿的残缺情况以及佚稿的大致内容，研究作者“真事隐去”“假语村言”的笔法，这对我们理解小说中某些描写的含义，了解作者的艺术构思和写作情况，大有启示。特别是他比胡適列举了更多的理由证明“原书只有80回，是曹雪芹做的，后面的40回，是高鹗续的”，指出后40回写宝玉中举，黛玉劝宝玉读八股文，宝玉出家封“文妙真人”，贾家家道复初，兰桂齐芳等违反了曹雪芹原意，歪曲了主要人物的思想性格，表现了读者的“利禄熏心”和“不谬于名教”的思想等，无不切中要害。他对后40回的批评是尖刻的，但也肯定他写了“宝走黛死”，“保持一些悲剧的空气，不至于和那才子佳人的奇书，同流合污”，“是兰墅底大功绩，不可磨灭的功绩”，等等。这些看法在20世纪20年代第一次提出，是难能可贵的。

中国社科院文学所刘扬忠研究员的《俞平伯先生学术成就简论》认为：俞平伯最负盛名的研究成果，是“五四”精神孕育出来的。说《红楼梦辨》在古典文学研究的现代化进程上具有开创意义，这个评价丝毫不过头。俞平伯具有诗人和文学史家的双重身份，他充分了解和熟悉文学创作的规律。和旧时的评点派和猜谜派不同，他把古典小说当作文学作品看待，把古典小说研究当作学术对待。《红楼梦辨》这一空谷足音似的早期成果，使刚刚接受了新学洗礼的“五四”时代的读者清楚地认识到：古典小说是古典文学中重要的分支，应享有与“正宗”文学同等的地位。从此，小说研究在学术工作中的地位日渐提高，后来者研究古典小说所取得的成绩越来越多。可以说，以胡適的《红楼梦考证》和俞平伯的《红楼梦辨》的相次问世为标志，我国古典文学研究的观念解放了，方法更新了，领域拓宽了，门类齐全了，向现代科学迈进的步子加大了。

王力

王力（1900—1986），字了一。广西壮族自治区博白县人。中国语言学家、教育家、翻译家、散文家和诗人，及中国现代语言学奠基人之一。

王力1913年小学毕业后失学。1916年在博白高等小学任国文教员。1924年入上海南方大学学习，次年转入上海国民大学。1926年考进清华大学国学研究院。1927年赴法国留学，获巴黎大学文学博士学位。1932年回国，历任清华大学、燕京大学等大学教授，文学院院长，语言学系主任。1954年调北京大学任教授，直至去世。1956年被聘为中国科学院哲学社会科学部委员。

王力主要作品有：《中国音韵学》（1936年，1955年再版时改名为《汉语音韵学》）、《古语的死亡、残留和转生》（1941）、《新字义的产生》（1942）、《理想的字典》（1945）、《词义的发展和变化》（1983）等文。王力对汉语的语音、语法、词汇所作的描写和历史的研究，集中在《汉语史稿》一书中。20世纪70年代末开始修订重写，分为《汉语语音史》（1985）、《汉语语法史》和《汉语词汇史》三书。

1936年至1937年，王力发表了《中国文法学初探》和《中国文法中的复词》两篇论文，对当时语法学界的研究状况表示了很大的怀疑，对某些学者简单比附的研究方法提出了批评，倡导着力研究汉语语法自己的特点，并且提出很多新的观点和概念。这两篇论文，在语法学界引起了很大的反响，被认为是汉语语法研究进入一个新阶段的重要标志。王力以《红楼梦》的口语为材料写的《中国现代语法》和《中国语法理论》两部专著，运用普通语言学理论，深入探索了汉语语法的特点，指出了汉语语法和西欧语法的根本差异。这两部著作和后来的《中国语法纲要》，形成了王力自己的语法体系，把我国汉语语法研究向前推进了一大步。在1936年出版的《中国音韵学》是王力正式出版的第一部语言学专著，这部书也是我国第一部用现代语音学原理，全面、系统地整理、介绍汉语音韵知识的教科书。在20世纪40年代，王力的语法著作和吕叔湘的《中国文法要略》都对汉语语法研究起了重要的影响。

王力主编的《古代汉语》(4 卷本)，成为全国高校汉语言文学系古代语言教学最高水平的教材，持续至今。

王力的学问博大精深，为学界所公认。他不仅是杰出的语言学家，而且是著名的翻译家、诗人和散文家。他翻译、出版过法国纪德、小仲马、嘉禾、左拉、都德、波特莱尔等作家的小说、剧本、诗歌以及《莫里哀全集》，共 20 余种。中国现代文学史家把他和梁实秋、钱锺书推崇为“抗战时期三大学者、散文家”。王力在语言学方面的专著有 40 多种，论文近 200 篇，共约 1000 万余字，内容几乎涉及语言学各个领域，有许多且具有开创性。这些论著汇编为《王力文集》，20 卷。王力捐献了这部书的稿费，设立“北京大学王力语言学奖”。

梁思成

梁思成（1901—1972)，广东新会（今江门新会区）人。中国建筑史事业的开拓者，著名的建筑历史学家、建筑教育家及建筑师。

梁思成出生于日本东京，1912—1914 年在北崇德国小及汇文中学学习。1915—1923 年在北京清华学校学习；1924 年赴美国宾夕法尼亚大学学习建筑；1927 年以优异成绩获得宾夕法尼亚大学研究院建筑硕士学位；1928 年回国后应东北大学之邀去沈阳创办了建筑系，任系主任和教授；1946 年赴美国讲学，受聘美国耶鲁大学教授，联合国大厦设计顾问建筑师；1948 年被选为中央研究院院士。

梁思成的主要作品有《清式营造则例》《中国建筑史》《城市计划大纲序》《中国建筑与中国建筑师》《图像中国建筑史（汉英双语版)》《中国雕塑史》等专著和《蓟县独乐寺山门考》《正定古建筑调查报告》《记五台山佛光寺建筑》等众多的调查报告与学术论文。建筑代表作有吉林大学礼堂和教学楼、北京大学女生宿舍、人民英雄纪念碑、鉴真和尚纪念堂、中华人民共和国国徽（参与者）等。

经过对古建筑的系统调查研究，1934 年，梁思成编著了《清式营造则例》一书，这部著作第一次将繁杂的中国古建筑构造和形制作了科学的整理和分析，对清代建筑的各部分作法和制度作了较详细的介绍和论述，第一次用近代的建筑投影图绘制出清式建筑构架、门窗、装饰和彩画的详图，使人们在多彩的古建筑遗迹面前不再只是停留在一般的感叹上，而是获得了科学的认识和了解。几十年来．这部《清式营造则例》成了初学中国古建筑的入门必读教材，研究中国古建筑的不可少的资料，也是如今古建筑修整工作人员常用的工具书。

从 1932 年到 1941 年的 10 年期间，梁思成和营造学社的同仁们一共调查了 2700 多处古建筑，足迹遍及 190 县市，自宫殿、寺庙、石窟到园林、民居，从唐代古建到清代建筑，它们给研究中国建筑发展史提供了充足的资料，梁思成正是根据这些丰富的资料，于 1942 年开始撰写《中国建筑史》。在这部著作中，梁思成根据大量的调查和文献资料，第一次按中国历史的发展，将各时期的建筑，从文献到实物，从城市规划、宫殿、陵墓到寺庙、园林、民居都作了叙述，并对各时期的建筑特征作了分析和比较。在这部著作中，梁思成提出了对中国古代建筑特征的详细分析，他按中国建筑结构方法及其发展列举了中国古建筑的七大特征，并且从中国古代政治制度、思想道德观念、建筑的传统体制等几方面论述了这些特征的形成原因。这些论述和分析都远远超过了过去外国人对中国建筑的研究水平，达到了前人所没有达到的高度。接着梁思成为了向外国人介绍中国建筑文化又用英文写了一部《图像中国建筑史》。美国学者费正清对梁思成这一时期工作作了如下的评价："二次大战中，我们又在中国的西部重逢，他们都已成了半残的病人，却仍在不顾一切地，在极端艰苦的条件下致力于学术，在我们的心目中，他们是不畏困难，献身科学的崇高典范。"

梁思成长期从事建筑教育事业，对建筑教育事业作出了重要贡献。在学术研究方面，梁思成自 20 世纪 30 年代起，对我国古代建筑进行了系统的调查研究，他生前写的许多有关中国古代建筑的专著和论文，具有很高的学术价值。梁思成还以巨大的政治热情，对北京市的城市规划和建筑设计提出很多重要的建议，并参加了北京市城市规划工作，对建筑设计的民族形式进行了探索。梁思成是我国最早用科学方法调查研究古代建筑和整理建筑文献的学者之一。他的学术著述，引起了中外学者的重视，他的著述是我国建筑界的一份宝贵遗产。

林徽因

林徽因（1904—1955），原名徽音。福建闽侯人。中国著名建筑师、诗人、作家。参与中华人民共和国国徽和人民英雄纪念碑的设计工作。

林徽因出身于一个官僚知识分子家庭，1916 年入北京培华女子中学，1920 年 4—9 月随父林长民赴欧洲游历，同年入伦敦圣玛利女校学习。1921 年回国复入培华女中读书。1923 年参加新月社活动。1924 年留学美国，入宾夕法尼亚大学美术学院，选修建筑系课程，1927 年毕业，获美术学士学位。1928 年 3 月与梁思成在加拿大渥太华结婚，婚后去欧洲考察建筑，同年 8 月回国。1955 年 4 月 1 日清晨，经过多年与疾病的顽强斗争之后，英年早逝。

林徽因发表有关建筑的论文主要有《论中国建筑之几个特征》《平郊建筑杂录》（与梁思成合著）、《清式营造则例》第一章“绪论”、《晋汾古建筑预查纪略》（署名林徽因、梁思成）、《由天宁寺谈到建筑年代的鉴别问题》（署名林徽因、梁思成）、《中国建筑史》（辽、宋部分）、《中国建筑发展的历史阶段》（与梁思成、莫宗江合著）。

20 世纪 20 年代末期，时任东北大学建筑系副教授的林徽因参加了由张学良出资发起的征集东北大学校徽图案大奖赛，林徽因设计的“白山黑水”图案一举夺魁，拿下本次比赛的最高奖金。

1945 年“二战”行将结束时，时任清华大学建筑系教授的林徽因受美军邀请，在即将执行的奈良轰炸图上为美军标出了著名的文化古迹位置，为保护奈良古建筑作出了贡献。

林徽因是近代中国第一位杰出的女建筑学家，在中国建筑史上具有重要的地位和影响。林徽因长期从事中国建筑研究和建筑教育事业，是我国用现代科学方法调查研究中国古代建筑遗构的开拓者，一生追求中国建筑的民族形式。20 世纪 30 年代起，林徽因和梁思成一起踏勘调查中国广大地区的古建筑，走遍了全国 15 个省，近 200 多个县，实地勘察了 2000 余处中国古代建筑遗构，独立完成了20余篇有关建筑的论文、报告、序、跋，另有部分篇章是与梁思成等人合著，其研究成果与勘测资料成为当今研究中国古代建筑的弥足珍贵的史料。即使在抗日战争时期，面对生活的种种困境以及病痛的折磨，林徽因也没有停止对中国古代建筑的踏勘与研究，她对建筑事业执着追求的精神令人景仰。新中国成立后，林徽因参与设计完成了中华人民共和国国徽和人民英雄纪念碑，创新传统工艺景泰蓝，为保护北京城古建筑殚精竭虑，书写了她建筑人生的辉煌篇章。在建筑教育事业上，林徽因先后致力于创办东北大学建筑系和清华大学营建系，为新中国培养了一代出色的建筑人才。

在文学方面，她一生著述甚多，其中包括散文、诗歌、小说、剧本、译文和书信等作品，均属佳作，其中代表作有《你是人间四月天》《九十九度中》《林徽因诗集》等。

林徽因小说较之她的诗歌偏多地见出对外部世界的体察，她仅有6部短篇小说，几乎每篇都充溢人文精神。《九十九度中》显示众生相，关注纷扰的种种矛盾；《吉公》反思人物命运，折射一段时代陈迹；《文珍》颂扬底层人物，从沉闷现实里看到社会生机，三篇小说各具侧面地显示了作者博大深邃的胸襟。艺术方面，《窘》描写主人公难以言传的情爱心态，心理分析透辟淋漓；《九十九度中》进而运用意识流手法，结构跳跃，不过万余字篇幅，竟鸟瞰了整个城市，人物、环境则弥漫着浓浓的旧都氛围。作品虽洋犹土，熔中西技巧于一炉。联系到此时南方一批作家尝试这种西方创作手法显得生涩，而林徽因达到了娴熟程度就令人十分钦佩。

在林徽因的著作中，建筑学家的科学精神和作家的文学气质糅合为一体。她的学术论文和调查报告，不仅有严谨的科学内容，而且用诗一般的语言描绘和赞美祖国古建筑在技术和艺术方面的精湛成就，使文章充满诗情画意。而在文学作品中也常用古建筑的形象作比喻，如《深笑》一诗中，就以古塔檐边无数风铃转动的声音，比喻笑声的清脆悦耳，直上云天，既贴切，又新颖，别具一格。由于她兼通文理，在建筑学和文学创作上都显露出惊人的才华，所以在20世纪30年代就享有“一代才女”的美誉，被列入当时出版的《当代中国四千名人录》，与冰心、庐隐同为著名的闽籍女作家。

关于林徽因的传记有很多，比如卞之琳在《窗子内外——忆林徽因》中对其评价：“她天生是诗人气质、酷爱戏剧，也专学过舞台设计，却是她的丈夫建筑学和中国建筑史名家梁思成的同行，表面上不过主要是后者的得力协作者，实际却是他灵感的源泉。”文洁若在《才貌是可以双全的——林徽因侧影》中说“欧洲文艺复兴时期，曾出现过像达·芬奇那样的多面手。他既是大画家，又是大数学家、力学家和工程师。林徽因则是在中国的文艺复兴时期脱颖而出的一位多才多艺的人。她在建筑学方面的成绩，无疑是主要的，然而在诗歌、小说、散文、戏剧等方面，也都有所建树”。

沈从文

沈从文（1902—1988），原名岳焕，笔名休芸芸、甲辰、上官碧、璇若等，乳名茂林，字崇文。湖南凤凰人。中国著名作家、历史文物研究家、京派小说代表人物。

沈从文 14 岁高小毕业后入伍，15 岁随军外出，曾做过上士，后来以书记名义随大军在边境剿匪，又当过城区屠宰税务员，看尽人世黑暗而产生厌恶心理。接触新文学后，于 1923 年寻至北京，欲入大学而不成，窘困中开始用“休芸芸”这一笔名进行创作。1928 年至 1930 年，沈从文被徐志摩发现，将这位小青年推荐给中国公学校长胡适，在上海中国公学任讲师，兼《大公报》《益世报》等文艺副刊主编；1931 年至 1933 年在山东大学任讲师；1934 年至 1939 年主编全国中小学国文教科书；1939 年至 1947 年在昆明西南联合大学任教授；1947 年至 1949 年在北京大学任教授；1950 年至 1978 年在北京中国历史博物馆任文物研究员；1978 年至 1988 年在中国社会科学院研究所任研究员。1988 年病逝于北京。

沈从文一生创作的结集约有 80 多部，是现代作家中成书最多的一位。早期的小说集有《蜜柑》《雨后及其他》《神巫之爱》等，基本主题已见端倪，但城乡两条线索尚不清晰，两性关系的描写较浅，文学的纯净度也差些。20 世纪 30 年代后，他的创作显著成熟，主要成集的小说有《龙朱》《旅店及其他》《石子船》《虎雏》《阿黑小史》《月下小景》《八骏图》等，中长篇《阿丽思中国游记》《边城》《街》《长河》，散文《从文自传》《记丁玲》，文论《废邮存底》及《废邮存底续集二》《烛虚》《云南看云集》等。

沈从文由于其创作风格的独特，在中国文坛中被誉为“乡土文学之父”。从作品到理论，沈从文后来完成了他的湘西系列，乡村生命形式的美丽，以及与它的对照物城市生命形式批判性结构的合成，提出了他的人与自然“和谐共存”的，本于自然、回归自然的哲学。中篇小说《边城》是他的代表作，寄寓着沈从文“美”与“爱”的美学理想，是他表现人性美最突出的作品，通过湘西儿女翠翠恋人傩送的爱情悲剧，反映出湘西在“自然”“人事”面前不能把握自己的命运，一代又一代重复着悲凉的人生，寄托了作者民族的和个人的隐痛。

“湘西世界”是沈从文理想人生的缩影，而中篇小说《边城》则是他“湘西世界”的集中代表。《边城》的诗意来自浓郁的湘西乡土气息。作者通过翠翠和傩送、天保之间的爱情故事，将茶峒的自然风物和生活习俗错综有序地展现在读者面前：凭水依山的小城，清澈见底的河流，鳞次栉比的吊脚楼，攀引缆索的渡船，关系茶峒“风水”的白塔，深翠逼人的竹篁中鸟雀的呢喃……以湘西迷人的山山水水为背景，题材从湘西日常生活中摄取，人物是湘西农村土生土长的“乡下人”。沈从文特别善于揭示这些一代代流传的古风习俗、人情世态，还有包含其中的质朴生命的原生态。

行文如同流水一般，透出清波粼粼“朴真”的韵味，是沈从文最为可贵的文学品质。与生俱来对善良与美的亲和感，使他塑造的《边城》等作品处处透着和谐之美。这是一个艺术家发自内心对艺术的自觉，融会自己对生命中人事独特的把握与顿悟，苦心经营又孜孜不倦。金介甫说沈从文是“中国第一流的现代文学作家，仅次于鲁迅”。这种说法，代表了这许多年人们对沈从文贡献的一种总结，更是对他小说的一种完全肯定——那纯净而明亮的笔触，在消除了“历史的误读”后，再一次向读者呈现出其中宽厚而悲悯的灵魂。

贺绿汀

贺绿汀（1903—1999），原名安卿，又名贺抱真、贺楷等。湖南邵东人。中国著名音乐家和教育家。

贺绿汀 1931 年考入上海国立音乐专科学校。早年参加湖南农民运动和广州起义。先后任武昌艺术专科学校教员，明星影片公司音乐科科长、陕甘宁晋绥联防军政治部宣传队音乐教员、延安中央管弦乐团团长、华北文工团团长。1949 年加入中国共产党。中华人民共和国成立后，任上海音乐学院院长，中国文联第四届副主席，中国音乐家协会第二、三届副主席，第五、第六届全国政协常委。

贺绿汀的主要音乐作品有《天涯歌女》《四季歌》《游击队歌》《嘉陵江上》《牧童短笛》《森吉德玛》《晚会》等。著有《贺绿汀音乐论文选集》。

《牧童短笛》是贺绿汀在 1934 年创作的，根据我国童谣“小牧童，骑牛背，短笛无腔信口吹”而定名。《牧童短笛》分三段：第一段的主题轻快活泼，像牧童天真的笛声，回响在翠绿的田野上；第二段用民间的舞曲处理，与牧童的笛声形成鲜明的对比，让人仿佛听见了放牛娃们欢乐的笑声；第三段是笛声的“再现”，与第一段形成呼应。这种典型的欧洲的曲式结构借鉴，生动自然，毫无雕琢之感。与“笛声”相应的另一 声部有机地处理，是欧洲“复调技法”在中国作品中最成功的范例。这首具有鲜明音乐形象和浓郁江南风的乐曲，在中国的外来乐器，如钢琴、小提琴等作品创作中，具有开拓性意义。

《游击队歌》作于 1937 年。当时，贺绿汀随上海文化界抗日救亡演剧队从事巡回抗日宣传工作，1937 年底到达山西临汾，在八路军办事处创作了这首献给八路军全体将士的歌曲。歌曲在八路军总部高级将领会议的一次晚会上首演，随即迅速流传到全国各地。这首进行曲风格的歌曲音乐形象鲜明生动，曲调生动流畅，歌词通俗易懂，表现了游击队战士在艰苦的斗争环境中依然保持昂扬的斗志和必胜的信念，问世半个多世纪以来，经久不衰，始终深受国内外人民的喜爱。

《四季歌》原为影片《马路天使》的插曲。1937年由贺绿汀根据苏南民歌改编。影片中由著名影星“金嗓子”周璇演唱。影片上映后，此曲便不胫而走，迅速流传开来。歌曲的旋律婉转秀丽，富于江南韵味，但这秀丽的旋律却包含了一个严酷的主题。歌曲以四季景物的变化，含蓄的反衬了一个少女的不幸遭遇。由于日本帝国主义的侵略，少女被迫从北方流浪到南方，故乡、父母和正在前方同侵略军作战的情郎，时时引起少女的伤感和无限的思念。

贺绿汀的作品艺术结构严谨、音乐发展富于逻辑性。贺绿汀在近代电影音乐创作中有重要的历史地位。他的电影歌曲体裁多样、旋律优美、有着鲜明的艺术个性。他对电影歌曲的创造不仅丰富了电影的艺术表现力，而且促进了以电影歌曲为主的电影音乐艺术的发展、促进了歌曲创作。在贺绿汀的音乐生涯中，在20世纪30年代为当时的进步电影创作歌曲是其音乐创作中最突出、最有影响力的方面之一。

新中国成立后，贺绿汀先生将主要精力放在音乐教学上。他一直担任上海音乐学院院长的职务，并创办了上海音乐学院附中和附小，为国家培养了大量优秀音乐人才。这期间，他还创作了大量音乐作品，并且写下《我对戏曲音乐改革的意见》《论音乐的创作》《民族音乐问题》等文章，为中国音乐事业的建设作出了不可磨灭的贡献。

冼星海

冼星海（1905—1945），曾用名黄训、孔宇。广东番禺（今广州）人。中国近代著名作曲家、钢琴家，有“人民音乐家”之称。

冼星海生于澳门一个贫苦的船工家庭，6岁时外祖父去世，母亲带着冼星海去了新加坡，在新加坡的养正小学最先接触音乐。1926年入北京大学音乐传习所。1928年进上海国立音乐学院学习音乐。1934年去巴黎勤工俭学，师从著名提琴家帕尼·奥别多菲尔和著名作曲家保罗·杜卡斯。1935年回国后，积极参加抗日救亡运动。1938年赴延安，后担任

“鲁迅艺术学院”音乐系主任。1945年病逝于莫斯科。

冼星海一生创作的音乐作品近300件，代表作品有：大合唱《生产大合唱》《黄河大合唱》《九一八大合唱》《牺盟大合唱》，交响曲《民族解放》《神圣之战》，管弦乐组曲《满江红》，管弦乐《中国狂想曲》，小提琴曲《郭治尔·比戴》，歌曲《游击军》《救国军歌》《到敌人后方去》《在太行山上》《黄河之恋》《夜半歌声》等。

冼星海回国后，痛感民族危亡的深重，深知民众的苦痛。在民族危亡的严重关头，他站在民族斗争的前面，他确信中国共产党才是中华民族的中流砥柱，毅然加入中国共产党。为了民族解放，“为抗战发出怒吼”，他纵笔谱写歌曲。1939年他去看望病床上的青年诗人光未然，听其朗诵《黄河吟》，听其讲述黄河呼啸奔腾的壮丽景象，遂荡其共鸣，乐思如潮，创作一个星期，半月之内又完成了该作品8个乐章及伴奏音乐的全部乐谱。写就了这一时代中华民族的音乐史诗——《黄河大合唱》，在抗战烽火的洗礼下，迅速成为中华儿女爱国救亡的号角。与此同时，以其所负载的精神力量和民族个性，在海外华人及世界反法西斯战线中得到了广泛的认同。而到了和平年代，它犹如一位战功累累的元勋，继续驰骋在乐坛，成为中华民族傲人的艺术财富。

冼星海歌曲创作中，抒情性的独唱歌曲占据着重要的位置，其中大多是为舞台剧和电影所作的插曲。这些作品从不同侧面，反映了特定的人物在现实生活中的遭遇和内心感受，或倾诉对祖国对人民的热爱，或抒发投入斗争的热切情感。如：《夜半歌声》《莫提起》，充满激情和幻想，唱出了横遭封建势力迫害和国土沦丧后的痛切感情与战斗呼号；《热血》和《黄河之恋》都是慷慨悲歌，表达了为自由而战的坚强意志和胜利信心；《做棉衣》《江南三月》和《战时催眠曲》等，则以优美亲切、纯朴清新的民间音调，抒发了抗战妇女的爱国深情。

《黄河大合唱》一问世，就迅速在中国大地上传唱，成为抗战救亡的精神号角，并推动了团结抗日的形势发展。首演时，乐队只有两三把小提琴，20多件民族乐器，低音弦乐器是用煤油桶制成，打击乐器有脸盆、大把的勺子放在搪瓷缸子里摇晃造成效果……这支原始的乐队烘托着40多位热血青年放声高唱，《黄河大合唱》从此传遍了延安，传遍了中国，飞向了世界，此起彼伏，回响不绝，震撼人心，经久不衰。毛泽东看了演出后，特别高兴，站起来使劲鼓掌，连声说："好！好！好！"周恩来也为冼星海题词："为抗战发出怒吼，为大众谱出心声！"

冼星海在音乐创作上的另一重要贡献，是开创了表现中国人民革命斗争并具有民族特点的大合唱创作。所作四部大合唱，在题材、内容的现实性和表现形式的民族化、群众化方面是相同的，但又根据不同的题材、内容，以不同的艺术手法进行处理，而使各个作品具有不同特色。《九一八大合唱》和《生产大合唱》的乐队伴奏，在对民族打击乐器和中国音乐风格的节奏的运用上很有特色。作于1940年3月的《牺盟大合唱》，是为山西牺牲的救国同盟会的抗日决死队写作的一部群众歌曲联唱形式的大合唱，包括齐唱、独唱、轮唱、合唱等六个段落，音乐具有鲜明的地方色彩。

冼星海既是一位伟大的音乐家，也是为中国抗战事业做出重大贡献的无产阶级革命家。他的音乐作品不仅在民族抗战时期广为传唱，成为唤醒民族觉醒意识的号角，而且在他去世后的多年里仍然受到人民大众的喜爱。

丁玲

丁玲（1904—1986），原名蒋伟，字冰之，又名蒋炜、蒋玮、丁冰之，笔名彬芷、从喧等。湖南临澧人，现代作家。

1918年丁玲就读于桃源第二女子师范学校预科，次年转入长沙周南女子中学。后入岳云中学就读。1922年初赴上海，曾在陈独秀、李达等创办的平民女子学校学习。在长沙等地上中学时，受到五四运动思潮的影响。1923年经瞿秋白等介绍，入中国共产党创办的上海大学中国文学系学习。次年夏转赴北京，曾在北京大学旁听文学课程。1927年开始发表揭露旧中国黑暗现实的小说作品。1930年参加中国左翼作家联盟，完成第一部长篇小说《韦护》。1931年，出任左联机关刊物《北斗》主编及左联党团书记。这时期她创作的《水》《母亲》等一些作品，显示了左翼革命文学的实绩。1933年被捕，软禁在南京，1936年脱离禁锢，离开南京到陕北。

丁玲的主要作品：《莎菲女士的日记》《我在霞村的时候》《在医院里》《阿毛姑娘》《暑假中》《太阳照在桑干河上》《水》《母亲》《韦护》《一九三〇年春上海》等。她始终坚持女性立场，具有时代的鲜明印记。《莎菲女士的日记》描写“五四”退潮后叛逆苦闷的知识女性，是细腻大胆、感情饱满的人物心理刻画典型。其主角追求而无出路，伤感、自恋、颓唐的“时代病”体现在其身上，包括病态的反抗，都包含着深刻的历史批判性。这部作品不仅以其独特的艺术手法和深刻的思想内涵而具有特殊的文学魅力，更由于作者在小说里使用了对疾病及有病的身体的描写这一独特手法来深刻揭示小说的主题，控制小说情节的展开，并进而界定了小说女主人公莎菲的内心世界及其个人身份认同。《韦护》通过其独特观察，捕捉出过渡性历史人物的特殊矛盾。《一九三〇年春上海》则刻画了从个人主义走向集体主义的知识分子。《水》是“普罗”文学重大突破，着重于表现农民觉醒、反抗的群像，放弃了对个别典型的刻画。《母亲》则体现了封建大家庭的崩溃没落以及第一代新女性的坎坷路程。

丁玲是我国杰出的无产阶级革命文艺战士，她的一生和中国人民的命运紧密相连。她在 23 岁时写出了《莎菲女士的日记》，表现出五四运动后觉醒的知识青年的痛苦与追求，引起了极大的社会反响。1930 年，丁玲加入左联。她的作品丰富了左翼革命文学创作，成为具有重大影响的左翼作家。面对严酷的白色恐怖，丁玲勇敢地出任左联机关刊物《北斗》的主编，并毅然加入中国共产党，为反击国民党文化“围剿”，发展革命文艺做了大量工作。为此，丁玲遭到国民党特务绑架。后来在共产党的帮助下，丁玲奔赴陕北，受到毛泽东、周恩来的欢迎。这是丁玲革命生活和创作的新开端。是她，担当起陕北苏区第一个文艺团体——文艺协会主任的重任，用她的笔，为党助力；是她，在战争年代里，写下第一批赞颂红军将领的作品，刻画出左权、彭德怀的英雄形象；是她，组织并领导“西北战地服务团”，直接为伟大的民族解放战争服务。在祖国西北、华北和东北的广大土地上留下了她的足迹。毛泽东赞誉她：“昨日文小姐，今日武将军，似三千毛瑟精兵！”

丁玲在艰难困苦的环境中，常常以含泪的微笑来使自己在忍辱负重中达到自我超越的境地；但丁玲也常在异常困惑的心境中去面对复杂人生，在自我超越和自我保护的矛盾统一中，忧心忡忡地在政治的漩涡里浮沉。当我们这样来认识丁玲的时候，就看到了在写莎菲时发出叛逆绝叫声的丁玲；看到了在写《在医院里》的陆萍时的丁玲，那就是在荆棘丛生的路上，在千锤百炼中也不消融她的个性的丁玲；看到了写《太阳照在桑干河上》黑妮时的丁玲，她以细腻、敏锐而又泼辣的笔墨，通过黑妮的爱与恨的心声的呼喊，显示出“世间最贫困的是女人，但最富有的也是女人”；看到了丁玲写《魍魉世界》时，在恨和爱的迷乱人生的阵痛中，去拷问自己灵魂的丁玲；还看到了写《风雪人间》时和陈明生死不渝的爱，冲破了一切淫威和权力，冲破了森严壁垒的铁窗，冲破了死亡的风雪人生的丁玲。同时也看到了晚年写《歌德之歌》时的丁玲，她的艺术的敏感是失却了原有的灵性，还是在自信与迷惘中陷入艺术的困境？

丁玲是一个艺术个性非常鲜明的作家，她的创作个性跟随时代的前进而前进，跟随革命文学的发展而发展，她善于汲取时代先进思想的滋养，也善于汲取中外文学特别是民族优秀文化的滋养，不断地从思想和艺术两个方面丰富和发展自己的艺术个性。

巴金

巴金（1904—2005），原名李尧棠，四川成都人，祖籍浙江嘉兴。现当代著名文学家、出版家、翻译家，20 世纪中国杰出的文学大师、中国当代文坛巨匠。

巴金于 1904 年出身于一个封建官僚地主大家庭里，但他痛恨封建专制统治。五四运动波及四川后，他阅读《新青年》等书刊，在接受了科学与民主的思想的同时，也从克鲁泡特金、爱玛·高德曼等人的文章中受到无政府主义的影响。1920 年 5 月，考入成都外国语专门学校。次年初，发表平生第一篇文章，并参与组织了以无政府主义为指导思想的团体“均社”。1923 年 5 月，巴金冲出封建家庭到上海求学。1927 年，奔赴法国，并开始着手创作第一部中篇小说《灭亡》，1929 年在《小说月报》发表后引起强烈反响。

巴金的主要作品有《死去的太阳》《新生》《砂丁》《索桥的故事》《萌芽》和著名的“激流三部曲”（《家》《春》《秋》）；1931年在《时报》上连载著名的长篇小说爱情的三部曲：（《雾》《雨》《电》）。1946年完成长篇小说《寒夜》。短篇小说以《神·鬼·人》为著名。散文集《随想录》（包括《随想录》《探索集》《真话集》《病中集》《无题集》）。其中《家》是作者的代表作，也是我国现代文学史上最卓越的作品之一。

巴金创作于20世纪30年代的小说《家》《春》《秋》被合称为“激流三部曲”，是表现旧制度消亡、新力量成长的乐章，和自然中跌宕回旋的激流一样，具有很强的节奏感。时距的调节变化使“激流三部曲”在整体“一以贯之”的渐慢节奏中夹杂各具特色的变奏，彰显了节奏本身有序、丰富的美感，同时也对小说人物的塑造以及情节的推进产生了深刻的影响。相似人物、场景、语言的反复出现不仅使小说前后呼应、结构紧密，也让作品带上了回环往复、一咏三叹的节奏韵律。另外，小说叙事节奏与文字本身的节奏相碰撞，急缓轻重相错综，变化万千，蔚为壮观。“激流三部曲”虽不是以叙事取胜的作品，但巴金真诚的写作仍使其具有天然节奏的美感，“激流”的节奏其实就是生命本真的节奏。

巴金于1945年12月底写完了他民主革命时期最后一部作品——长篇小说《寒夜》。20世纪40年代以后，随着生活视野的开阔和思想的发展，巴金对现实生活的认识日益深化，他的创作面貌发生了比较明显的变化。其作品与过去相比，既保持着原有的基本精神和风格特色，又有了新的探索和新的表现。这主要反映在英雄主义色彩逐渐黯淡，反抗的激情和对未来社会的向往逐渐收敛，爱国主义和人道主义精神愈益发扬，对旧社会、旧制度的揭露愈益深沉含蓄。在艺术表现上，深沉而压抑的控诉，取代了反抗斗争的呐喊，对于生活现象本身饱含情愫的客观描述，取代了作家主观激情的直接倾泻。

对于封建制度及其观念形态的否定、批判是贯穿巴金整个创作的重要、鲜明的思想线索。这其实是历史赋予20世纪中国先进分子的最重要的使命，也是20世纪中国历史上最为激动人心和悲壮的景观。作为一个作家，巴金当然主要通过文学作品，在思想、观念形态方面对封建主义展开斗争。他是继鲁迅之后，又一个具有彻底反封建精神的作家，一个在20世纪中国文学史上与封建的东西进行了坚决、持久斗争的战士。无论《家》《春》《秋》，还是《雾》《雨》《电》，无论《憩园》《寒夜》，还是晚年的《随想录》，人们都可从中读出深刻的反封建思想。

巴金，被称为中国的卢梭，中国现代文学巨匠，是我国现代著名的小说家、散文家。我国文学界有“鲁郭茅，巴老曹”的美称，也就是说，我国文学界的泰斗主要有鲁迅、郭沫若、茅盾、巴金、老舍、曹禺这六位。1927年，巴金因第一部小说《灭亡》被人们认识以后，以自己的光和热，逐渐成为中国文坛的领军人。巴金的财富，是他26卷本的不朽著作和10卷本的精彩译著；巴金的财富，更是他高尚的精神境界和完美的人格力量。巴金把他的爱、他的思想，反映在他的作品中。反帝、反封建、反压迫，呼求平等、自由、幸福，是巴金作品主要内容。

1982年，巴金获得意大利但丁学会颁发的国际荣誉大奖“国际但丁文学奖”。

臧克家

臧克家（1905—2004），曾用名瑗望，笔名少全、何嘉。山东诸城人。杰出诗人，著名作家、编辑家。

臧克家自幼受祖父、父亲影响，打下了良好的古典诗文基础。1923年夏，考入山东省立第一师范。这期间，阅读了大量新文学作品，并开始习作新诗。1927年，入中央军事政治学校武汉分校，曾经参加北伐战争。1929年，在青岛《民国日报》上第一次发表新诗《默静在晚林中》，署名克家。1930年，考入国立青岛大学，得到闻一多（时任文学院院长）、王统照先生的热情教诲与精心帮助。1932年开始发表新作，以一篇《老马》成名。1933年他的第一部诗集《烙印》出版，得到闻一多、茅盾等前辈的好评；次年，诗集《罪恶的黑手》问世，从此蜚声诗坛。在“文化大革命”中遭受迫害，停止文学创作和社会活动，下放到湖北咸宁“五七干校”。1972年回到北京。

臧克家的主要作品：《烙印》《罪恶的黑手》《运河》《乱莠集》《从军行》《淮上吟》《随枣行》《古树的花朵》《十年诗选》《野店》《蛙声》《山窝里的晚会》《海》《炉火》《我的诗生活》《泥土的歌》等。1933 年出版的第一部诗集《烙印》，是他最具影响的作品。这部诗集真挚朴实地表现了中国农村的破落，农民的苦难、坚忍与民族的忧患。这个时期，臧克家的诗篇幅短小，却颇具概括力。他除有意识学习古典诗词的结构方法，形成凝重、集中、精粹的风格之外，还苦心追求词句的新颖、独到、形象化，但又不失平易、明朗和口语化。新中国成立后，臧克家多作政治抒情诗。《有的人》是为纪念鲁迅逝世 13 周年而作，它的独特之处，在于表现具有哲理意义的主题：人是为了多数人更好地活着而活着。事实上，这一主题已超出了歌颂鲁迅精神的范围，而将读者引入对人生的更深层的思考。语言朴素、对比强烈、形象鲜明是这首诗的艺术特色。除了继续做短小隽永的小诗之外，臧克家还创作了一部人物传记体长诗《李大钊》。这部长诗从多个角度，包括战斗、家庭等方面将一个革命先驱伟大而又平凡的人格展现出来。

臧克家的作品多次获奖，并被翻译成多种文字，在国内外产生广泛影响。1988 年 4 月，获“中国作家协会首届文学期刊编辑荣誉奖”。1990 年 8 月，他主编的《毛泽东诗词鉴赏》获“全国图书‘金钥匙’奖”和“第五届中国图书奖”一等奖。1991 年 10 月，获国务院颁发的政府特殊津贴。2000 年 1 月，获“首届厦新杯中国诗人奖”终身成就奖；同年 11 月，获“国际炎黄文化研究会首届龙文化金奖”终身成就奖。2002 年 10 月，被世界诗人大会和世界艺术文化学院授予荣誉人文学博士；同年 12 月，获第七届今世缘国际诗人笔会颁发的“中国当代诗魂”金奖。2003 年 12 月，《臧克家全集》获“第六届国家图书奖”提名奖。

赵树理

赵树理（1906—1970），原名树礼。山西沁水人。现代著名小说家、人民艺术家。

赵树理开创的文学“山药蛋派”，成为新中国文学史上最重要、最有影响的文学流派之一。他以巨大的文学成就被称为现代小说的“铁笔”“圣手”，在现代文学史上占有重要地位。

赵树理出身于一个贫苦农民家庭，从小喜爱民间文学和地方戏曲。父亲是生产上的多面手，兼通易卜星象和医术，常带赵树理参加农村自乐性团体“八音会”，这使其熟悉农村生活，了解农民疾苦。1923年小学毕业后任农村小学教员。1925年考入山西省立长治第四师范学校，受到“五四”新思潮的影响，接触新文学。后因参加学潮被开除。1929年被山西阎锡山当局逮捕入狱，次年获释。1936年任上党乡村师范语文教师。抗日战争爆发后从事抗日宣传和民政工作。中华人民共和国成立后，在北京任《说说唱唱》《曲艺》主编。1957年后回山西长期深入农村生活。1965年在晋城任副书记。“文化大革命”中遭残酷迫害致死。

赵树理的创作活动始于20世纪20年代末。1930年首次发表了反映农民生活的短篇小说《铁牛的复职》。1943年发表成名作、短篇小说《小二黑结婚》。稍后的中篇小说《李有才板话》被誉为“反映农村斗争的最杰出的作品，也是解放区文艺的代表之作”。此后，又发表了长篇小说《李家庄的变迁》，中篇小说《邪不压正》，短篇小说《地板》《福贵》《田寡妇看瓜》《登记》等一系列有影响的作品。1954年后著有长篇小说《三里湾》，短篇小说《锻炼锻炼》《套不住的手》《实干家潘永福》等作品。

赵树理小说的可贵之处在于：通过自己的审美加工，把混沌稚朴的民俗变成活生生的文学创作题材，具体深刻地反映了30年代到60年代太行地区的农村生活，为我们展出了一轴生动的农村风俗画卷。赵树理的小说中有大量恋爱婚姻习俗描写，借以反映农民生活思想面貌和时代精神。《小二黑结婚》里的三仙姑，30年代嫁给于福时，刚刚15岁，是前后庄一个俊俏的媳妇。但是在落后愚昧的迷信思想影响下，渐渐成了一个装神弄鬼、争艳卖俏的女人。她“虽然已四十五岁，却偏爱当个老来俏，小鞋上仍要绣花，裤腿上仍要镶边”，每天都要涂脂抹粉，乔装打扮一番。作者刻画出了一个病态心理和被扭曲了性格的女性形象，揭露了封建买卖婚姻带来的恶果。赵树理成功地借鉴民间文艺里“讲故事”的手法，以故事套故事，巧设环扣，引人入胜，使情节既一气贯通，又起伏多变。语言运用上，大量提炼晋东南地区的群众口语，通俗浅近而又极富表现力，使小说表现出一种“本色美”。

当赵树理在解放区的文坛上崭露头角，他的《小二黑结婚》等通俗小说尚未引起知识分子圈子中作家们的充分认可时，作为共产党文艺政策发言人的评论家周扬就敏锐地指出：“赵树理，他是一个新人，但是一个在创作、生活、思想各方面都有准备的作者，一位在成名之前就相当成熟了的作家，一位具有新颖独创的大众风格的人民艺术家。”这种评价包含有对特定历史条件下文艺发展的一种展望，赵树理被解释为一种新型文学方向的代表，是能体现毛泽东《在延安文艺座谈会上的讲话》所提出的文艺路线的典范。由于赵树理的创作顺应了大众化的文艺方向，这种“方向性”的提倡对整个解放区文学乃至五六十年代的文学，都影响巨大。

傅雷

傅雷（1908—1966），字怒安，号怒庵。江苏南汇（今属上海）人。著名的翻译家、文艺评论家。

傅雷于20世纪20年代初曾在上海天主教创办的徐汇公学读书，因反迷信反宗教，言论激烈，被学校开除。五四运动时，他参加在街头的讲演游行。北伐战争时他又参加上海大同大学附中学潮，因受国民党的威胁和恐吓，被寡母强迫避离乡下。1927年冬离沪赴法，在巴黎大学文科听课；同时专攻美术理论和艺术评论。1931年春访问意大利时，曾在罗马演讲过《国民军北伐与北洋军阀斗争的意义》，猛烈地抨击北洋军阀的反动统治。留学期间游历瑞士、比利时、意大利等国。1931年秋回国后，傅雷致力于法国文学的翻译与介绍工作，译作丰富，行文流畅，文笔传神，翻译严谨。“文化大革命”期间，翻译巨匠傅雷愤然辞世。

傅雷翻译的作品，共30余种，主要为法国文学作品。其中巴尔扎克占15种：有《高老头》《亚尔培·萨伐龙》《欧也妮·葛朗台》《贝姨》《邦斯舅舅》《夏培尔上校》《奥诺丽纳》《禁治产》《于絮尔·弥罗埃》《搅水女人》《都尔的本堂神父》《比哀兰德》《幻灭》等。罗曼·罗兰4

种：即《约翰·克利斯朵夫》及三名人传《贝多芬传》《米开朗琪罗传》《托尔斯泰传》。服尔德（现通译伏尔泰）4种：《老实人》《天真汉》《如此世界》《查第格》。梅里美2种：《嘉尔曼》《高龙巴》。“傅雷著译作品四种”分别是：《傅雷书信选》《傅雷谈艺录》《世界美术名作二十讲》《傅译传记五种》。20世纪60年代初，傅雷即以在翻译巴尔扎克作品方面的卓越贡献，被法国“巴尔扎克研究会”吸收为会员。

《傅雷家书》摘编了傅雷和夫人1954年至1966年写给儿子傅聪、傅敏的家信186封。《傅雷家书》是一本“充满着父爱的苦心孤诣、呕心沥血的教子篇”，也是“最好的艺术学徒修养读物”，更是既平凡又典型的“不聪明”的近代中国知识分子的深刻写照。《傅雷家书》是一部很特殊的书，它是傅雷思想的折光，甚至可以说是傅雷毕生最重要的著作。因为《傅雷家书》是他与儿子之间的书信，体现了作为爸爸的他对儿子的苦心孤诣。《傅雷家书》百分之百地体现了傅雷的思想。写在纸上的都是些家常话。他无拘无束，心里怎么想的，笔下就怎么写，用不着担心“审查”，也用不着担心“批判”。正因为这样，《傅雷家书》如山间潺潺清溪，如碧空中舒卷的白云，如海上自由翱翔的海鸥，如无瑕的白璧，如透明的结晶体。感情是那样的纯真，那样的质朴。没有半点虚伪，用不着半点装腔作势。《傅雷家书》的意义，远远超过了傅雷家庭的范围。书中无处不体现了浓浓的父爱，或许每个父亲对他的孩子都疼爱有加，但在疼爱的同时，不忘对其进行音乐、美术、哲学、历史、文学乃至健康等全方位教育的，纵使以如此之大的中国，能够达到此种地步的，不知能有几人。因为这确实需要充足的条件，父亲要学贯中西，儿子也要知书达理，而父子之间更要在相互尊重和爱护的基础上达成充分的默契。这部“家书”自20世纪80年代出版，感动了数百万读者。

傅雷作为一个翻译家，别人说“没有他，就没有巴尔扎克在中国”。他译介罗曼·罗兰的《约翰·克利斯朵夫》深深影响了几代中国人。作为音乐鉴赏家，他写下了对贝多芬、莫扎特和肖邦的赏析。作为文学评论家，他对张爱玲小说的精湛点评，为学界做出了文本批评深入浅出的典范。

周扬

周扬（1908—1989），原名起应。湖南益阳人。我国现代文艺理论家、文学翻译家、文艺活动家。

周扬出身于湖南益阳田庄湾一个没落地主家庭。幼时随一开明教师入私塾，受其影响，很早就立志冲破家庭樊篱，“走自己的路”。十多岁时，他砸碎周家的神完和菩萨，离家出走，到县城的一所教会学校读书，不久考入长沙湘雅中学。学生时代参加过各种进步师生组织的活动，受到“五四”以来新思潮的熏陶。1928 年毕业于上海大夏大学（今华东师范大学），同年冬留学日本。1930 年回上海，投身左翼文艺运动。1937 年到延安，曾任陕甘宁边区教育厅长、鲁迅艺术院院长、延安大学校长等职。中华人民共和国成立后，一直从事文化宣传方面的领导工作，任职中共中央宣传部副部长、文化部副部长等。“文革”中受批判并被监禁。1976 年后复出，任中国社会科学院副院长兼研究生院院长，中国文联副主席、主席，中国作协副主席等。周扬从 20 世纪 30 年代起直到逝世，除“文革”动乱被迫中断工作、入狱接受审查外，一直担任思想文化界的主要领导职务。从“左联”到延安时期，到新中国成立以后 17 年，再到“文革”结束复出工作，长达半个多世纪。

“左联”时代以及延安时代之初，周扬着重于现实主义创作方法及美学的论述，写有《关于“社会主义的现实主义与革命的浪漫主义”——“唯物辩证法的创作方法”之否定》《十五年来的苏联文学》《现实主义试论》《典型与个性》《关于国防文学》《文学与生活漫谈》等，翻译《安娜·卡列尼娜》《生活与美学》。1959 年与郭沫若共同主编出版“大跃进”民歌集《红旗歌谣》。

20 世纪 30 年代，周扬先后发表《到底是谁不要真理，不要文艺?》《自由人文学理论检讨》和《文学的真实性》，以马克思主义文艺理论的严正立场，阐明了文学的阶级性，坚决捍卫了无产阶级文艺运动。他说：“只有站在历史发展的最前线的阶级，才能最大限度地反映和认识客观的真理，换句话，就是才能最大限度地发挥文学的真实性。”他在1933年4月号《现代》杂志上发表的《关于社会主义现实主义和革命浪漫主义》，是把当时苏联的社会主义现实主义创作方法介绍到中国来的最早的一篇文章。该文第一次较为系统地向中国文艺界介绍并阐释了苏联文学界正在讨论、提倡的社会主义的现实主义创作理论，批判了所谓的《唯物辩证法创作方法》的错误，论述了文学对生活的依赖关系，并针对当时左翼文学创作的缺点，强调了艺术需要形象思维的观点。

钱锺书

钱锺书（1910—1998），原名仰先，字哲良，后改名锺书，字默存，号槐聚，曾用笔名中书君。江苏无锡人。中国现代著名作家、文学研究家。其夫人杨绛同为著名作家，为国人熟知。

钱锺书出身于一个教育世家，1929年，19岁考入清华大学外文系。入校不久就名震校园。1932年，在清华大学古月堂前结识杨绛。1935年赴英国牛津大学留学，与杨绛同船赴英。1938年秋，与杨绛乘法国邮轮回国，被清华大学破例聘为教授。在抗日战争时期，其短篇小说《人、兽、鬼》、长篇小说《围城》、诗文评《谈艺录》得以相继出版，在学术界引起巨大反响。1949—1953年任清华大学外文系教授，并负责外文研究所工作。“文化大革命”期间，钱锺书、杨绛均遭批斗。1976年，由钱锺书参与翻译的《毛泽东诗词》英译本出版。

钱锺书主要作品有长篇小说《围城》，短篇小说集《人、兽、鬼》4篇等；学术类著作有《管锥编》《谈艺录》《宋诗选注》《古典文学研究在现代中国》等；散文集有《写在人生边上》《模糊的铜镜》等；诗集有《槐聚诗存》。

《围城》是钱锺书唯一的长篇小说，也是一部家喻户晓的现代文学经典。有论者认为是现代中国最伟大的小说之一。《围城》内涵充盈，兼以理胜于情，是小说中的宋诗。所谓“围城”，如书中人物所说，是脱胎于一句欧洲谚语。英国人说：“结婚仿佛金漆的鸟笼，笼子外面的鸟想住进去，笼内的鸟想飞出来，所以结而离、离而结，没有了局。”“围城”是对一种人生情境的形象概括，也是对一种心理意态的巧妙把捉。“围城”所描绘的，乃是人类理想主义和幻想破灭的永恒循环。古往今来，多少人都是从自以为天佑神助开始，而由意识到造化弄人结束。《围城》中时起时伏，处处申说的，都是理想的不断升腾和一再破灭。经常是事将成矣而毁即随之，浪抛心力而已。许多人终身处于“围城”境遇而不察。因此，“围城”完全可以作为人类身处困境、屡遭挫折的象征。钱锺书旁观浮生，思虑沉潜，指点世态，寄慨遥深，以形而下示形而上，使读者对人生恍然如有所知。本书风格幽默，妙譬可人，读之颇可领略汉语文字的丰赡粹美。书评家夏志清先生认为小说《围城》是“中国近代文学中最有趣、最用心经营的小说，可能是最伟大的一部”。钱锺书在文学、国故、比较文学、文化批评等领域的成就，均可谓“至高”，推崇者称为“钱学”。

《人、兽、鬼》是钱先生的短篇小说集，共收作品4篇。其中，《上帝的梦》描写了人的孤独和人际关系的疏离；《猫》讽刺了一群无聊的知识分子，可以看作《围城》的雏形；《灵感》所表现的是自作自受和精神产品的异化；《纪念》则是写家人、夫妇间无法弥合与沟通的疏隔。《写在人生边上》是钱先生的散文集，收入《魔鬼夜访钱钟锺书先生》等十篇。作者带着“一种业余消遣者的随便和从容”，以旁观者的姿态对世道人心发表看法，博闻善说，睿智幽默，在中国现代散文史上是一个独特的品种。《槐聚诗存》是钱先生自己选定，并由夫人杨绛抄录保存下来的旧体诗集。钱先生自幼读书学诗，几十年间所作至少也有上千首。但钱先生自觉比较满意而收入本集的，却尚不足300首，足见其标格之高。书中言志、抒情、感时、论诗之作，应有尽有，殊耐吟咏。作者在序中自叙少年学诗门径以及编定本书之原则与经过，皆是首度披露，应该能引起读者极大兴趣。

钱锺书给予中国文化突出影响。第一，其作品以一种文化批判精神观照中国与世界。在精熟中国文化和通览世界文化的基础上，钱先生在观察中西文化事物时，总是表现出一颗清醒的头脑和一种深刻的洞察力。他既批评中国人由于某些幻觉而对本土文化的妄自尊大，又毫不留情地横扫了西方人由于无知而以欧美文化为中心的偏见。钱先生对于推进中外文化的交流，使中国人了解西方的学术以及使西方人了解中国的文化，起了很好的作用。第二，以一种新的学术规范发展和深化中国学研究。中国是诗书礼仪之邦，中国的学问源远流长，中国学早已蔚然成世界之显学。在这个领域，一方面是勤谨笃实，硕果累累，另一方面却是陈陈相因，难以出新。思想方法上的僵化固守和学术方法上的画地为牢，极大地阻滞了前进的速度。在这种亟待变革的形势下，钱先生的治学方法应运而生。他数十年间所实践的“打通”“参互”“比较”的方法，努力使中国学自觉地成为一个科学、开放的体系，从而获得一个更深、更广、更新的发展。第三，他是以一种现代意识统领文学创作。钱先生的创作灌注着一种强烈的现代意识，这在中国现代文学中是并不多见的，有别于同时代的一般作品而与世界文学潮流颇为合拍。特别值得重视的是，他的文学创作都不是那种生吞活剥的东西，而是具有真正中国风格、中国气派，为中国人也为外国人所喜爱的作品。第四，他是以一种高尚的形象为中国知识分子树立人格上的榜样。在20世纪三四十年代，钱先生不向恶势力俯首，用文学作品辛辣地嘲弄了那个黑暗社会。1949年以后，钱先生虽然“经过九蒸九焙的改造”，“文革”中更是受尽凌辱和折磨。但是，钱锺书在任何时候都没有忘记他作为一个学者，要为祖国和世界文化做出贡献的历史使命。

艾青

艾青（1910—1996），原名蒋海澄，号海澄，曾用笔名莪加、克阿、林壁等。浙江金华人。中国现代诗人、文学家，被认为是中国现代诗的代表诗人之一。

艾青出身于一个地主家庭。母亲生他时难产，生了三天三夜，一个算卦的又说他是“克父母”的，因此他成了一个不受欢迎的人。由于家里不喜欢这个“克父母”的婴儿，就托付给保姆大堰河抚养，这个妇女却十分疼爱他。1917年就读于金师附小。1928年中学毕业后考入国立杭州西湖艺术院。1928年到巴黎勤工俭学，在学习绘画的同时，接触欧洲现代派诗歌。1932年初回国，在上海加入中国左翼美术家联盟，从事革命文艺活动。不久被捕，在狱中写了不少诗，其中的《大堰河——我的保姆》发表后引起轰动，一举成名。中华人民共和国成立后，艾青担任《人民文学》副主编、全国文联委员等职。1957 年被错划为“右”派，赴黑龙江、新疆生活和劳动，创作中断了 20 余年。直到 1976 年又执笔，出现了创作的另一个高潮。1979 年后，任中国作家协会副主席、国际笔会中心副会长等职。

20 世纪三四十年代，他出版的诗集有《大堰河——我的保姆》《北方》《他死在第二次》《向太阳》《献给乡村的诗》《反法西斯》《旷野》《黎明的通知》《雪里钻》等，咏叹民族命运，呈现出忧郁、感伤逐渐转向悲壮、高昂的诗风。新中国成立后出版的诗集有《欢呼集》《宝石的红星》《海岬上》《春天》《归来的歌》《彩色的诗》《域外集》《雪莲》《艾青诗选》《鱼化石》等。

艾青在诗学上受凡尔哈仑等外国现代诗人的影响。20 世纪 50 年代他写的直接表现新生活及建设者的诗作，疏离了已有的艺术个性，显得平淡，但仍保持着原有诗思的格局。20 世纪 70 年代末复出后，他诗思如涌，《光的赞歌》《古罗马的大斗技场》等属精心构撰的长诗，大量篇什短小精悍，主题接续三四十年代渴求光明、真理的情思线索，并有大幅度延伸，更为深沉、凝重、睿智，注重在具体物象中把握超越物象的意蕴，走向象征。朴素、凝练、想象丰富、意象独特、讲究哲理，是艾青诗歌的一贯特点。

艾青的作品一般是描写太阳、火把、黎明等有象征性的事物，表现出其对旧社会的黑暗和恐怖的痛恨以及对黎明、光明、希望的向往与追求。从诗歌风格上看，新中国成立前，艾青以深沉、激越、奔放的笔触诅咒黑暗，讴歌光明；新中国成立后，又一如既往地歌颂人民，礼赞光明，思考人生。他的“归来”之歌，内容更为广泛，思想更为浑厚，情感更为深沉，手法更为多样，艺术更为圆熟。艾青以其充满艺术个性的歌唱卓然成家，实践着他“朴素、单纯、集中、明快”的诗歌美学主张。

1985 年，艾青获法国文学艺术最高勋章，这是中国诗人得到的第一个国外文学艺术的最高级别大奖。在中国新诗发展史上，艾青是继郭沫若、闻一多等人之后又一位推动一代诗风，并产生过重要影响的诗人，在世界上也享有声誉。

季羡林

季羡林（1911—2009），字希逋，又字齐奘。山东聊城临清人，国际著名东方学大师、语言学家、文学家、国学家、史学家、教育家和社会活动家。

季羡林历任中国科学院哲学社会科学部委员、北京大学副校长、中国社科院南亚研究所所长，是北京大学唯一的终身教授。通英、德、梵、巴利文，能阅俄、法文，尤其精于吐火罗文，是世界上仅有的精于此语言的几位学者之一。

季羡林6岁到济南投奔叔父季嗣诚，入私塾学习，一年后，进济南一师附小念书，后转入新育小学插入高一。10岁开始学英文，1926年在正谊中学毕业，考入山东大学附设高中。在高中开始学德文，并对外国文学产生兴趣。

季羡林的主要作品有：《东方文学史》《东方文化研究》《禅与东方文化》《东西文化议论集》《世界文化史知识》等。散文随笔有《清塘荷韵》《赋得永久的悔》《万泉集》《季羡林散文选集》《泰戈尔名作欣赏》《人生絮语》《天竺心影》《季羡林谈读书治学》《牛棚杂忆》《季羡林谈人生》《病榻杂记》等。主要译著有《沙恭达罗》《五卷书》《优哩婆湿》《罗摩衍那》《安娜·西格斯短篇小说集》等。

在中印文化关系史研究方面，以往国内外学者大多偏重研究佛教对中国文化的影响，甚至有论者据此认为中印文化关系是“单向贸易”（one-way-traffic）。季羡林认为这种看法不符合文化交流的历史实际。因此，季羡林在研究中，一方面重视佛教对中国文化的影响，另一方面着力探讨为前人所忽视的中国文化输入印度的问题。他先后写成《中国纸和造纸法输入印度的时间和地点问题》（1954年）、《中国蚕丝输入印度问题的初步研究》（1955年）等论文，以翔实的史料，考证了中国纸张、造纸法和蚕丝传入印度的过程。

季羡林认为，“文化交流是人类进步的主要动力之一。人类必须互相学习，取长补短，才能不断前进，而人类进步的最终目标必然是某一种形式的大同之域”。季羡林积极参与国内东西方文化问题的讨论，也贯彻着这一思想。他将人类文化分为四个体系：中国文化体系，印度文化体系，阿拉伯伊斯兰文化体系，自古希腊、罗马至今的欧美文化体系。而前三者共同组成东方文化体系，后一者为西方文化体系。季羡林为东方民族的振兴和东方文化的复兴呐喊，提出东西方文化的变迁是“三十年河东，三十年河西”，在国内引起强烈反响。季羡林表达的是一种历史的、宏观的看法，也是对长期以来统治世界的“欧洲中心主义”的积极反驳。

季羡林被学界尊为中国的“国学大师 ”“学界泰斗”“国宝”。对此，季羡林在他的《病榻杂记》中力辞这三顶“桂冠”：“我对哪一部古典，哪一个作家都没有下过死功夫，因为我从来没想成为一个国学家。除了尚能背诵几百首诗词和几十篇古文外，除了尚能在最大的宏观上谈一些与国学有关的自谓是大而有当的问题比如天人合一外，自己的国学知识并没有增加。”

2006 年，季羡林曾被授予“感动中国”人物。颁奖词中称：“智者乐，仁者寿，长者随心所欲。一介布衣，言有物，行有格，贫贱不移，宠辱不惊。学问铸成大地的风景，他把心汇入传统，把心留在东方。……季羡林先生为人所敬仰，不仅因为他的学识，还因为他的品格。……他的书，不仅是个人一生的写照，也是近百年来中国知识分子历程的反映。”

聂耳

聂耳（1912—1935），原名守信，字子义，亦作紫艺。云南玉溪人，著名音乐家。中华人民共和国国歌《义勇军进行曲》的作曲者。

聂耳从小喜爱音乐，1919 年就读于昆明师范附属小学。利用课余时间自学了笛子、二胡、三弦和月琴等乐器，并开始担任学校“儿童乐队”的指挥。1932 年 11 月进入联华影业公司工作，参加“苏联之友社”音乐小组，并组织“中国新兴音乐研究会”，参加左翼戏剧家联盟音乐组（苏联之友社)。1935 年初，聂耳创作了著名的《义勇军进行曲》。1935 年 7 月 17 日在日本藤泽市游泳时不幸溺水身亡，年仅 23 岁。

聂耳的主要作品有 1932 年的《进行曲》(口琴曲)、《圆舞曲》《天伦之爱》(歌舞曲)；1933 年的《开矿歌》《饥寒交迫之歌》《卖报歌》；1934 年的《走出摄影场》《一个女明星》《雪飞花》《翠湖春晓》《雪花飞》《金蛇狂舞》《昭君和番》《卖报之声》《小野猫》《打砖歌》《码头工人》《苦力歌》《毕业歌》等；1935 年的《告别南洋》《春回来了》《慰劳歌》《梅娘曲》《逃亡曲》《塞外村女》《打长江》《采菱歌》《铁蹄下的歌女》《义勇军进行曲》《小工人》《伤兵歌》《白雪歌》《采茶歌》《茶山情歌》。

聂耳的音乐创作具有鲜明的时代感、严肃的思想性、高昂的民族精神和卓越的艺术创造性。他的音乐创作为中国无产阶级革命音乐地发展明确了方向，树立了音乐创作的榜样。

《义勇军进行曲》原是聂耳于 1935 年，为“上海电通公司”拍摄的故事影片《风云儿女》所作的主题歌。聂耳作曲，田汉作词，诞生于抗击日本帝国主义侵略的战争年代，1949 年被定为《中华人民共和国国歌》，象征着在任何时候任何地点，为捍卫国家和民族的尊严，中华民族的坚强斗志和不屈精神永远不会被磨灭。2004 年 3 月第十届全国人民代表大会第二次会议将《义勇军进行曲》作为国歌写入《中华人民共和国宪法》。

这首充满热血的国歌，不像一般的描写抗暴的战争音乐，而是以雄壮、猛烈地气势刻画出来，深扣着聆听者的心弦。G 大调四二拍贯穿整个乐曲，具有鲜明的进行曲的风格和特点，节奏铿锵有力，歌曲的前奏是由一个大三和弦 1、3、5 来构成的主旋律，出神入化的三连音出现了三次，就像富有号召性和战争性的军号，召唤人们奋斗起来。

《义勇军进行曲》在银幕上首次响起时，正逢聂耳不幸去世，但这支歌作为民族革命的号角响彻了中华大地，还享誉全球。在反法西斯战争中，英、美、印等许多国家电台经常播放此歌。战争结束前夕，美国国务院还批准将其列入《盟军胜利凯旋之歌》中。

新中国成立前夕征集国歌时，周恩来就提出用这首歌，并在新政协会上一致通过。在 1949 年的开国大典和此后每年的国庆节，聂耳谱写的这首乐曲都雄壮地奏响。

郑律成

郑律成（1918—1976），原名富恩。中国现代著名作曲家，《中国人民解放军军歌》的曲作者。他被誉为“军歌之父”。

郑律成出生于朝鲜，自幼学习音乐。1933 年来中国，在南京、上海等地从事抗日活动，同时从师学习声乐和钢琴、小提琴。1937 年到延安，进入鲁迅艺术文学院音乐系，1939 年加入中国共产党。抗战胜利后，1945 至 1950 年，郑律成回朝鲜工作，任朝鲜人民军协奏团团长，朝鲜国立音乐大学作曲部部长等职。在此期间，他谱写了很多关于歌颂朝鲜人民斗争和中朝友谊的作品。1950 年在北京定居，并且加入中国国籍。

郑律成的主要作品有歌曲《延安颂》《延水谣》《八路军军歌》《兴安岭组歌》《中国人民志愿军进行曲》，少儿歌曲《我们多幸福》《星星歌》，为毛泽东诗词谱曲合唱《十六字令三首》《娄山关》，歌剧《望夫云》等。

建军初期，军歌主要以古曲、民歌、旧军歌、外国歌曲填新词居多，新创作的歌曲比较少。如果说，诞生于 1935 年的《义勇军进行曲》可作为创作军歌的标志，那么，以公木作词、郑律成作曲的《八路军大合唱》中的《八路军军歌》《八路军进行曲》，则是中国军歌创作的第一个高潮的形成，或者说标志着军歌创作已经成熟，并在中国音乐史上耸立起一座重要的里程碑。《八路军进行曲》自 1939 年问世以后很快广泛流传于八路军各部队和抗日根据地，1945 年后在华北等地区传唱中更名为《中国人民解放军进行曲》。1951 年 2 月 1 日，中央人民政府人民革命军事委员会总参谋部颁布《中国人民解放军内务条令》，将这首军歌定为《中国人民解放军进行曲》。之后 30 多年间，这首历经战火洗礼的军歌的歌名几经变换，1988 年 7 月 25 日，中央军委发布命令，正式命名为《中国人民解放军军歌》。半个多世纪以来，这首军歌既是人民军队的形象的写照，又是中国军队的音乐标识，广泛传唱于军队之中。

中国著名词人乔羽在“郑律成碑文”中写道：“郑律成同志是一位将

自己的生命与中国人民革命事业结为一体的革命家。人民是不朽的，律成同志的歌曲也是不朽的。抗日战争之初，律成到延安不久便写出了《延安颂》，这首歌曲像一只展翅飞翔的鸟儿，迅即从延安飞到各个解放区，飞到全中国，飞到海外各地。在中华民族生死存亡的历史关头，我们的队伍中有一代人便是唱着这首歌，热血沸腾、义无反顾地奔向革命圣地延安的。此后不久便是《八路军进行曲》的出现，有了这部作品，八路军这个伟大的英雄行列从此便有了代表自己的歌曲。中国人民的子弟兵正是唱着这首歌驱走了日本帝国主义侵略者，推翻了旧中国，建立了新中国。至今，我们的战士依然是唱着这首歌威震边陲，保卫着伟大的社会主义祖国。”

侯宝林

侯宝林（1917—1993），北京人，中国相声第六代演员。1940 年起，与郭启儒搭档，合演对口相声，被誉为相声界一代宗师。

侯宝林自幼家境贫寒，4 岁时被舅舅张全斌从外地送到北京地安门外侯家，从懂事起，就饱尝了城市贫民生活的艰辛。1929 年，他刚刚 11 岁，就拜阎泽甫为师，学京戏。经过几年奋斗，侯宝林的相声终于成为什样杂耍中攒底的“大轴儿”。抗日战争期间，侯宝林与郭启儒合作，在京津一带演出，艺术日臻成熟，声名大震。新中国成立后，侯宝林更焕发了艺术青春，很快就成为妇孺皆知、享誉海内外的艺术大师。

侯宝林的曲艺理论研究著作有与人合著的《曲艺概论》《相声溯源》《相声艺术概论》等。相声集有《侯宝林、郭启儒表演相声选》《再生集》《侯宝林相声选》等，其中收录了诸如《戏剧杂谈》《夜行记》《关公战秦琼》等脍炙人口的相声精品。另外，他还主演过《游园惊梦》《笑》等喜剧电影。

侯宝林的相声艺术追求俗中见雅。首先是他本人自觉地追求在旧的事物或人们熟知的事物中发现新奇与雅趣，其次才是人们从他的相声中得到新奇，发现雅趣。侯宝林善于抓住生活中一个个素材，在旧中生新，在丑中生美，在俗中生雅，因此让观众俗中见雅。比如，《夜行记》里的主人公，描述自己的破车是“除了铃不响，剩下哪都响”，通俗的语言里体现着幽默与雅趣，人物形象也顿时活了起来，同时还寄寓了作者的讽刺态度。再如《戏剧与方言》里对北京话、山东话、上海话、河南话的描述，以层层递减的方式，只用4句生活口语就表现得活灵活现，令人忍俊不禁。其中几种方言的“神韵”，使任何高明的方言学家都会自叹弗如。像这类俗中见雅的语言，在侯宝林的相声中几乎比比皆是。其关键，正是侯宝林能够从生活出发，在别人司空见惯的事物中发现新奇和雅趣，并以他特有的方式表达出来，从而给人以美的享受。老舍在讲《通俗文艺的技巧》时说：“我觉得通俗文艺有三难：不易通俗，不易有趣与不易悦耳。”这是一个文人写通俗文艺的体会。对于艺人出身的侯宝林来说，民间正是他保持艺术通俗、有趣和悦耳的基本资源。

侯宝林被尊为相声界具有开创性的一代宗师，并被誉为语言大师。在他漫长的60年的艺术生涯中，潜心研究并发展相声艺术，把欢笑带给观众。以他为代表的一批相声艺术家使这门艺术真正走进千家万户，达到一个令人瞩目的艺术高峰。他为相声事业倾注了毕生精力，除创作和表演了大量脍炙人口的相声名段以外，还对相声和曲艺的源流、规律和艺术技巧进行了理论研究。如今许多活跃在中国相声舞台的名家都是他的学生。

贺敬之

贺敬之（1924—），山东峄县（今山东省枣庄市台儿庄）人，现代著名诗人和剧作家。曾任中国作家协会第一、二、三、四届理事及第三届副主席等职务。

贺敬之1939年在四川参加抗日救亡活动，开始发表作品。1939年到1940年就读于国立六中（现绵阳南山中学）。20世纪1940年到延安，入鲁迅艺术学院文学系学习。20世纪40年代即有诗集出版。抗战胜利后，随文艺工作团到华北联合大学文学院工作。解放战争时期，参加土改、支前等群众工作。1949 年参加第一次全国文学艺术工作者代表大会，被选为中国戏剧工作者协会理事、中国文学工作者协会理事，在中央戏剧学校创作室工作。后任《剧本》月刊、《诗刊》编委，中国戏剧家协会书记处书记等职。先后任文化部副部长、中宣部副部长、文化部代部长。

贺敬之的主要作品有歌剧《白毛女》（与丁毅合作），秧歌剧《栽树》《秦洛正》，诗集《朝阳花开》《乡村之夜》《并没有冬天》《放歌集》《贺敬之诗选》《笑》，诗《雷锋之歌》《中国的十月》《八一之歌》，抒情短诗《回延安》《放声歌唱》等。

贺敬之的诗可分为两类：一是抒情短诗，这类作品是表现他对某些事物的感受，感情真挚，意境清新，民歌和古诗韵味浓厚，如《回延安》《桂林山水歌》《三门峡》《梳妆台》等；二是长篇政治抒情诗，如《放声歌唱》《十年颂歌》《雷锋之歌》《中国的十月》等，这类诗作不仅数量多且成就突出。

在同时代的诗人中，贺敬之最善于表现重大的政治题材和抒写重大的政治主题。这一特点主要反映在他新中国成立后的政治抒情诗创作中。翻开他的诗集，《放声歌唱》《雷锋之歌》《中国的十月》《八一之歌》可以说都是诗与政论的结合。它们熔描写、抒情、议论于一炉，鲜明地表露着诗人的政治态度和政治激情，格调高昂而奔放。其作品具有巨大艺术感染力，是因为他能够赋予抽象的政治性命题以具体生动的形象，以政治的“虚”来贯穿、带动形象的“实”，又以形象的“实”使政治的“虚”变成可观可感的东西，从而造成了既动人心弦又给人美感的境界。

贺敬之的诗是时代的颂歌。他总是以敏锐的目光去抓取时代的最重大的事件、最主要的生活内容，而不去吟唱那些与人民无关的眼泪和悲伤。《回延安》表现了延安的巨大变化，赞颂了延安的历史功绩，指明“延安精神”在社会主义建设时期新的意义；《雷锋之歌》挖掘出雷锋精神的时代内涵；而《十月颂歌》是新中国十周岁的礼赞。

贺敬之的诗通过想象、夸张、幻想等手法，将建立于革命理想基础上的革命浪漫主义风格表现得十分突出。他注意吸收民歌和古诗的营养，又不排斥外国诗歌的影响，如“信天游”体与“楼梯式”就被诗人以熟练的笔法熔铸为一体。

贺敬之的主要作品有歌曲《翻身道情》《南泥湾》，歌剧《白毛女》，诗歌《回延安》《桂林山水歌》《三门峡颂歌》《雷锋之歌》《西去列车的窗口》等。贺敬之的创作虽然说不上浩繁，但每一部作品都有一定分量，其创作善于从历史与思想的高度来提炼文骨，始终坚持“诗学和政治学”统一的标准，以政治为纲，吹响时代的号角。他似乎注定就是为文学创作而生，是时代的歌者。

1945 年他和丁毅执笔集体创作我国第一部新歌剧《白毛女》，获 1951 年“斯大林文学”奖。这是我国新歌剧发展的里程碑，作品生动地表现出“旧社会把人逼成鬼，新社会把鬼变成人”这一深刻的主题。

贺敬之在文学创作上的巨大影响，使之成为“时代的歌手、人民的诗人”。他的家乡山东枣庄已为他建立了“贺敬之文学馆”。

参考文献

1. 翦伯赞．中国史纲要［M］．北京：人民出版社，1995.

2. 钱穆．国史大纲［M］．北京：商务印书馆，1994.

3. 钱穆．中国文化史导论［M］．北京：商务印书馆，1994.

4. 白寿彝．中国通史［M］上海：上海人民出版社，1994.

5. 邓之诚．中华二千年史［M］．北京：中华书局，1983.

6. 陈直．宋史［M］．上海：上海人民出版社，2002.

7. 周良霄，顾菊英．元史［M］．上海：上海人民出版社，2002.

8. 二十四史［M］．北京：中华书局，2000.

9. 吴绿星，卢延光．中华历史文化人物读本［M］．北京：中国青年出版社，2013.

10. 南京大学中国思想家研究中心．中国思想家评传丛书［M］．南京：南京大学出版社，2006.

11. 张帆．中国古代简史［M］．北京：北京大学出版社，2001.

12. 孙淼．夏商史稿［M］．北京：文物出版社，1987.

13. 杨宽．西周史［M］．上海：上海人民出版社，1999.

14. 金景芳．中国奴隶社会史［M］．上海：上海人民出版社，1983.

15. 童书业．春秋史［M］．济南：山东大学出版社，1987.

16. 杨宽．战国史［M］．上海：上海人民出版社，1980.

17. 吴荣曾．先秦两汉史研究［M］．北京：中华书局，1995.

18. ［英］崔瑞德，鲁惟一．剑桥中国秦汉史［M］．北京：中国社会科学出版社，1992.

19. 白刚．中国政治制度通史［M］．北京：人民出版社，1996.

20. 徐万邦，祁庆露．中国少数民族文化通论［M］．北京：中央民族大学出版社，1996.

21. 曹屯裕，肖东波．中国近现代历史人物评传［M］．宁波：宁波出版社，2005.

22. 苏同炳．中国历史上的传奇人物［M］．北京：紫禁城出版社，2010.

23. 陈长琦．两晋南朝政治史稿［M］．郑州：河南大学出版社，1992.

24. 曲相奎．中华五千年政治家评传［M］．北京：中国纺织出版社，2012.

25. 北京大学哲学系中国哲学教研室．中国哲学史（第二版）［M］．北京：北京大学出版社，2003.

26. 侯外庐．中国思想史纲［M］．上海：上海书店出版社，2008.

27. 冯友兰，赵复三．中国哲学简史［M］．北京：生活·读书·新知三联书店，2009.

28. 曹德本．中国政治思想史（第二版）［M］．北京：高等教育出版社，2012.

29. 余敦康．中国宗教与中国文化［M］．北京：中国社会科学出版社，2005.

30. 刘小枫．中国文化的特质［M］．北京：生活·读书·新知三联书店，1990.

31. 赵吉惠．中国传统文化导论［M］．南京：江苏教育出版社，2007.

32. 全国干部培训指导委员会．从文明起源到现代化［M］．北京：人民出版社，2002.

33. 全国干部培训指导委员会．中国艺术［M］．北京：人民出版社，2002.

34. 游国恩．中国文学史［M］．北京：人民文学出版社，2002.

35. 林庚．中国历代诗歌选［M］．北京：清华大学出版社，2006.

36. 黄霖．中国历代小说论著选［M］．南昌：江西人民出版社，1982.

后 记

经过一年多思考、设计，在大家共同努力下，“中国文化史研究学科资料系列”终于出版了。作为本系列著作创意者和主持人，感到非常高兴。

经过一年多思考、设计，在著作即将出版之时，我本人以及大家均感到，当初的计划在三个方面是有意义的：

1. 开展“团队式建设”，并设计开展中国文化研究，是有意义的：对于把握当前国内外学术研究热点，支撑“中国文化史研究”研究生教育，是十分必要的。

2. 计划编写学科资料著作，是有意义的：对于学院学科建设，对于促进青年教师理论基础提升、科研工作能力成长，均是十分必要的。

3. 借助岳麓书社这一高水平平台出版，是有意义的：对于实现“学院学科建设提升计划”，对于保证这样一套大型系列著作的出版质量，是十分必要的。

经过首批分册成功出版，我们更有信心，将继续努力，完成后续分册出版工作。

本系列著作出版计划确定以后，由于其他工作的影响，具体编写工作的方案几经变化，最终能够按照预期时间完成，我们感谢大家的共同努力。在此对参加人员的情况做一说明：

王立东：总主编，负责本系列著作整体创意、人员安排计划、各分册最终统稿、定稿。

班瑞钧：负责分卷文稿设计、整理。

晋楠：负责确定分卷所撰“人物名单”。

刘佳：负责《语言、文学、艺术家卷》分册编写过程具体组织、分卷文稿整理、初步修订。

王立东

2015 年 10 月 7 日

图书在版编目(CIP)数据

中国文化人物. 语言、文学、艺术家卷/王立东总主编.
—长沙:岳麓书社,2016.12(2024.9 重印)
ISBN 978-7-5538-0559-7

Ⅰ.①中… Ⅱ.①王… Ⅲ.①语言学家—列传—中国
②作家—列传—中国③艺术家—列传—中国 Ⅳ.①K82

中国版本图书馆 CIP 数据核字(2016)第 010949 号

ZHONGGUO WENHUA RENWU YUYAN WENXUE YISHUJIA JUAN

中国文化人物·语言、文学、艺术家卷

总 主 编:王立东
责任编辑:刘 文 许 静
责任校对:舒 舍
封面设计:罗志义

岳麓书社出版发行
地址:湖南省长沙市爱民路 47 号
直销电话:0731—88804152 88885616
邮编:410006
岳麓书社网址:www.yueluhistory.com

2016 年 12 月第 1 版 2024 年 9 月第 2 次印刷
开本:710×1000 1/16
印张:14.5
字数:226 千字
ISBN 978-7-5538-0559-7
定价:78.00 元

承印:唐山楠萍印务有限公司

如有印装质量问题,请与本社印务部联系
电话:0731—88884129